U0712516

追寻深度的教与学
——指向学生素养发展的教学变革

汤明清◎著

中国商务出版社
CCTP
CHINA COMMERCE AND TRADE PRESS
·北京·

图书在版编目（CIP）数据

追寻深度的教与学：指向学生素养发展的教学变革／
汤明清著. —北京：中国商务出版社，2023.8（2023.11重印）

ISBN 978-7-5103-4692-7

Ⅰ.①追… Ⅱ.①汤… Ⅲ.①数学课—课堂教学—教
学改革—研究—中等专业学校 Ⅳ.①G633.602

中国国家版本馆 CIP 数据核字（2023）第 069292 号

追寻深度的教与学——指向学生素养发展的教学变革

ZHUIXUN SHENDU DE JIAOYUXUE

—ZHIXIANG XUESHENG SUYANG FAZHAN DE JIAOXUE BIANGE

汤明清◎著

出　　版：	中国商务出版社			
地　　址：	北京市东城区安外东后巷 28 号		邮　　编：	100710
责任部门：	融媒事业部（010-64515164）			
责任编辑：	徐文杰			
直销客服：	010-64515164			
总 发 行：	中国商务出版社发行部（010-64208388　64515150）			
网购零售：	中国商务出版社淘宝店（010-64286917）			
网　　址：	http://www.cctpress.com			
网　　店：	https://shop595663922.taobao.com			
邮　　箱：	631229517@qq.com			
排　　版：	北京天逸合文化有限公司			
印　　刷：	北京九州迅驰传媒文化有限公司			
开　　本：	787 毫米×1092 毫米　1/16			
印　　张：	19.5		字　　数：	295 千字
版　　次：	2023 年 8 月第 1 版		印　　次：	2023 年 11 月第 2 次印刷
书　　号：	ISBN 978-7-5103-4692-7			
定　　价：	79.00 元			

中职课堂要走向"深度学习"

中国教育报 2023-05-09
作者：汤明清

走向"深度学习"的课堂是以学生学习为中心和学生发展为第一要务的课堂。其中，课堂教学是要以学生认知能力为基础，为学生提供多样化学习条件，促进学生发展的"教—学—评"一体化教学。启发教师要从课程标准出发，通过有机整合课程内容，把有利于学生学习和学生发展作为课堂教学的出发点和落脚点；让学生有明确和清晰的学习目标，并给学生提供实现目标的具体路径和方法；有覆盖学生学习全过程的评价和监控措施，并能指引学生的学习过程。

因此，走向"深度学习"的课堂教学中要做好以下两点：

一是反向教学设计。 反向教学设计的科学性、连贯性为"深度学习"提供保障，即从教育要达成的目标出发，以学生现有学习能力、情感态度等信息为基础，设计教学活动和评价手段，并始终围绕目标的达成，设计和开展活动，反馈学习效果，激活教学资源——学生应该掌握哪些知识和技能，已经掌握了哪些知识和技能，在目标指引下要采用什么学习策略。

二是注重课堂评价。 走向"深度学习"的课堂更加注重新型课堂评价，并将其作为教学和学习的重要内容。首先，教师基于学情和课标，科学设计学习目标和对学生的认知水平、学习经验、价值观等方面有提升作用，可操作、可检测和可观测的教学活动；其次，设计与教学一致的评价活动，评价要服务于目标，要对目标的实现有指引作用，还要评价教学活动与学习目标的关联性。在开展教学和评价活动时，教师要让学生都能参与到评价活动中，教师依据教学设计实施教学，以问题的有效解决为导向，通过学习活动完成学习目标。在课堂教学中，教师通过观察、提问等多种方式开展互动评价，监测学生的课堂表现，及时反馈学生的课堂表现并为其提供学习的脚手架；在评价活动开展时，为了便于学生开展自评和互评，教师要把活动内容、形式、要求和评价标准告诉学生；走向"深度学习"的课堂要求学生不仅要参与评价活动，还要参与评价标准的制定，这样就更加有利于学生监督、调节和完善自己的学习活动，同时还能增强学生的自信心和学习成就感。

走向"深度学习"的课堂教学评价的设计理念，是基于学生的学习和学生的发展需求，要做到三个坚持：

坚持以"学生的学习为中心"的教育价值取向。 走向"深度学习"课堂的教育价值是开发人的潜能，把人的终身发展作为第一要务，学生的主体性在课堂上得到充分的尊重，创造性得到有效的培养，课堂教学不是向学生灌输知识，而是让学生在学习中不断建构和生成知识。因此，走向"深度学习"的课堂中开展课堂评价有助于促进教学，让教师根据评价对教学设计、教学行为和教学过程开展自主诊断、反思和提升，引导教师从关注"怎么教"到"怎么学"转变。走向"深度学习"课堂的教学评价更加关注学生学习态度、方式和效果的评价。

坚持以学生核心素养发展为指导思想。 走向"深度学习"的课堂评价关注学生学习的价值性、需求性和情感性，关注学生问题解决能力和思维进阶等方面。教师把创设学习情境、提供丰富的教学资源、发展多元、个性教学方式作为教学的着力点。

坚持以学习效果为评价导向。 走向"深度学习"的课堂教学的本质是促进学生的全面、终身发展，课堂评价的根本标准是人的全面发展，通过学生的学习状态和学习效果来评价教师的教，让教师更加关注深度的差异化教学，体现生成性和动态性的教学。因此，其评价指标应坚持以学习效果为导向，引导教师依据学生的心智特征、学习内容等，个性化、差异化设计和实施教学。

本书为江苏省第五期职教教改课题"指向深度学习的中职基础课课堂教学设计研究"（编号：ZYB60），主持人：汤明清；江苏省教育科学"十四五"规划 2021 年重点课题"现代学徒制下中职教师专业发展策略研究"（编号：B/2021/03/75），主持人：汤明清、陈汐平研究成果。

序

做积极课堂教学的先行者

2010 年以来，"深度学习"的概念在国际上兴起。其实，深度学习的概念刚开始本身不是一个教育概念，而是一个人工智能的范畴。计算机、人工智能尚且能够模拟人脑的深层结构和抽象认知，通过神经网络的建立开展深度学习，那人对知识的学习过程究竟应该是一个怎样的脑活动过程和学习过程？学生的学习有表层与深层等层次之分吗？从作为符号的公共知识到作为个人意义的个人知识究竟是怎样建立起来的？知识学习过程究竟是一个怎样的抽象认知过程？信息技术环境支持下深层次的学习如何实现？十多年来，这些问题引起了许多职业教育研究者特别是教育技术学研究者的浓厚兴趣，有关深度学习、深度教学的研究日益引起职业教育界的重视。

深度学习的根本问题不是技术问题，而是涉及教学的价值观、知识观、学习观、过程观、资源观、评价观等教学的发展性问题。从深度学习走向深度教学，一方面是教与学的一致性决定的；另一方面是当前课堂教学普遍存在的局限性决定的。教与学的关系既不是对立关系，也不是对应关系，而是一种具有相融性的一体化关系，离开了教无所谓学，离开了学也无所谓教，教与学一致性是教与学的相融属性。学生真正意义上的深度学习，需要建立在教师深度教导、引导的基础之上，实现学教相长、学教合一、学教育人。从本质上看，职业教育心理学视野下的深度学习，不同于人工智能视野下的深度学习，不是学生像机器一样对人脑进行孤独的模拟活动，而是学生在教师引导下，对知识技能进行的"层进式学习""沉浸式学习"和"高阶思维的激发、投入与维持"。

我与汤明清老师在第四届积极职业教育论坛上相识，后来他加入了我主持的国家社科基金课题组。由于课题研究的关系，我们见面和交流的次数比较多。他勤学善思、低调谦和，对职业学校课堂教学有着执着的追求和独到的理解，二十年如一日扎根积极课堂教学研究与实践。他对教学科研的执着和课堂教学的痴迷，尤其让我感动。他先后获得江苏省职业学校"两课"评比研究课、江苏省职业学校课堂教学大赛一等奖，他主持的教学成果"中职公共基础课'适学课堂'的构建与实践"获江苏省职业教育类优秀教学成果二等奖，"指向核心素养的中职数学深度教学探索与实践"获江苏省教育研究成果奖三等奖。他领衔的名师工作室，多次组织开展跨地区课堂教学研讨活动，取得了非常好的实践效果，先后在四川、甘肃、西藏、新疆、河南、江苏等十多个省（自治区）中职数学骨干教师国培班上分享课堂教学方法探索的经验与感悟。

《追寻深度的教与学——指向学生素养发展的教学变革》一书，是汤明清老师近十年来对中等职业学校课堂教学理论研究与实践应用的智慧结晶。全书分五大部分：第一部分是深度教学的缘起与意义，主要介绍了从深度学习到深度教学的理论基础；第二部分是深度教学的本质与理念，主要介绍了深度教学的价值标准、基本理念与支持条件；第三部分是深度学习课堂的改造策略，主要介绍了深度学习课堂的特征、课堂互动、在线教学、数学经验和学会学习等操作程序、建构策略；第四部分主要以数学学科为例，阐述导向学科核心素养的校本课堂构建策略，主要介绍了数学思想的建立、数学精神的培养和数学人文性的渗透等内容；第五部分是深度教学的评价——表现性评价，主要介绍了为什么需要表现性评价、表现性评价的概念、评价目标的确定、表现性任务的设计和评分规则的开发等内容。

汤明清老师是一个特别善于思考、勤于研究的职教人，平时话语并不多，但是一旦讲话往往观点独特、语言犀利，给人印象极其深刻。2022 年汤明清老师顺利入选"苏教名家"培养工程，我也更加关注他的专业成长，推荐他参加一些重要活动，让他不仅有适合优质的创新实践，更有追寻积极的学术视野。我相信，假以时日他一定能在职业教育教学改革创新这块热土上收获更为丰硕的果实，我也期待汤明清老师能持续书写更为精彩、更加卓越的教育人生新篇章。

是为序。

崔景贵
江苏理工学院党委书记、教授（二级）
江苏省职业技术教育科学研究中心主任
2023 年 4 月 30 日

前　言

全面深化课程改革、落实立德树人根本任务，是当前深化教育领域综合改革的重要内容。深化课程改革必须注重发展学生的核心素养，培养"学生应具备的适应终身发展和社会发展需要的必备品格和关键能力，突出强调个人修养、社会关爱、家国情怀"。"核心素养"是基于学生的终身发展提出来的，在 21 世纪，"核心素养"已经成为教育领域的指挥棒，也成为我国深化基础教育改革的焦点。课堂教学是培养学生的核心素养的关键环节，深度教学通过对知识的处理，追求学生在认知方式、情感体验、思想境界、实践能力、处事方式等维度发生实质性的变化，由此达到培养学生核心素养的高层次发展目标。但应试训练普遍导致课堂的发展性品质日渐降低，与发展学生的核心素养和关键能力的根本要求渐行渐远。课堂教学的价值标准究竟是什么？究竟应该如何看待并处理知识？究竟应该如何处理教学过程中的各种基本关系？课堂教学改革的基础和方向问题值得深思。

21 世纪以来，中小学、职业学校课堂教学改革研究十分活跃，各种教学模式、课堂策略和技术不断翻新，但大多数的教学模式和课堂教学改革策略停留于师生教学程序简单翻转和师生教学时间简单分配的层次上，这种所谓的课堂教学改革本质上是技术主义取向的课堂变革。这种变革的根本局限在于课堂教学价值观的扭曲，突出的问题在于偏重课堂教学技术层面的变化，而不是教学活动结构性、系统性的变革；将教师与学习以及教与学的关系在时间、空间、程序上对立起来，一味强调学生学习方式和学习活动的多样性，把表面的课堂活跃看成学生主体性得到了发挥，从而把学生学习引向了表面学习、表层学习、表演学习的错误道路。深度教学注重基于知识的内在结构，通过对知识的完整处理，引导学生从符号学习走向学科思想和意义系统的理解和掌握，是对知识的深度处理。深度教学强调为理解而教、为思想而教、为意义而教、为发展而教，不再仅仅把知识作为教学的对象，而是把学生作为教学和促进的对象，教学过程切实由以知识为中心转向以学生发展为中心。

发展学生的核心素养和关键能力，是全面深化课程改革、落实立德树人根本任务的现实要求。随着课程教学改革的不断深入，切实转变学生观、知识观、教学观、质量观，通过实施深度教学，引导学生深度学习，切实提高课堂教学的发展性，是当前深化课堂教学改革的根本方向，也是实现 21 世纪核心素养教育的必然要求。

鉴于这样的认识，为了更好地服务于广大基础教育、职业教育教师课堂教学改进，汤明清、陈汐平编写了本书。汤明清负责了全书的总体框架设计和策划，具体负责编写第一章、第二章、第四章，陈汐平负责编写第三章、第五章著作，陈汐平对全书进行统稿。

作　者
2023.2

目　录

第一章 深度教学的缘起与意义

进入 21 世纪以来，随着人工智能、脑科学、认知科学和学习科学的快速发展，关于教与学的研究已经从最初的技术层面走向对学生学习过程和学习状态的深入探寻。超越对知识符号的浅层学习、表层学习，注重真实问题解决的深度学习，追求公共知识的个人意义达成，成立教育界共同关注的方向。学生的深度学习需要教师的深度教学来引导。

第一节 从深度学习到深度教学

为什么要开展深度教学的研究？深度教学与深度学习是什么关系？深度教学研究有哪些价值和现实意义？开展深度教学对于发展学生核心素养具有哪些价值与意义？

一、深度学习的产生

深度学习是人工智能领域的产物，是计算机和网络的一种算法程序。但是深度学习的概念的出现，在教育界引起了高度关注，并很快在高等教育、职业教育等领域应用。

（一）深度学习的概念的提出

深度学习是机器学习的一种，而机器学习是实现人工智能的必经路径。

深度学习的概念源于人工神经网络的研究，含多个隐藏层的多层感知器就是一种深度学习结构。

深度学习的概念，源于三十多年来计算机科学、人工神经网络和人工智能的研究。20 世纪 80 年代，人们提出了一系列机器学习模型，应用最为广泛的包括支持向量机（Support Vector Machine，SVM）和逻辑回归（Logistic Regression，LR），这两种模型分别可以看作包含一个隐藏层和没有隐藏层的浅层模型。计算机面对较为复杂的问题解决训练时，可以利用反向传播算法计算梯度，再用梯度下降方法在参数空间中寻找最优解。浅层模型往往具有凸代价函数，理论分析相对简单，训练方法也容易掌握，取得了很多成功的应用。随着人工智能的发展，计算机和智能网络如何通过算法革新，模拟人脑抽象认知和思维，准确且高清晰度地处理声音、图像传播甚至更为复杂的数据处理和问题解决等问题，在 21 世纪来临的时候成为摆在人工智能领域的关键问题。

三十多年来，加拿大多伦多大学计算机系辛顿教授（Hinton G.）一直从事机器学习模型、神经网络与人工智能等问题的相关研究，并在机器学习模型特别是突破浅层学习模型，实现计算机抽象认知方面取得了突破性的进展。2006 年，他在《科学》（*Science*）上发表了《利用神经网络刻画数据维度》（*Reducing the dimensionality of data with neural net works*）一文，探讨了应用人工神经网络刻画数据的学习模型，首先提出了深度学习（Deep Learning）的概念和计算机深度学习模型，掀起了深度学习在人工智能领域的新高潮。这篇文章的两个主要观点是：第一，多隐藏层的人工神经网络具有优异的特征学习能力，学习到的特征对数据有更本质的刻画，从而有利于可视化或分类。第二，深度神经网络可以通过"逐层初始化"（Layer-wise Pre-training）来有效克服训练和最优解的难度，无监督的逐层初始化方法有助于突破浅层学习模型。基于深度置信网络（DBN）提出非监督逐层训练算法，为解决深层结构相关的优化难题带来希望，随后提出多层自动编码器深层结构。2012 年，辛顿又带领学生在目前最大的图像数据库 Image Net 上，对分类问题取得了惊人的成果，将计算机处理图像数据问题时排名前五的错误（Top5 错误率）由

26%大幅降低至15%，大大提高了人工智能图像数据处理的准确性和清晰度，这是早先计算机仅仅依赖数学模型的表层学习和单层学习根本无法达到的水平。

在人工智能领域，深度学习其实是一种算法思维，其核心是对人脑思维深层次学习的模拟，通过模拟人脑的深层次抽象认知过程，实现计算机对数据的复杂运算和优化。深度学习采用的模型是深层神经网络（Deep Neural Networks，DNN）模型，即包含多个隐藏层（Hidden Layer，也称隐含层）的神经网络（Neural Networks，NN）。深度学习利用模型中的隐藏层，通过特征组合的方式，逐层将原始输入转化为浅层特征、中层特征、高层特征直至最终的任务目标。深度学习可以完成需要高度抽象特征的人工智能任务，如语音识别、图像识别和检索、自然语言理解等。深层模型是包含多个隐藏层的人工神经网络，多层非线性结构使其具备强大的特征表达能力和对复杂任务的建模能力。训练深层模型是长期以来的难题，近年来以层次化、逐层初始化为代表的一系列方法的提出，为训练深层模型带来了希望，并在多个应用领域获得了成功。

人工智能学者们认为计算机和智能网络的这一深层的自动编码与解码过程，是一个从数据刻画、抽象认知到优选方案的深度学习的过程。由于人脑具有深度结构，认知过程是一个复杂的脑活动过程，因而计算机和人工智能网络模拟从符号接收、符号解码、意义建立到优化方案的学习过程也是有结构的。同时，认知过程是逐层进行、逐步抽象的，人工智能不是纯粹依赖于数学模型的产物，而是对人脑、人脑神经网络及抽象认知和思维过程进行模拟的产物。应该说，到目前为止，深度学习是计算机和智能网络最接近人脑的智能学习方法。近几年来，深度学习进一步尝试直接解决抽象认知的难题，并取得了突破性的进展，阿尔法围棋（Alpha Go）的问世，便是明证。2013年4月，《麻省理工学院技术评论》（*MIT Tech nology Review*）杂志将深度学习列为2013年十大突破性技术之首。深度学习引爆的这场革命，将人工智能带上了一个新的台阶，不仅学术意义巨大，而且实用性很强，工业界也开始了大规模的投入，一大批产品将从中获益。随着学习科学的不断发展，深度学习的概念和思想不断在教育中得到应用。

（二）深度学习在教育中的兴起与发展

来自脑科学、人工智能和学习科学领域的新成就，必然引起教育领域研究者的深刻反省。计算机、人工智能尚且能够模拟人脑的深层结构和抽象认知，通过神经网络的建立开展深度学习，那么人对知识的学习过程究竟应该是一个怎样的脑活动的过程和学习过程？学生的学习有表层与深层等层次之分吗？从作为符号的公共知识到作为个人意义的个人知识究竟是怎样建立起来的？知识学习过程究竟是一个怎样的抽象认知过程？信息技术环境支持下深层次的学习如何实现？十多年来，这些问题引起了许多教育研究者特别是教育技术学研究者浓厚的兴趣，深度学习、深度教学的研究日益引起人们的重视。也正是在辛顿的"深度学习"概念明确提出后，教育学领域特别是教育技术学领域的深度学习研究日益活跃起来。

其实，早在 1946 年，美国学者埃德加·戴尔（Edgar Dale）提出了"学习金字塔"（Cone of Learning）的理论，之后美国缅因州国家训练实验室也做了相同的实验，并发布了"学习金字塔"报告。报告称，人的学习分为"被动学习"和"主动学习"两个层次。被动学习如：听讲、阅读、试听、演示，学习内容的平均留存率为 5%、10%、20%、30%。主动学习如：通过讨论、实践、教授给他人，能将原来被动学习的内容留存率，从 5% 提升到 50%、75% 和 90%。这个模型，很好地展示了不同学习深度和层次之间的对比（见图 1-1）。

1956 年，布鲁姆在《教育目标分类学》里关于"认知领域目标"的探讨中，对认知目标的维度划分就蕴含了深度学习的思想，即"学习有深浅层次之分"，将教学目标分为了解、理解、应用、分析、综合和评价六个由浅入深的层次。学习者的认知水平停留在知道或领会的层次则为浅层学习，涉及的是简单提取、机械记忆符号表征或浅层了解逻辑背景等低阶思维活动；而认知水平较高的深层理解、应用、分析、综合和评价则涉及的是理性思辨、创造性思维、问题解决等相对复杂的高阶思维活动，属于深层学习。1976 年，

学习内容平均留存率

听讲（Lecture）	5%
阅读（Reading）	10%
视听（Audiovisual）	20%
演示（Demonstration）	30%
讨论（Discussion）	50%
实践（Practice Doing）	75%
教授给他人（Teach Others）	90%

被动学习

主动学习

图 1-1　学习金字塔

美国学者马顿（Marton F.）和萨尔约（Saljo R.）在《论学习的本质区别：结果和过程》（*On Qualitative Difference in Learning: Outcome and Process*）一文中明确提出了表层学习和深层学习的概念。这被普遍认为是教育学领域首次明确提出深度学习的概念。他们在一项关于阅读能力的实验研究中，明确探讨了阅读学习的层次问题：通过让学生阅读文章并进行测验，发现学生在阅读的过程中运用了两种截然不同的学习策略，一种是试图记住文章的事实表达，揣测接下来的测试并记忆，即表层学习（Surface Learning），另一种是试图理解文章的中心思想和学术内涵，即深层学习（Deep Learning），也被译为深度学习。深度学习的学习者追求知识的理解并且使已有的知识与特定教材的内容进行批判性互动，探寻知识的逻辑意义，使现有事实和所得出的结论建立联系。浅层学习和深层学习在学习动机、投入程度、记忆方式、思维层次和迁移能力上有明显的差异。深度学习是一种主动的、高投入的、理解记忆的、涉及高阶思维的，并且学习结果迁移性强的学习状态和学习过程。之后，英推施黛（Entwistle，1997）、拉姆斯登（Ramsden，1988）、比格斯（Biggs，1999）等发展了浅层学习和深度学习的相关理论。随着信息技术的发展，二十多年来，国外学者对信息技术支持下的深度学习及其在各学科领域、各类教育中的应用研究日渐广泛。

2002 年以来，技术支持高等教育的深度学习、虚拟环境中的深度学习、形成性评估对深度学习的影响、学习环境对学生进行深度学习的影响、技术支持下的深度学习设计等方面研究成果日益丰富，但这些研究成果绝大部分是基于教育技术学视野的研究成果。2006 年，辛顿教授关于深度学习的成果的发表，进一步推动了深度学习在教育中的研究与应用。近十年来，基础教育领域的"深度学习"研究在美国、加拿大、德国、澳大利亚、新西兰等西方国家不断兴起。在中小学深度学习研究方面最有影响的当属加拿大西蒙菲莎大学（Simon Fraser University）伊根（Egan K.）教授领衔的"深度学习"（Learning in Depth，LID）项目组所进行的研究，其成果集中体现在《深度学习：转变学校教育的一个革新案例》等著述之中。该研究探讨了深度学习的基本原则与方法，分析了深度学习对学生成长、教师发展和学校革新的价值与路径，并在加拿大部分中小学进行实验研究，其核心成果聚焦课堂学习和教学问题，即使是关于教师教育中深度学习的研究，也聚焦于教师的学习过程和学习方式。伊根所开展的深度学习研究项目超越了单一教育技术学视野的研究，不仅仅是关于教学设计、学习技术和学习环境开发的研究，还是基于建立新的学习观和知识观，对教学活动与学习过程作出了新的阐释。

二、深度学习走向深度教学的必然性

尽管计算机、人工智能领域与教育学领域都提出了"深度学习"的概念，但不难看出二者显然具有本质差异。计算机与人工智能领域的深度学习是建立在机器模拟人脑深层结构的基础之上的，是基于人脑结构的一种计算机算法思维和问题解决模型，是对人脑和认知结构的模拟。而教育学领域的"深度学习"的概念，无论是布卢姆的教育目标分类学研究，还是马顿和萨尔约的教学研究，都指向了"知识"和"学习"两个核心，是关于知识学习的目标和过程的问题。布卢姆在教育目标分类学认知领域的目标构设中，认为认知目标是由了解、理解、应用、分析、综合、评价六个不断加深的层次构成的。这一目标明显是关于知识学习和认知过程的目标，在 2001 年修订版中，这一目标被精确表述为知识学习和认知过程两个维度。马顿和萨尔约在关于阅读的研究中，基于学生对文本理解的层次和理解的深度提出了"深度学习"的概念，并认为学习的本质区别在于过程而不是学习的结果，是学生对文本知识学习的深刻程度决定了其学习结果的差异性。

伊根教授的研究实现了从深度学习向深度教学的转变。伊根的深度学习（Learning in Depth）的研究更明确地指向了学生对知识的学习所到达的深度，以及教师通过对知识的处理引导学生逐步到达一定的学习深度，这一深度学习（Deep Learning）的过程是一个逐步深化的学习过程，要求教师在教学过程中引导学生深度学习应着眼于知识的深层次理解和深度处理。该项研究表明，深度学习的研究开始从单一的学习技术研究转向了对教学过程的关注，注重深度学习与深度教导的关联性和一致性，深度学习的研究呈现出向深度学习与深度教学相结合的转变。

从深度学习走向深度教学，一方面是教与学的一致性决定的；另一方面是当前中小学课堂教学普遍存在的局限性决定的。教与学的关系既不是对立关系，也不是对应关系，而是一种具有相融性的一体化关系，离开了教无所谓学，离开了学也无所谓教，教与学一致性是教与学的相融属性。学生真正意义上的深度学习需要建立在教师深度教导、引导的基础之上。从本质上看，教育学视野下的深度学习不同于人工智能视野下的深度学习，不是学生像机器一样对人脑进行孤独的模拟活动，而是学生在教师引导下，对知识进行的"层进式学习"和"沉浸式学习"。"层进"是指对知识内在结构的逐层深化的学习，"沉浸"是指对学习过程的深刻参与和学习投入。离开了教师的教学和引导，学生何以"沉浸"？因此，深度学习只有走向深度教学才具有发展性的意义和价值。同时，我国新一轮基础教育课程改革以来，课堂教学改革依然存在着诸多表层学习、表面学习和表演学习的局限性，"学习方式的转变"往往演变成了教学形式的改变，诸如教与学在程序上的简单翻转和在时间上的粗暴分配。其所体现出来知识观、价值观、教学观、过程观依然陈旧落后，以学科知识、学科能力、学科思想和学科经验的融合为核心的学科素养依然未能得到实质性的渗透。正是基于这些思考，笔者所带领的研究团队，提出并持续开展了多年的深度教学研究。

总体来看，国内关于深度学习的研究最近十多年才刚刚起步。2005 年，我国学者黎加厚教授在《促进学生深度学习》一文中率先介绍了国外关于深度学习的研究成果，同时探讨了深度学习的本质，认为深度学习是指在理解学习的基础上，学习者能够批判性地学习新的思想和事实，并将它们融入原有的认知结构中，能够在众多思想间进行联系，并能够将已有的知识迁移到新的情境中，作出决策和解决问题的学习。本文被认为是国内较早介绍并论及深度学习的研究成果，此后，关于深度学习的探讨，特别是基于信息技术环境下深度学习的相关研究论文逐渐增加。2006 年 10 月，郭元祥在前期研究的基础上，与台湾成功大学教育研究所所长李坤崇教授联合发起并实施"海峡两岸能力生根计划"，在海峡两岸合作开展"能力生根"计划，首次提出并推进"能力导向的深度教学"的理论研究与实验研究，主张以教学价值观、课程知识观、学习观、教学过程观的重建为基础，以发展学生的学科素养特别是学科能力为宗旨，实施深度教学，克服课堂教学改革过于注重教学程序、教学技术、教学时间的浅层次改革和表层学习的局限性，深化课堂教学改革。2014 年后，中国教育科学院院长兼教育部课程教材研究与发展中心主任田慧生研究员基于深化课程改革的需要，带领一个团队启动实施了"深度学习"项目研究，并在北京、河南等地建立实验区开展研究。直至今日，基于核心素养追求背景下的深度学习研究、学科的深度教学研究等项目，如雨后春笋般涌现，"深度教学"和"深度学习"已经成为基础教育研究中的高频词。

我国于 2016 年开始进行深度教学理论的研究，于 2019 年正式进入实验研究环节。深度教学是基于变革教学价值观、知识观、学习观、教学过程观、教学资源观和评价观的一整套教学理念和策略，是促进学生学科知识、学科思想、学科能力和学科经验发展的教学模型。

第二节　克服课堂技术主义取向的局限性

中小学的课堂缺乏力量，已经是不争的事实。近十多年来，中小学课堂教学改革研究十分活跃，各种教学模式、课堂策略和技术层出不穷，以"导学案""堂堂清"为代表的所谓新策略甚至大有席卷全国之势。但大多数教学模式和课堂教学改革策略停留于师生教学程序简单翻转和师生教学时间粗暴分配的层次上，所谓"有效"也仅仅是对书本知识的占有和解题能力的有效训练，学生的变化充其量仅仅是知识量的改变，这种所谓的课堂教学改革本质上是技术主义取向的课堂变革。教学如何切实实现育人功能，引领学生的精神成长，值得深思。实施深度教学，引导学生深度学习，对发展学生的学科素养，实现学科育人功能，提高教学质量，具有重要的理论意义和现实意义。

一、技术主义取向教学变革的局限性

20 世纪 80 年代中后期以来，我国中小学课堂教学改革从未停止过，直至今天依然存在着构建教学模式的热潮。总体来说，教学改革的持续活跃有利于教学改革的深化，且有不少教学模式具备一定的合理的理论基础和应用价值。在应试教育文化的大背景下，一切为了"高效"和"有效"，尽管人们都反对将教学模式模式化，但实际上大多数教学模式仍然走向流程固化、时间拆分、方法刻板的模式化泥潭。最近十多年来甚至走上了将教学时间、教学程序等某一要素加以简单粗暴干预和改变的状况，技术主义取向的弊端昭然若揭。其实，教学改革的根本宗旨是促进学生学科素养的发展，切实实现课程的育人功能。

（一）技术主义取向的局限

技术主义取向的课堂变革的根本局限在于课堂教学价值观的扭曲，知识的意义失落，以及学习过程的表面化、表层化、表演化。尤其是那些追求知

识占有和考试分数的所谓"高效"教学，重智轻德，单纯追求分数和升学率，根本不关注学生内在品格和关键能力的变化和发展，以牺牲课堂的教育涵养和发展性品质为代价，追求教育的"GDP"，是最为典型的技术主义取向的课堂教学改革。在教学过程中，学生理解的断层，学科能力、学科思想、学科经验以及情感态度价值观等目标的"结构性沉默"等问题普遍存在。学生的变化停留于"知道"层面，根本达不到"做到"层面，即达不到认知方式、思想境界、情感体验乃至行为方式的深刻改变。缺乏发展性的课堂大多是仅仅重视知识训练的单面课堂，教学目标单一。单面课堂仅仅把知识作为教学的对象，而不是通过知识处理把学生作为教学对象和发展目标，从而课堂表现出明显的对象化教学的特征。知识成为教学的唯一对象和终极目的。知识既成为教师教的对象，也成为学生学的对象，教学止步于知识处理，而不追求通过知识处理引起学生核心素质发生本质性的变化和发展。诚如"堂堂清"所要"清"和所能"清"的只可能是知识点，而不是发展的点或面，知识的"力量"没有在学生身上得到真实的体现。这种单面的对象化教学为了知识而进行知识教学，无论用什么方式方法进行教学，其教学本质都是"灌输"，其教学价值观都是功利性的，而不是发展性的。

技术主义取向课堂教学变革的突出问题在于偏重课堂教学技术层面的变化，而不是教学活动结构性、系统性的变革。之所以说当前的课堂教学变革是技术主义取向的，是因为大多数的教学模式过于注重教学过程形式上的变化，过于依赖所谓的"导学案"等神器，甚至走上了刻板化的道路，并将教师与学生、教与学的关系在时间、空间、程序上对立起来，教学过程中一味强调学生学习方式和学习活动的多样性，把表面的课堂活跃看成学生主体性得到了发挥，从而把学生学习引向了表面学习、表层学习、表演学习的错误道路。

诚然，课堂教学过程中要尊重学生的主体地位，充分发挥学生学习的主动性，但这并不应以牺牲教师的主体地位和主导作用为代价。诸如"10+35""0+45"等类教学模式，对教师和学生在课堂教学中的时间和程序加以简单分割和粗暴分配，极端强调学生的"独学、队学、组学、群学"，那么教师的

"教"到哪里去了？显然是将教师与学生、教与学的关系对立起来，且完全无视学科、学段、教学内容、教学目标的差异性。至于"导学案"之类应试神器替代教材、替代学生在教师引导下的理解过程所体现出来的功利性，以及对学生学科思想、学科经验和实践能力发展的漠视等局限性，则是有目共睹的。技术主义取向的课堂变革，其本质是应试主义。近二十年来，发挥学生学习的主动性已成为共识，但"发挥学生学习的主动性"不应只是一种技术取向的考量，而应是一种发展取向的立场。引导学生主动参与学习过程，根本还是追求学生的主动发展。当前中小学课堂教学改革需要克服技术主义取向的改革策略，少在教学形式、教学程序、教与学的时间分配上做文章，多在如何促进知识的价值转化、意义达成及其所引起的学生变化和发展上下功夫。

课堂教学改革注重转变学习方式，促进学生学习方式的多样化，引导学生经历完整的学习过程，但学习方式的多样化应多到什么程度？课堂教学过程中是否学习方式越多越好？学生究竟需要经历哪些基本的学习方式？也是当前教学改革值得深思的问题。所谓基本学习方式，应指与知识的类型及其目标相一致的学习行为、学习活动及其过程。特定的学习方式总是与特定的知识类型和学习目标相关联的。这些基本的学习方式究竟应该有哪些？如果按照安德森（Anderson L. W.）在教育目标分类学修订中所划分的知识类型来看，基本学习方式其实是比较明确的。他把知识分为四大类，即事实性知识（Factual Knowledge）、概念性知识（Conceptual Knowledge）、程序性知识（Procedural Knowledge）、元认知知识（Metacognitive Knowledge）。不同类型、不同特征的知识必然要求学生在学习过程中经历不同的学习方式。由此来说，与事实性知识、概念性知识、程序性知识、元认知知识相对应的基本学习方式是接受与记忆、理解与探究、操作与体验、反思与感悟等。从课程知识分类学意义上看，经历接受与记忆、理解与探究、操作与体验、反思与感悟等学习方式，便是学生学科课程学习过程中最基本的学习方式。转变学习方式并不应该仅仅追求形式上的学习方式多样化，教学目标、教学内容、教学过程的差异性决定了教学过程中适切的学习方式是有限度的。技术主义取向的教学之错就在于把所有的知识都当作事实性知识来处理，死记硬背、机械训练等单一的教学方式便成为必然，"去过程""去情境"实质上就是去掉了学生必经的成长经历。

技术主义取向的教学的突出问题不仅表现在对教学时间、教学程序等方面的局限性上，而且在知识处理上，表现出表面教学、表层教学、表演教学的局限性。在教学价值观上，由于沉溺于教学活动组织方式、教与学的程序的转换，而导致知识对于学生学科素养的发展价值处于结构性沉默的状态，教学目标的完整达成和教学价值的深度实现都难以得到落实。在教与学的关系上，从对过去"以教师的教为中心"的批判，完全翻转到"以学生的学为中心"，从教学思维上看，我认为"教师中心"与"学生中心"没有本质的区别，依然是一种"点状思维""中心思维"，而不是整体思维、生成性思维。尽管这种转换对引导学生主动学习发挥了一定作用，但仍然是线性思维，依然没有处理好教师与学生、教与学的动态生成的关系。以谁为中心，被固化了。教与学的关系是一种对偶关系、手性关系，是谁都离不开谁的关系，是相辅相成的关系。教与学在活动过程、活动机制的问题上，需要摒弃这种由一个极端走向另一个极端的"中心思维"，寻找到中心与边界的张力，真正让教与学相长。在知识处理上，技术主义的教学呈现出"点状教学""平面教学"等诸多问题，缺乏对知识的结构性处理，缺乏对知识的科学属性、文化属性、社会属性、实践属性的表达与价值实现。课程育人、知识育人，需要"网状教学""立体教学"。

（二）教学改革的基本问题

深化课程教学改革必须进一步辩证地处理好教学过程中的各种基本关系，以发展学生的学科能力为重点，全面提高课堂教学质量。

第一，辩证地处理好教师与学生、教与学的关系。课堂教学的性质与品质是由教师与学生的教学活动结构、教学的价值追求所决定的。改革开放四十多年来，主体性教育理念深入人心，充分发挥教师的主导作用和学生的主体地位，成为广大教育工作者的普遍共识。在教学过程中，教师与学生的关系是具有"主体间性"的关系。教师与学生、教与学的关系是一种对偶关系、手性关系。对偶关系，就是互相依存，成对耦合的一体关系。手性关系，就是相互区别又相互对应、相似又相对、相离又相连，对应异构的关系。教师与学生、教与学之间的关系，就是相互区别又相互联系、相对又相辅相成的关系，是不可对立、不可偏废、不可分离、不可割裂的。

作为一种"主体间性"的关系、对偶关系、相融关系、手性关系，教学关系是在不同的教学任务、不同的教学科目和内容、不同的教学活动过程、不同的教学活动情境中动态生成的。如果将教师与学生、教与学的关系在时间的先后序列、活动时间数量上加以固化，势必导致师与生、教与学关系的机械化和对立化。目前在全国各地实施的"先学后教"等策略对充分发挥学生学习的主动性、积极性，引导学生自主学习具有重要的价值。但教与学在时间序列上不存在先与后的优劣之分，其实，教与学孰先孰后，在不同学科、不同教学环节、不同课型中是不可固化，更是不可僵化的。"先学后教"未必就比"先教后学"更具优势。从理论上说，极端地强调"以学为主"如同极端强调"以教为主"，在处理师与生、教与学的关系上一样是不足取的。而在当前中小学教学实践中，有的"先学后教"演变成了"只学不教"，"0+45"教学模式便是最好的例证。"先学后教"赖以展开的根本手段"导学案"的作用存在着被无限放大的趋势，相当一部分中小学，"导学案"逐步演变成了"导练案""导考案"，呈现出用习题代替问题、用"导学案"代替教科书、漠视"过程与方法"教学目标的达成，以及教学过程中"情感态度与价值观"目标的"结构性沉默"等弊端。辩证地处理好教师与学生、教与学的关系，真正做到"师生互动""教学相长"，仍然是当前深化课堂教学改革的根本问题。

第二，辩证地处理好认识与实践、学与思的关系。教学过程是一种特殊的认识过程、特殊的实践过程和促进学生发展的过程。我国新一轮基础教育课程改革强调克服过于依赖接受性学习的局限性，注重加强教学与学生生活和社会实际的联系，并主张学习方式的多样化，引导学生主动参与、乐于探究、勤于动手。其本质是主张教学过程中处理好知与行、学与思、书本与生活、知识与经验等方面的关系。

　　严格意义上的教学，首先必须保证学生理解并掌握系统的书本知识，掌握知识是教学的基本目的，但绝不是唯一目的。书本知识既是教学过程中学习的对象，也是促进学生发展的材料，但不是教学的全部目的。"堂堂清"等教学策略的目的显然仅仅停留在知识层面，"清"的仅仅是知识点，难以达到教学的全部目的，因为学生的学科能力发展、情感态度与价值观等数学目标往往是一节课难以"厘清"的，特别是仅仅依赖接受性学习难以达成的。如何通过知识学习引导学生理解客观事物、社会事务的本质和规律，理解人类复杂的情感态度与价值观并体验和发展情感态度与价值观，仍然是我国中小学课堂教学改革的难点问题。在教学过程中，认识是基于感觉与知觉、记忆、想象、思维等认知活动的综合理解过程，分析与综合、归纳与演绎、概念判断与推理是其基本过程和形式，是抽象的、概括的理解过程。要通过知识掌握促进学生各种素养的发展，还必须通过教学过程中的各种特殊的实践性学习方式，尤其是知识性实践、工具性实践、交往性实践等样式，引导学生在知识理解的基础上通过探究、体验、操作、交往等多种学习活动方式，以学习内容为中介建立起学生与自然、学生与社会、学生与自我的内在关系，由"公共知识"转化为"个人知识"，促进学生终身发展必备的核心素养的发展。在教学过程中辩证地处理好认识与实践、学与思的关系，真正做到"知行统一""学思结合"，仍然是当前深化课堂教学改革的重要问题。

　　第三，辩证地处理好知识与能力、知识与美德的关系。知识与能力、知识与美德的关系是教育教学理论与实践中亘古未决的核心问题，"实质教育论"与"形式教育论"分别对知识或能力的偏爱在人类教育史上延续了上千年，并争论了上千年。从总体上看，我国当前中小学教学实践仍然没有妥善处理好知识与能力、知识与美德的关系，呈现出明显的"知识授受主义"倾向，新课程提出的"过程与方法""情感态度与价值观"维度目标的达成度很低。改革开放四十多年来，我国依然没有关于中小学生的核心素养或关键能力标准，诸如阅读能力标准、数学思想与方法标准、科学素养标准、艺术素养标准、技术素养标准等。尽管2011年我国拥有了1949年以来第一套真正意义上的课程标准，但各门课程标准仍然未能清晰地设计各个学科领域学生能力表现标准，其实欧盟、美国等世界上主要发达国家和地区早在二十多年前就研制并颁布了中小学生各个课程领域的核心素养和能力标准，并随着时代发展不断修订更新。显然我国这种状况与当前信息化、全球化、大数据时代的背景及其对人的素质要求存在极大的差距。

单一的知识授受构不成能力，形不成美德，更不是"良好的教育"。2009年7月，在新加坡举行的全球教育战略圆桌会议上，英国教育战略学家巴伯（M. Barr）提出了良好教育的"课程公式"：WE＝E（K+T+L）。其中，WE表示"良好的教育"，K代表"知识"，T代表"思维方式"，L代表"领导才能"（包括领导自己和他人），E代表"以情感意志为核心的素养"。显然，单一的知识教学是残缺的教育。挖掘知识中的智慧元素和美德元素，重视学科能力的培养，有效渗透社会主义核心价值体系教育，促进知识向能力和美德的转化，转知成识，转知成智，化知识为美德，在教学过程中有效达成"过程与方法""情感态度与价值观"等维度目标，是当前我国中小学深化基础教育课程改革的重要课题。在教学过程中辩证地处理好知识与能力、知识与美德的关系，真正做到"学以致用""全面发展"，仍然是当前深化课堂教学改革需要突破的难点问题。当然，教学过程中还涉及知识与经验、课内与课外、书本知识和社会生活、文本学习与E学习等基本关系。课堂教学改革深化的根本策略，不是教与学在时间序列上先与后、多与少、轻与重的颠倒和翻转的技术性问题，也不是教与学在内容序列上，考与不考、讲与不讲、练与不练的选择和舍弃的对策性问题，而是关乎广大中小学生终身发展所必需的学会学习、学会认知、学会与人共处、学会生存等核心价值支柱建立的态度性问题。教学所要关注的不是学生对知识的表层化加工，而是深层次的知识的加工，是基于高层次思维，对知识发生过程的学习，引导学生经历知识的发生过程，才能真正让学生习得知识所凝结的智慧要素和美德要素。停留于教学程序、方法、技术、时间等层面的变革，无论采取多么新颖的方式，本质上还是教学形式层面的改变。

我国当前课堂教学改革需要由单一的教学模式建构，走向"教学理念创新+教学方式创新+教学技术创新"相结合的教学系统变革，促进课程体系、教学体系、评价体系创新。其中，教学观念的转变依然是深化我国中小学课堂教学改革长期而艰巨的任务。切实转变我们的教学价值观、知识观、教学观、师生观、评价观，确立"育人为本"的指导思想；改革教学质量评价体系，明确学生终身发展必备的核心素养和关键学科能力表现标准，研制中小学学生学科学习质量标准，以及绿色教学质量评价标准；辩证地处理好教学过程中各种基本关系，切实促进学习方式的多样化，引导学生通过自我导向学习、问题导向学习，以及深度学习、反思性学习，切实促进广大中小学生学科能力和情感态度与价值观的发展，让课堂更具有教育涵养，是深化课堂教学改革，实施发展性教学，推进素质教育、全面提高教学质量的根本要求。

二、育人功能是课堂教学改革的根本追求

单一的技术层面的课堂变革难以提升课堂的教育涵养，不能丰富教学的发展性。课堂变革需要从对知识及其处理技术的关注转到基于知识处理对学生变化、发展和成长的关注，尤其是对学生核心素养和关键能力的关注，这一转变是回归教育本质的根本诉求。近十多年来，人们创造了太多的所谓"新课堂"，诸如"和谐课堂""生本课堂""高效课堂""快乐课堂""参与式课堂""翻转课堂""情感课堂""思维课堂""健康课堂""幸福课堂""品质课堂""生态课堂""卓越课堂""雅信课堂""文化课堂"等不一而足，或偏重课堂的某一属性、某一目标、学生学习某一要素的以偏概全，或标准不明、指标不清的貌似合理的高大上。哪有那么多的课堂？其实真正的课堂只有一个，那就是"发展性课堂"，发展性是教学的根本追求，即实现学科和课堂教学的育人功能。

（一）教学改革的根本追求

坚定地树立"育人为本"理念，辩证处理教学过程中的教师与学生、教与学、目的与手段、时间与空间，以及知识与能力、知识与美德、书本知识与生活经验等关系，重建课堂教学价值观，重组课堂教学结构，再造课堂教

学程序，重构课堂教学文化，丰富课堂的教育涵养，提升课堂的发展性，是当前课堂教学改革的根本方向。

多年来，"课堂教学是主渠道"的理念，确认了学科教学是学校教育最经常、最普遍的育人方式和育人途径。教学的发展性和实施发展性教学，也确认了学科的发展性本质。什么是发展性？通俗地讲，发展性就是改变性，是指学科教学能够引起的学生身心多方面发生的结构性变化，是学生终身必备的具体领域学科核心素养得到整体提升，学科教学应建立知识与学生发展，学习与学生发展的关系，追求学生在认知能力、情感品质、思想意识、生活方式等维度发生实质性的成长与优化。学科教学必须摆脱应试主义的价值观，以学生发展为价值取向，"忠诚于学科教育的本质追求，切实体现学科的教育价值取向和育人本质，完整达成学科教学目标而体现出来的高阶发展性品质"。从表面上看，学科育人的本质体现促进学生学科素养的发展等功能上；但从实质上看，学科育人的本质是通过学科教育或教学来丰富学生作为人的社会本质、文化本质和精神本质，促进学生由作为自然生命的人向作为社会生命、精神生命的主体的转化。在这一转化过程中，学科知识成为建立学生与外部世界的关系并理解外部世界的一条重要的纽带。学生通过学科知识的学习，认识与理解客观的自然世界、社会世界的规律，并结成"物—我"关系、"你—我"关系、"我—本我"关系，丰富学生成为人必需的社会本质。理解社会并进入社会，成为结成社会关系的人，同时，理解文化并能够进入文化，成为具有文化本质的社会主体，人的发展才能真正实现。

苏联教育家赞科夫在《教学与发展》一书中提出了"使班上所有的学生都得到一般发展"的教学原则，建立了发展性教学观。他主张"教学要走在发展的前面"，反对割裂知识与学生发展的价值关联，克服停留于单一的书本知识传授式教学的局限，丰富教学的发展性。实现学科育人功能，需要提升教学的发展性，丰富学科教学的发展品质。聚焦学科教学对于学生或人的意义达成，从学生自我认知、构造学生与社会关系、深化文化理解与文化认同，建立合理的思想意识等维度，关注学科学习的意义向度，使教学过程成为引导学生主动探寻与客观世界的关系，并创造成长意义的过程，从而消解学科教学价值性和意义性"结构性沉默"的状态。教学促进学生发展，需要消解儿童、青少年对内心自我的孤独感、对外部世界的迷茫感、对社会生活的陌生感和对现实世界的厌恶感，增强学生对社会的责任感、对生活的热情和对世界的关怀，真切地把学生培养成为具有社会本质、精神属性和文化特质的社会活动的主体、道德生命存在，这是教学发展性的本质诉求，也是"立德树人"的应有之义。

（二）深化教学改革的根本方向

要让我们的课堂更有教育涵养，应着力于提升课堂的发展性品质，而不是设法提出一个与众不同的什么概念或教学模式，或者为了改变教与学关系、程序、时间的某种纯粹技术取向的课堂教学改革。随着课程教学改革的不断深入，切实转变学生观、知识观、教学观、质量观，通过实施深度教学，引导学生深度学习，切实提高课堂教学的发展性，是当前深化课堂教学改革的根本方向。

提升课堂教育涵养必须切实转变知识观、学习观，实施深度教学，引导学生深度学习，丰富学生的学习过程、学习的境界和学习的层次，切实实现知识的内在价值。超越对象化的静态的知识观，建立知识的教育学立场，克服对象化教学的局限性；超越知识训练式的学习观，建立学习的发展取向，克服表面学习、表层学习和表演学习的局限性。严格意义上的课堂教学必须引导学生获得系统的书本知识，但如何看待知识，如何处理知识，是否实现了知识的教育价值，却决定了课堂教学的境界。一直以来，中小学课堂教学倾向于把知识作为定论、作为对象、作为结果来传授、来接受、来占有，把书本知识作为教学的对象，把书本知识的占有与获得作为教学的目的。有人就认为学习就是"知识的打开"，所谓的高效课堂追求的就是学生在当堂占有和掌握知识本身，至于学生占有和掌握知识之后发生了什么却不去深究，不去追求知识习得后学生产生了什么样的个人体悟，发生了什么样的变化和发展。这种知识观就是一种对象化的静态的知识观。基于对象化的静态的知识观的课堂教学，充其量只能告诉学生世界是什么样的，只能获得"关于世界的知识"，却不能让学生建立起与客观世界的内在关联性，不能引导学生建立"进入世界的知识"。"关于世界的知识"是前人总结的，对象化教学和接受性学习只能让学生获得这种知识。"进入世界的知识"是学生在掌握客观知识的基础上基于个人生命和生活体验，在理解、体验和探究的基础上自主建构的个人知识，并成为他处事的价值观和方法论。

　　提升课堂教育涵养需要引导学生基于完整理解知识进行深度学习。深度的知识学习不是记住知识符号，不是对知识的简单占有，不是对知识的表层学习，而是理解并促进对知识的逻辑要素和意义系统的转化。深度知识学习过程不是一个线性的知识训练过程，而是一个复杂的生成过程。

第二章　深度教学的本质与理念

　　全面深化课程改革、落实立德树人根本任务，发展素质教育，培养学生社会发展需要的关键能力，是时代的必然要求。但应试教育之风从课外培训逐步向课堂侵蚀，应试训练普遍导致课堂的发展性品质日渐低落，与素质教育的根本要求渐行渐远。课堂教学的价值标准究竟是什么？究竟应该如何处理教学过程中的各种基本关系？课堂教学改革的基础和方向问题值得深思。实施深度教学，引导学生深度学习，实现学科的育人功能，是必由之路。

第一节　深度教学的本质与价值标准

　　教学的价值追求、知识的性质与结构、学习的本质与境界决定了课堂教学必须是完整的教学、深度的学习。教学必须超越表层的符号教学，由符号教学走向逻辑教学和意义教学的统一，必须以发展性作为教学的根本追求。将超越知识的对象化学习，追求教学发展性和内在质量的教学理念，称为深度教学。深度教学是一整套旨在促进发展的教学理念和教学策略。

一、深度教学的本质

　　兴起于人工智能领域的深度学习概念，本质上是指计算机和网络的一种算法思维，是计算机和网络模拟人脑的思维结构进行信息处理的一整套模型和技术。而深度教学则是以发展性的教学价值观、课程知识观、学习观、教学过程观和学习环境观为基础，旨在促进发展的一整套教学理念和教学策略。

（一）深度教学的本质规定性

深度教学，并不追求教学内容的深度和难度，不是指教学内容越深越难越好，而是相对于知识的内在构成要素及其内在价值、学习的内在结构及其层次和境界而言，知识教学不是停留在符号层面、不把知识仅仅作为对象来学习。深度教学之"深度"的本身是指知识的"深度"、学习的"深度"和教学价值达成的"深度"。教学价值与目标达成的深度、知识处理与知识理解的深度、学习过程与学习方式的深度，是深度教学的要义。深度教学是旨在提升学习境界和层次，实现知识丰富价值的发展性教学。

1. 深度教学是意义性教学

深度教学是促进知识与学生生命相遇并实现知识对于人的发展价值的教学。深度教学不是对象化教学，不是把知识仅仅作为对象和结果来学习，而是追求学科知识对于学生发展的意义和价值，发展性是深度教学的本质规定性。"意义性"指向的是教学内容、教学活动、教学过程对于学生生命成长和精神发育的发展价值，而不是一种对象性的教学。构筑知识学习与学生发展之间的意义关系，是深度教学的质的规定性，意义性是教学的终极关怀，即追寻教学对学生作为人的功能和价值。深度教学不是把知识作为教学的对象，而是把学生发展作为教学的根本目的。所谓意义性，是指知识及其教学活动与学生发展需要相适应、相契合，是知识教学所体现的对学生身心发展的"意义增值"。学生发展既是教学的对象，也是教学的目的；知识不是教学的对象，也不是教学的目的，相反只是实现教学目标的重要材料。追求知识对于学生成长的意义，提升学生学习知识的意义感，通过实现知识对于学生发展的丰富价值而促进学生发展，为意义而教，才是教学的本质诉求。如果停留在传统认识论的立场上，人对知识、课程的理解往往局限在"事实取向"层面，知识的内在构成被分割，"符号表征"被看作知识的全部，知识的假定性意义被认为是理所当然地要加以接受，这便是典型的就知识而教知识的对象化教学。在应试教育背景下，接受教学依然统治着中小学课堂，知识的丰富价值难以得到应有的体现，知识和教学的发展性极度缺失。意义性教学追求教学价值达成的深度，即教学活动切实实现学科教学的育人功能，以实现学科核心素养的发展为根本宗旨。教学的起点问题不是教什么和怎样教的问题，而是为什么教的问题。意义性是深度教学的价值起点标准，因而深度教学之"深度"，首先就是指教学的价值达成之深度，即追求丰富教学的教育涵养，提高教学的发展性。意义性是深度教学的价值取向，是衡量教学好坏的根本尺度。深度教学追求建立学生的知识结构并发展认知能力，丰富情感体验并建立思想观念，转化学科能力并发展学科核心素养，迁移学生解决问题能力并丰富学科体验，以切实实现学科的育人功能。

从根本上说，意义性教学是促进学生认知、情感、意志、个性，以及社会性、文化性等方面素养的发展性教学。教学的根本宗旨是育人价值和育人功能的真实达成，"意义关怀"是深度教学的灵魂。意义性教学超越"唯分数论"的教学，以促进学生素养生长为归宿。在教学改革的方法论上，超越基于"中心思维""点状思维"的"为学习而学习""为活动而活动"等形式化的教学程序转换和教学方式转化的局限性。深度教学作为意义性教学所应追寻的"意义"，是教学内容、教学活动、学习方式、学习资源和环境对于学生精神发育的科学意义、文化意义、社会意义、实践意义。因此，意义性教学是导向科学实践的教学、文化实践的教学、社会实践的教学和生命实践的教学。

2. 深度教学是理解性教学

理解是教学的根本基础，转化是教学的核心过程。深度教学拒斥单一的符号接受性的教学，要求克服对知识的平面处理和孤立的符号解释，主张揭示知识的多维属性及其意义，理解性是深度教学的基本特征。为理解深度教学的本质诉求，通过知识学习，引导学生理解规律，获得对世界的文化理解，以及对自我与世界关系的理解，进而为发展提供坚实的基础。

知识之深度是指知识对于学生成长的价值广度和意义深度，是知识转化为学生在特定领域的思想、能力、经验等价值维度和意义维度的尺度。一切把知识作为结果来接受和占有而不是作为基本品格和关键能力来养成的教学，在本质上都是机械性教学、接受性教学，而不是发展性教学。对知识深度的追求，是在教学过程中忠诚地表达出知识的内在规定性和本质属性，特别是知识的科学属性、文化属性、社会属性、辩证属性和实践属性，建立学生与知识的互动关系，促进知识与学生生命和精神成长的相遇，从而实现知识的育人功能。从此意义上说，深度教学是理解性教学，注重以引导学生对知识的完整理解为基础，促进知识的理性价值、道德价值和审美价值的实现。

深度教学强调引导学生把握知识的广度、知识的深度、知识的关联度，实现对知识的深度理解。知识的广度是指知识的背景、知识的条件，以及知识的学科历史与理解的环境。知识的深度是指知识内在的逻辑、思想和方法论。知识的关联度，是指知识与文化、知识与社会、知识与人类总体经验和个体经验的联系。因此，深度教学注重引导学生达到知识学习的充分广度、充分深度和充分关联度。"三个充分"的知识学习，是体现深度学习过程理解状态的基本特征。知识学习的充分广度需要有丰富性的学习过程，通过"无边界学习"，把知识的背景、知识的条件、知识的历史引入学生理解的构成，发挥理解支架的作用，促进对知识的逐层理解。知识理解的过程是逐层进行、逐步深入、逐步抽象的。理解的构成是层进式的学习。知识学习的充分深度需要探究性学习，以问题为导向，激发学生的高阶思维（High Level Think），理解和把握知识的本质及其思想内核。知识学习的充分关联度需要回应性学习，通过文化回应、经验回应，建立起新知识与文化、经验的内在联系。

理解性教学所追寻的"理解"，是指理解对于人的生成的意义，把理解视为人的存在方式和发展方式，因为"理解是人的存在方式"，更是人的发展的基础；不是指对知识的符号性理解、符号接受与符号解码，或者单一的"科学理解"。它是一种既分层又复合的理解，既是科学理解又是文化理解、社会理解和生命理解。

3. 深度教学是生成性教学

深度教学是以理解为基础，建立"人—知"互动为中介，引导学生高阶学习的教学。深度教学拒斥表层学习、表面学习和表演学习，注重引导学生深度参与学习过程，追求学生对学习过程的深度参与、反思建构。深度教学强调学生对学习过程的深度投入，丰富学习的层次，赋予学习过程以科学价值、文化价值、社会价值、德性价值和审美价值。学习对于学生生命生长和精神发育的意义不是通过接受来实现的，而是通过反思和建构来达成的。

学习的深度是指学习层次的丰富性和学习境界的完整性，以及学习过程中的高层次的认知投入、情感投入、意志投入和社会性投入，培养学生导向成功的学习热情和高阶思维。深度教学强调学生在教学过程中的具身投入、沉浸性学习，发展学生的反思性思维、批判性思维和创造性思维。理解、转化、拓展、反思、迁移是学生自主建构的生成的基本过程。生成性教学突出的是学习的过程价值，让学生的学习不仅真实发生，而且强调学习的可见、思维的发生。

生成性教学不是接受性的，不是把知识当着定论和唯一的结果来接受，生成的过程是开放的、情境化的、反思性的。从此意义上说，生成性即建构性，是主体自我的建构过程，生成彰显了教学的过程属性和过程价值。深度教学是层进性的、沉浸性的，更是生成性的。层进是指知识学习的逐层推进、逐步深化，深度不是一步达到的，这是由知识的复杂性、抽象性、概括性决定的。沉浸是指学生对学习过程深度投入和个体生活经验的参与，是具身性的。生成性学习的基本方式是反思和感悟。通过反思和感悟，学生获得对识的"意义增值"，在有所知的基础上，达到有所得、有所获、有所悟。

深度教学的根本基础是教学价值观、知识观、学习观、过程观的转变，因此，深度教学是通过提升学习境界和学习层次，实现知识的丰富价值的发展性教学。深度教学是针对新一轮基础教育课程改革中出现的从反对"过于注重死记硬背、机械训练"的局限到追求"学习方式多样化"过程中出现的表面化、表层化、表演化教学的局限性而提出的。合作学习也好，自主学习也罢，甚至翻转课堂也罢，其实是教学的方法等形式问题，从一种形式转到另一种形式，并不是教学改革的本质和价值。教学改革的核心价值是实现知识的发展价值。深度教学所要回答的基本问题是：知识对于学生的发展价值究竟应该如何达成？怎样的学习过程和学习结构才是知识的发展价值所要求的学习？因此，深度教学是基于知识观和学习观的转变，基于教育学的立场和发展的视野而实施的教学，是促进知识在学生精神世界的发育的教学。

深度教学的根本宗旨是促进知识的价值发育，而不是仅仅把知识作为对象来学习和占有的对象化教学。深度教学强调知识与学生精神发育的内在契合，特别是知识习得与学生成长的价值契合、过程契合、结构契合，主张在教学过程中凸显知识对于学生不同领域的发展价值，强调知识向思想、方法、能力和经验的转化和生成。概括地说，深度教学之"深度"主要体现在三个方面，即教学价值和教学目标达成的深度，知识处理与知识理解的深度，学习过程与学习方式的深度。

（二）深度教学的内在条件

构建"人—知"互动关系，促进知识与学生的生活世界相遇，实现"科学世界"与"生活世界"的平衡与转化，是深度教学的根本条件。通过回归生活世界，建立知识与学生生活背景、生活经验、社会实际的内在关联性。让生活经验、生活背景进入学生理解知识的过程，在理解公共知识的基础上，建立个人知识，实现从理解知识到理解世界、进入世界的转换。

1. 教学回归生活世界

教育不仅应引导学生理解世界，而且要引导学生进入世界，从而实现培养人的目的。"公共知识"是前人对世界的认识方式，占有知识充其量是学生了解世界的过程；"个人知识"是个体对世界的解码方式，建构知识是学生进入世界的过程；而"创生知识"则是主体对世界的编码方式，是学生改变世界的过程。由理解（Understand）世界到进入（Engage）世界，再到改变（Change）世界的进阶，是深度教学的本质诉求。理解世界是对客观的自然世界、社会世界和精神世界的本质规律的认识。通过知识习得认识和把握客观世界的基本规律，是教学的基本目的，但不是终极目的。要通过知识促进学生发展，需要为学生奠定进入世界的素质基础。所谓学生与知识的相遇，其本质是通过知识学习，建立起与客观世界的关系，达成人与世界的相遇，凸显知识教育的生命立场。学生与知识的相遇，需要通过建立"人—知"互动关系，教学回归生活世界，赋予教学生命立场。

　　"生活世界"是胡塞尔、哈贝马斯等哲学家提出的概念。胡塞尔的"生活世界"概念蕴含着心物关系,"生活世界"概念体现了他的现象学与人性之间的联系。他的现象学逻辑实质上蕴含着逻辑、心理和物理三者间的复杂关系,而这三者的关系的核心是心理和物理的关系,即心物关系。胡塞尔通过辨析"心理"与"心理活动"的区别,确立起"心理世界"或"精神世界"与"物理世界"的分野。他指出,"心理"的特点不在于它的"活动过程";知识性质,更不是"认知活动"所能代替得了的,知识还有其实质内容,因而他认为,我们所谓的对、错,是指"判断内容",而不是指"判断活动"。"心理活动"是一种自然的现象,遵守自然的规律,而"心理内容"则是思想领域的东西,遵守着思想或逻辑的规律,二者有原则上的区别。胡塞尔认为心理活动实质是"物理"的活动,而"心理"则是"精神的""观念的",由此构成"物理世界"与"精神世界"或"心理世界"的分野。胡塞尔反对笛卡儿的"我思故我在"的论断,认为人并不因为人的"精神世界"的作用而存在,从而他在《论理念》中把笛卡儿的"我思故我在"改为"我生故我在(I am living cogito)"。因此,"生活世界"并不是"物理世界"意义下的"活的自然界",或纯粹的"生存环境","活的自然界"和"生存环境"中,如果人不在其中,那也只是"死的世界"。只有"我生""我在世界中",它才是人的"生活世界"。而"我生""我在世界中",实质是"我在自然中""我在他人中",以及"我生"在其中。可见,胡塞尔的"生活世界"概念特别强调在心、物之间形成一种和谐关系,强调人活着的、"生着"的意义。离开了人,所谓的生活世界也会沦落到心物分离的"物理世界""死的世界"的地步。胡塞尔正是从此意义上认为,欧洲自然科学进入了纯的"物理世界"、没有人在其中的"死的世界",从而导致了欧洲科学的危机。因此,他呼吁自然科学要走向人在其中的"活的世界",向"生活世界"回归,竭力倡导建立并推进人文科学的研究。

　　哈贝马斯的"生活世界"概念同样具有胡塞尔一再强调的"我生""我在"的意义。"我在自然中""我在他人中",以及"我生"在其中,在哈贝马斯那里,变成了"生活世界"的三个有机的组成部分,更明确地强调了

"我"与世界的关系，即人与自然事物的关系构成的"客观世界"、人与他人和社会的关系构成的"社会世界"、人与自我的关系构成的"主观世界"。他认为三者分别对应着关于自然事物的知识及其对人的意义，社会的道德、法律和艺术，人格的自我建构。胡塞尔和哈贝马斯都强调生活世界中人的交互主体性。如果说胡塞尔的"生活世界"还比较突出作为人的精神活动的话，那么，哈贝马斯的"生活世界"强调的则是人的交往活动。

马克思主义历史唯物主义比其他任何哲学都更关注人的社会生活，更重视人的存在、人的价值、人的生成。在马克思那里，"生活世界"是以实践为基础的现实生活过程，即人的社会实践过程，人的现实世界无非是人的实际生活过程，他说："在社会主义的人看来，整个所谓世界历史不外是人通过人的劳动而诞生的过程，是自然界对人说来的生成过程。"马克思认为，生活世界不是一个与人无关的世界，世界是一种实体，更是一种复杂的关系体。生活世界是人的生成与世界的关系体，是人的生成或形成的过程，离开了人的生成，就没有生活世界。因此，否认生活世界的意义便是忽视人，否认人的主观能动性和主体地位。

从形式上看，"人—知"互动就是学生与知识的互动，但从本质上看，"人—知"互动是以知识学习为活动过程，"科学世界"与"生活世界"的互动。"科学世界"是关于人的生存的外部世界的理解和认知，而"生活世界"则更多的是关于人的自我生成的素养。因此，教学有两种境界，一是把学生引入知识的海洋里；二是把知识带入学生的生活里。打开书本不一定展开了眼界，打开话匣不一定敞开了胸怀。眼界即视界，视界是学生理解世界的方式。胸怀即情怀，情怀是学生进入世界的状态。古罗马思想家善罗塔克说过：儿童不是一个需要填满的罐子，而是一个需要点燃的火种。建立"人—知"互动的关系，第一，需要确立人本意识和生命意识。"生活世界"是人在其中的世界，它的中心是人，是人的生存与人生价值。离开了对人的生成和发展的关注，就没有生活世界，因为生活世界反映的是人与世界的关系，明确地说，是人的生成方式与世界的关系之反映，"生活世界"与"世界"的本质区别就在于人的存在、人的生成、人的实践、人的地位的凸显。第二，注重人的生成的动态过程。"生活世界"是一个关系世界，人在其中，是动态生成的。教育理论引入这一概念，意味着被称为"教育"的活动对人的生命历程的整个动态的把握，即观照人的过去生活、现实生活和可能生活。只有把一切知识的、观念的东西纳入人的生成过程之中，才真正对人的生成有终极意义。为知识而知识的教育，没有从根本上观照人，所谓的人文关怀也会沦为空洞的口号。

2. 获得文化同一性：从知识理解到文化自信

进入世界的根本途径不仅仅是占有前人所创造的知识，而是获得社会共享的文化。知识是文化的最具代表性的形式，教学不仅是接受前人的认识成果，更为重要的是进入文化，从知识理解，获得文化的同一性，并建立文化自信。从此意义上说，深度教学是以知识理解为基础引导学生开展的一种文化实践，其核心过程是文化理解与文化习得、文化反思与文化认同、文化觉醒与文化自信。建立文化自信，是作为文化实践过程的深度教学的根本目的。

文化是指人类后天获得和创造的并为一定社会群体所共有的一切事物，是人类创造的物质产品和精神产品的总和。文化是一个"统一的整体"，是人类社会所特有、人后天习得和创造的，一定社会群体所共有的复杂的整体。从内容上看，文化包括"紧密关联的三个层面：物质层面、制度层面和精神层面"，即物质文化、制度文化和精神文化。无论哪个层面，文化都是社会性的和群体性的，是社会或群体的人共有的对世界的认识、价值观和信仰。文化不仅"被群体中的人们所共同接受才能在群体中维持下去"，而且反映在群体人的行为中，群体中的人以此解释经验和发起行为，尤其是制度层面和精神层面的文化。制度文化与社会结构、社会运作相关联，涉及维系群体或社会结构的相对稳定性的共同认识、价值观和行为规范。社会的制度文化就是社会活动和社会运作的政治制度、经济制度、法律制度等体系。而精神文化则主要体现在科学知识和技术、价值规范和艺术等文化形式上。尽管有人对精神文化的表现形式有不同的理解，但大多认同核心价值观念及其规范体系是精神文化的灵魂，而精神文化则是群体或社会文化的灵魂。缺乏核心价值观念和价值规范体系，就构不成精神文化，缺失精神文化同样形不成社会文化。

　　文化是作为群体或社会的人共同创造的成果，反过来又作用于人。从广义上说，人的发展过程和社会的发展过程，都离不开文化的发展过程。文化既是人创造的，又供人习得和享用，同时也制约和规约人的观念和行为方式。文化自信是文化主体的一种集体社会意识，是主体或社会群体基于对其文化的肯定性评判和价值确认而产生的信心和信念，是对优秀文化、先进文化的一种积极反映，是关于文化的一种积极的社会意识。作为一种社会意识，文化自信所指向的是社会群体所创造的文化本身，是对作为社会存在的文化的一种社会反映。社会成员在社会实践中如何理解社会化和评判社会文化，如何对待社会文化，体现了社会成员的文化态度，以及对文化的思维方式和文化价值观。文化自信是社会主体对本民族和国家文化的积极性、先进性、合理性的充分肯定和价值确认，是对本民族和国家文化从认识到认同，再到尊重、信奉和坚守的过程。文化自信的基本对象是社会成员共享共创的主体文化，包括文化价值观、文化思维方式、文化生活方式、文化制度及其所凝结的精神。其中，对价值观的自信既是文化自信的根本基础，也是文化自信的灵魂。文化自信根植于社会主体对本民族和国家文化的历史认知、理性理解和现实审视，以及对不同民族的文化比较、考察，文化自信源于主体基于唯物史观对民族文化和国家文化的一种历史价值和现实价值的认识与理解。正是经历对本民族文化的历史理解和理性审视，社会成员才能在对文化进行价值确认的基础上，将民族文化的灵魂内化于心、外化于行，信奉与坚守。从总体上看，文化自信的产生过程如同文化的发展过程一样，是一个历史的过程。文化尤其是优秀文化和先进文化，是一个民族、一个国家赖以生存和发展的根基，文化自信不是社会群体对其文化的盲目崇拜，而是经过民族生活史的洗礼，对先进的、合理的、合价值的、合道德的优秀文化成分的理性判断而逐步建立起来的文化信念，因为文化是一个民族在其生活空间民族的历史和生命空间史中的生活秩序及生命意义。文化产生于社会群体的共同创造、共同享有和共同坚守，也源于社会群体对文化的群体性肯定和价值确认。文化自信也是文化形成、维系、绵延、稳定和传承的根本条件，没有文化自信便没有先进文化的传承与积淀，也没有群体对文化的价值确认、坚守与传承。

而文化革命甚至文化创新则源于社会群体对文化中消极的、落后的甚至错误的成分的自我否定、自我改良和自我革新。中华传统文化的发展历史可以说是千百年来中华民族的文化发展、文化传承、文化创新和文化自信的历史。

人与社会的关系，本质是人与社会文化的关系。因为一方面人是文化中的人，人的社会生活时刻与社会文化相伴随；另一方面人的发展过程与文化的过程相互交织和交融，文化的发展与个体的发展具有双向循环作用的关系。作为个体的自然生命的人的社会化和个性化的过程，就是使个体不断地成为占有社会文化的社会意义上的人、文化意义上的人的过程，就是使个体人化和文化的过程。离开了群体社会的文化，人的生成是不可能的。因此，人的社会化过程也就是人的文化同化的过程，是作为个体的人习得、分享、遵守甚至参与创造文化的过程。德国文化教育学家斯普朗格（Spranger E.）把个人与文化的这种关系称为"生动的循环"。文化最根本的教育价值就在于使得个体的人成为社会的人，即人化。个体与特定群体或一定社会的隔离，本质上是文化的隔离，尤其是与精神文化的隔离。精神文化的习得和分享，是个体成为人的关键。斯普朗格认为，个人只有习得和具有作为文化形式的"团体精神、客观精神、规范精神、人格精神"，才能真正成为人。从此意义上说，人化的过程就是使人进入文化的过程，使人的生命具有文化生命的本质，从而人成了具有自然生命属性、社会生命属性和精神生命属性的统一体。

人的发展过程，是人作为生命存在，由自然生命发展到社会生命，再到精神生命的过程，是个体以文化为中介融入社会、融入民族的社会化过程。人的社会化过程在本质上是个体获得群体共有的民族文化的同一性，获得群体、民族或社会的文化同一性，是个体社会化的根本途径。教育作为培养人的活动，其根本的目的就是促进人的生成，使个体成为人，即成为社会的人、文化的人，以及具有契合时代核心价值观的独立精神的人。人的发展过程与文化的发展过程之间的"生动循环"，决定了教育过程与文化的过程具有本质联系。教育与文化、教育与人的发展、人的发展与文化的发展相互交融。1974 年，教育人类学家斯宾德勒（Spindler G. D.）的《教育与文化过程》（*Education and Cultural Process*）和金贝尔（Kimball S. T.）的《文化与教育过程》(*Culture and the Eduatine Process*) 同时聚焦了教育与文化这一关系,揭示了教育的文化过程本质。人是"文化中的人",一方面,人既是种族或人类文化遗产中的接受者、继承者,又是个体文化和种族文化的发扬者、创造者;另一方面,人在文化中生存和发展,人是一种文化主体。

文化的发展过程与人的发展过程之间存在的"生动循环"决定了教育过程的文化旨趣。作为培养人的活动,教育需要根植于特定的文化背景、文化传统、文化精神和文化价值观之中。教育只有厚植于文化基因之中,才能融入这种"生动循环"并真实地在人的发展过程中发挥主导作用。从教育的角度看,学生在进入教育领域前就已经不是一个单一的生物意义上的人,而是一个具有特殊的心理特征,"具有文化遗产的人",并且是处在文化中的人。这些心理特征和"文化遗产"成为学生成长过程中理解世界、理解人生、理解自我的"前结构"。文化既是人的生存背景,也是人的发展的根本条件;作为一切社会关系总和的人,在本质上是文化中的人或文化人。因此,引导学生真正进入社会和民族文化,是教育的本质诉求。作为培养人的活动,教育需要引导学生吸收优秀文化遗产,理解和习得文化并受到文化精神的熏陶,获得民族文化的同一性及其精神实质,从而获得个体的精神成长。

符号接受的学习,不是文化实践。接受性的教学往往停留于符号表征的层面来处理知识,忽视知识的文化属性和文化内涵,难以引导学生达到知识的文化理解、文化认同、文化反思和文化自信的层次。知识学习只有达到文化学习的层次,获得知识的内化内涵,习得文化思维方式,形成文化价值观,才能达到文化觉醒和文化自信。从此意义上说,深度教学是引导学生文化实践的过程。文化理解、文化认同、文化反思、文化觉醒,是深度教学引导学生经历文化实践的基本方式。"进入世界"的根本标志是进入社会或民族文化,获得民族文化的同一性。教学的文化敏感性和文化包容性,是深度教学的本质特征。

二、深度教学的价值标准

关于什么样的课堂是优质的课堂,什么样的课堂教学称得上是"有效"

教学或"高效"课堂等问题，人们提出了诸多标准，但大多是形式标准或结果标准。最具代表性的答案是有效果、有效率、有效应。其实这三个标准是一个标准，即"有效能"，总体上看是一种结果标准，缺少了价值标准和过程标准的属性。优质课堂的根本标准就是发展性标准，即具有丰富的教育涵养和优良的发展性品质。发展性是深度教学的根本价值标准，教学目标的深度达成，是深度教学的价值追求。把教学导向学生学科素养的发育和提升，将学习过程导向科学认知过程、文化实践过程、社会理解过程，甚至生命实践过程，让学习真正成为学生精神发育的活动，从而使学习和教学具有意义感、生命感。要体现课堂教育涵养，达到高阶发展性品质，深化教学改革必须追求内在的发展性，充分体现以下三个内在标准。

（一）彰显学生学习的意义感

学习的意义感的获得与建立，是衡量课堂教学优劣的价值起点标准。如果课堂教学的内容、过程、活动方式和方法难以让学生建立学习的意义感，难以找寻到学习的意义，它就不仅失去了存在的基础和必要，而且会成为学生成长中的困惑和累赘。人是一种意义的存在，"人与事物之间，是通过意义而发生联系的"。意义深藏于人们的生活事件、生活世界和生活实践之中，没有拷问，没有沉思，没有觉醒，意义就会迷失，人不仅存在着，而且不断地寻求着存在的意义、创造着存在的意义。意义是主体对自我的评判，是主体对自我生活事件，生活实践、生活世界的合目的性、合价值性的评判。作为教学活动的主体，学生在学习过程中时刻寻求自我与知识之间的意义联系，并不断地通过认知过程和情感过程，追求和创造着学习内容、学习过程对自我生长的意义。费尼克斯（Phenix P.）就曾经明确指出，知识就是意义的领域。对学生发展来说，知识的现实意义是多元的、多样的，意义的实现方式也是无限的，"从理论上说意义的多样性没有止境。意义形成的不同原理也被认为是无限的"。让学生通过知识学习来追寻、获得或创造学习的意义感，课堂教学才具有发展性品质和教育涵养的根本基础。课堂教学如果忽视了这一根本基础，总停留于把玩改变教学技术层面的伎俩，该显得多么苍白无力！

学习的意义感，是指学生对学习活动、学习内容、学习过程的终极目的的追问。意义感，就是主体对生活实践的意义性的意识活动。意义性是人生存于客观世界的根据，人与客观世界的内在关联性本质上是意义关联，因此只有对生活事件、生活世界和生活实践的意义性加以体认和觉醒，人对自我生存的意义感才能获得。意义感是建立在主体的自我意识、自我反思和自我觉醒的基础之上的。意义感的缺失，导致的最大的问题就是人的活动主动性和积极性的丧失。对意义的理解和确认，是人开展生活实践的重要基石。意义感强的人，不需要外在刺激就会自主地参与特定的社会活动，其活动也不可能是被动的活动。教育教学活动如果把知识或教学内容仅仅当作符号的存在来认识和理解，而不构成与学生生命实践的意义关联，就走向了教育的反面。

学习的意义感是学生对学习内容、学习过程和学习活动方式在价值识别、价值评判和价值确认的基础上产生的一种积极的意义体悟和意识过程。对学生而言，为什么要学习那些知识？为什么要参与那些活动？没有意义理解和确认，无论用什么方法来教学，在本质上都是机械地灌输。当下的所谓课堂教学大多沉溺于形式上的变化而追求应试的功利目的，而缺失了对学生学习意义感的促进，即丧失了对学生终身发展的意义性的促进。课堂教学要引起学生对为什么要学习那些内容，学习那些内容有何价值，以及怎样学习那些内容等问题形成正确的意义理解和价值确认。意义感强的学生才能全身心投入课堂教学过程之中，并在动作、思维、情感等方面表现出极强的参与性。因此，学习的意义感是衡量课堂教学优劣的根本价值标准，也是起点标准。建立学生对学习内容、学习过程和学习活动的意义感，引导学生理解和把握知识背后隐含的学科思想、学科方法及其实践价值与人生意义，是彰显课堂教学教育涵养，实现知识学习发展性价值的根本要求。

缺乏发展性和教育涵养的课堂，往往不能提升和增强学生对知识学习的意义感。把书本知识当作一种事实性的材料来学习和训练，充其量学生只能获得前人关于客观世界的描述。书本知识离开了学生的人生成长的内在需要，其价值性和意义性层面的内涵处于"结构性沉默"的状态。这样的课堂教学和知识学习是难以提升学生学习的意义感的。教学过程是引导学生主动追寻与创造成长意义的过程，这内在的要求彰显学习的实践属性，并赋予知识学习以意义向度。离开对书本知识的意义获得，离开了学生的自我认识、自我觉醒、自我觉悟，何以消解儿童、青少年对内心自我的孤独感、对外部世界的迷茫感、对社会生活的陌生感和对现实世界的厌恶感？何以真切地增强学生对社会的责任感、对生活的热情和对世界的关怀？要提高课堂教学的发展性品质，必须以增强学生知识学习的意义感为前提。

（二）增强学生学习的自我感

深度教学注重建立"人—知"互动的关系，让知识真正进入学生的发展过程，旨在增强学生学习的自我感。学习的自我感是衡量课堂教学优劣的过程标准。自我感的建立是人在生活实践中意义性的实现过程，教学过程的根本价值就在于通过知识学习完善自我意识，达到对自我的理解、确认和提升。所谓教学的发展性，即教学活动通过引导学生的知识习得。指向学生的自我确定和自我实现，因此，自我感的建立是教学发展的过程标准。因为从根本上说人的生命全程和发展过程就是从自我确定到自我实现的过程。通俗地说，自我感就是人能够真正地认识自我、找到自我、觉醒自我并提升自我。诚如苏格拉底所说的那样，人是在不断地"认识你自己"的过程中得以成熟和发展的。发展过程不仅仅是一个对外部世界的符号化的认知与理解过程，而是一个通过符号知识与外部世界交互作用的实践过程。由此来说，教学活动的发展性绝不取决于学生占有多少符号知识，而取决于学生通过符号知识这一中介建立起了怎样程度的自我与外部世界的意义联结，以及对自我发展的意义创造。教育和教学活动的价值不仅仅是使学生获得对客观世界的认识，而是通过认识客观世界并建立与客观世界的意义性联结，发展自我，成为与自我高度统一的"道德实体"和生命实践主体。

学习的自我感，是指学生在学习过程中随着对知识理解的加深而产生的自我认知、自我觉醒和自我觉悟等自我成长体验。学习的自我感强调教学活动不能仅仅把知识作为对象和目的来看待，而应该把学生的自我成长作为对象和目的，教学需要建立起知识与学生自我的意义联结，要从知识回归到学生自我，这正是"教学回归生活世界"的根本意蕴。自我感强的学生，能在课堂学习过程中逐步认识到自我的不足，并时刻伴随着对自我的革新和改变，不仅能够找到自我，更能够觉醒自我，改变自我，即所谓的自我觉醒和自我觉悟。自我感是评价课堂教学与学生关联性程度的一种过程标准。在课堂教学过程中，知识理解应该与学生的认知方式、现实生活、人生状态、生活经验产生丰富的联系，回应学生认知方式，回应学生生活经验或人生体验，学生在学习过程中才能真正产生自我感。从对象化教学走向自我感教学，是当前课堂教学改革最需要体现的一种教学理念转变和教学方式转变。

缺乏发展性和教育涵养的课堂，往往不能提升和增强学生对知识学习的自我效能感。当下的中小学课程大多把书本知识当作一种纯粹对象性的东西让学生来占有，书本知识外在于学生的人生经验、现实的自然背景和社会生活，课堂教学充其量仅仅是一种对象教学或对象性学习。对象教学或对象性学习远离真实的自然背景、社会现实，以及学生真切的人生状态和生活体验，学生在书本知识的学习过程中找不到自己，课堂就失去了感动力、感染力、感化力、感召力，从而课堂教学便缺失了改变学生的力量。知识教学必须具有回应性，通过建立书本知识与现实背景、与学生生活体验和人生经验的内在联系，开展现实的回应、生活的回应、文化的回应，回应的本质是通过知识教学回到人身上，课堂教学中才能发现那个发展中的"未完成的人"，并促进他的发展。乌申斯基说："人是教育的对象。"可我们的课堂是这样一幅景象：知识是教学的对象。知识变成了教学的唯一目的，学生的成长被忘却了！丧失了自我感的课堂，怎么可能转识成智、化知识为美德？怎么可能有力量？

（三）提高学生学习的效能感

学习的效能感，是指学生在学习过程中经过认知和情感过程所产生的成效体验，是教学活动的一种结果标准或成果标准。效能是一个统摄效率、效应和效果的概念。效能感是对效率、效应和效果的一种体验。教育效能理论把教育活动的效能分成过程效能和结果效能两个部分，学习效能感既是对学习结果的一种体验，更是对学习过程的一种体验。效率涉及的是活动过程中的投入产出比，效果就是指产出的结果，效应是指产出结果所引起的连锁反应。当前西方教学理论中提出的"成果导向教学"（Ocome-based Learning）总体来说注重的是学习结果。但学习成果的根本属性的发展，是以学生终身发展必备的核心素养、关键能力发展性成果。这些发展性成果皆由知识获得出发，但不止于符号占有和知识理解，而应进一步由知识获得导向美德和生存智慧。

转知成识、转知成智、化知识为美德，是效能的核心。认知困惑解除后的豁然开朗、思想矛盾克服后的觉醒觉悟，以及取得成功后愉悦的成就体验，都是学习效能感的表征。学习的效能感是评价课堂优劣的结果标准。效能感既是学生在学习活动中对学习结果的一种积极体验，也是对学习过程中学习效率的一种积极体验。因此，学习效能感是反映学习效率和效果的一种关键指标。引导学生获得积极的效率和效果体验，及时发现学生在学习过程中的优点，鼓励学生获得成就体验，有助于提升学生在课堂教学过程中的学习效能感。

缺乏发展性和教育涵养的课堂，往往不能提升和增强学生学习的效能感。把书本知识当作结果来接受，只能让学生获得关于书本知识的某种"假定性意义"或"给定性意义"，教学过程止步于让学生知道和会解题，不顾学生通过知识加工产生了什么个人想法，形成了什么思想和能力。接受教学显然注重的是符号知识及其给定性含义。学习效能感强的学生在知识学习的过程中往往伴随着丰富的情感体验，尤其是理智感和成就感的不断增强。豁然开朗、成就体验甚至高峰体验激励着他们不断地探究与体验、反思与感悟，不断地挑战自我、完善自我。当然，效能感是不能仅仅从学生是否会解题这一结果上得到验证的。教学过程是否能够激起学生学习的愿望，是否能够引起学生全方位参与教学过程，是否伴随着丰富的情感体验，是否真正有所知、有所得、有所获、有所悟，才是检验课堂教学效能感的基本维度。单一的知识授受和解题训练，或者课堂表层的活跃，绝不是效能感强的标准，相反，提升学生学习的效能感，必须依赖学生的强参与性、探究与体验和深度的反思与感悟。

第二节　深度教学的基本理念

教学理念是处理教学过程中基本关系的核心观念，其本质是关于教学活动的哲学，其中，教学的价值观、知识观、学习观是教学活动的三观和灵魂。深度教学理论认为，确立发展性的教学价值观、知识观、学习观和教学过程观，克服表面的、表层的、表演的教学的局限性，走向意义性教学、理解性教学和生成性教学，引导学生深度学习，实现知识教学的育人功能，是深度教学的核心理念。学科育人、知识育人是有条件的。实现知识的丰富价值，表达知识的多维属性，提升学习的境界，丰富学生的学习投入，是体现教学发展性的根本。具体而言，深度教学的基本理念体现在价值追求、知识处理、学习过程、学习方式等方面。

一、让学生与知识相遇

"人—知"关系，是教学活动的基本关系，知识与学生的关系既是教学的本体论问题，也是教学的价值论问题和实践论问题。建构"人—知"互动关系是学科育人的逻辑起点。"人—知"互动的本质是建立学习者与学科知识的双向循环关系，是知识与学习者生命的相遇。"相遇"（Encounter）是指主体与世界的对话活动，是建立在互动基础上的活动，其最基本的关系是"我—你"关系。相遇是主体与客体之间的一种生动的循环，是交往与互动的一种状态。布伯（Buber M.）认为，面临现代严重危机，唯有"对话"才能与"你"相遇，才能达到"你"之世界。"个人历史与人类历史之间有种种差异，然而两者在有一点上却完全一致——它们均标志着'它'之世界的伸延扩张"。人只有在与"他者"（Other）的相遇中，理解和把握"他性"（Otherness），进而养成自我品格。作为存在主义哲学与哲学交往理论的基本范畴，"相遇"的发展价值直接指向主体建立"我—你"对话关系、理解"他性"内在本质、生成自我人性和品格。由此，布伯认为人与人之间的相遇并引起人的发展必须依赖教育。

教育中最基本的"相遇问题"是教师与课程的相遇、学生与知识的相遇，是通过课程知识引导学生与世界的相遇。从课程的角度看，"没有课程是完美的"。因为它不能预测学生、教师和情境的不确定性的变化，师生与学科、课程、知识的相遇是必然要发生的，但不是自发的、随意的接触。在这种相遇中，教师挖掘课程的意义，将课程中的观点和材料转化为与学习者相适应的活动和表征。教学的根本目的不只是通过知识教学引导学生理解世界，更重要的是，引导学生进入世界。知识与人的生动相遇，是在教学过程中知识与学生相结合的一种状态。从学习的角度看，相遇追求的是知识真正进入学生生命的状态，而不是将知识仅仅停留于一种学习内容、一种学习对象的状态。知识对于学生发展而言，不是一种学习对象的存在，而是一种意义的存在，是一种"意义领域"，知识蕴含着对于人的生成的社会意义、精神旨趣和文化意蕴。因此，深度教学追求知识的发展价值，重视挖掘并实现知识对于学生生命成长的意义。

（一）构筑知识与学生发展的意义关系

教学的发展性，强调的是站在学生发展的角度理解知识和处理知识，挖掘知识本身固有的科学价值、文化意义、社会功能，实现知识对于学生生命成长的终极意义，即确立知识的育人导向。从认识论的立场上看，"知识是对现实存在的理解"，而从教育学的立场看，"知识对于心智和美好生活具有重要意义"，知识的教学需要导向人的自由。教学需要超越把知识仅仅作为学习的对象、作为孤立于社会和文化之外的符号来占有，而追求知识对学生的成长意义。知识是客观世界的规律的陈述体系，从形式上看，知识涉及的是客观世界的物质性，但对学生发展而言，正如费尼克斯（Phenix P.）所说的那样，"知识是一个意义的领域"。知识与学生发展的意义关系的建立，是实现学科育人功能的逻辑前提。学科教学不应把知识占有作为终极目标，而只应作为教学的材料，作为学生发展的意义关联方，因为学生发展是教学的根本目的。学科教学中首先需要建立关于"人—知"关系的价值思维和意义思维，即从学生发展的角度来挖掘知识对于学生生命成长的意义。面对具体的学习内容或课程知识，教学需要追问的不是学生知道了什么，而是懂得了什么、悟到了什么，并获得进入世界的思想意识、价值观念、思维方式和处世的能力。从内容上看，"人—知"互动一方面是新知识与学生已有知识、观念的相互作用；另一方面是学生生活体验与新知识的互动。互动即相互关联、相互作用，因而知识与学生相遇必然引起学生基于已有知识、经验和生活体验对知识的批判性理解、独立思考，从而生成"个人知识"。知识与学生相遇的理想形态，是学生在知识理解过程中产生同理认知，激发"共情""共鸣"；同理，是对知识科学规定性的获得过程，从逻辑、思维、方法论以及思想上理解知识，达到文化认同并形成文化同一性。共情，是对知识所表达的情感、态度和价值观达到一致性，产生情感共鸣。正因为如此，深度教学注重引导学生在知识学习过程中的高阶思维，即通过反思、质疑、批判、创新的思维过程，反求诸己，切己体察，获得为学、为事、为人的道理。

从形式上看，知识与人的互动是知识与人的相互作用，是通过知识引起学生内在精神世界的变化和发展。知识是人类的一种文化形式，知识与人的相遇，其实是学习者与前人的相遇，是与人类文化的相遇，也是与人的现实背景的相遇。教学不单是要打开人类的知识宝库，把学生引入这个宝库，而是要让人类的知识真正进入学生的生命世界里。从内容上看，知识与人的相遇，其实是学习者与知识生产者的相遇、与人类文化的相遇、与人类历史境遇的相遇。真正的科学知识，乃人类认识史上逐渐沉淀下来的认识精华，具有文化地标（Culture Heriage Place）的意义。因而，知识与人的相遇，是学习者理解并进入人类认识历史的过程，是与文化相遇的过程，是学习者与大师对话的过程。把一切知识仅仅当结果来学习，是难以真正理解知识的。

（二）由理解世界到进入世界

从过程上看，"人—知"相遇旨在使知识学习的过程成为学生特殊的实践、特殊的文化实践和自主生命实践的过程。知识与人的互动，蕴含着知识与人的生命的相互关系。知识是外在于学生的生命成长，还是进入生命成长过程，是两种完全不同的教学境界。教育过程中的学生面对着与世界的关系，"构筑学生与世界的关联性"，从了解世界到进入世界，再到改变世界，让学生与世界对话，则是深度学习的根本宗旨，也就是弗兰（Fullan M.）、奎因（Quinn J.）等学者在深度学习理论中所主张的从理解世界（Understanding the World）到进入世界（Engage the World），再到改造世界（Change the World）的发展过程。对学生而言，知识若外在于人的生命，就是一种对象化的物的存在，并成为学生要完成的一种学习任务甚至是负担。知识若真正进入学生的生命里，那么知识对于生命成长的意义就被激活了。现实的教学活动却大多只是把学生投入知识的海洋里，而不是把知识引入学生的生命世界里。促进知识与人的互动，必须让知识进入学生的生命里，注重从引导学生通过知识学习来认识和理解世界，走向通过知识学习来进入世界、改造世界。作为人的认识成果，知识表述的是客观事物的内在规律。知识与人的相遇，不仅仅体现在知识对于学生在理解世界的意义上，更在于帮助学生进入世界，结成与世界的各种社会关系，参与社会生活，并成为社会活动的主体。只有"进入世界"，知识对人的发展价值才真正得以体现。

促进知识与人的相遇，追求的是将作为认知实践的知识学习过程，向科学实践、文化实践、社会实践、生活实践的转化和进阶。从表层上看，知识是一种符号的存在，但从内容上看，知识是一种文化存在、社会存在，因而，知识学习的过程在本质上是一种特殊的文化实践、特殊的社会实践。只有知识与人的生命、精神相遇，学生对知识的学习才能达到文化层面、社会层面、精神层面的意义。所以我认为，真正具有发展性的教学，是以知识与人的相遇为基础，构成"人—知"互动关系的过程。脱离学生的生活体验，难以把知识学习的过程变成生活体验的反思过程，难以"以文化人"。知识进入学生的生命里，意味着知识对学生的人生体验、价值观念乃至生活方式的引领。因而，知识与人的相遇，最根本的标志是引起生命对话、生命觉醒。

案例

以《陈太丘与友期行》一课为例

一、与不同观点碰撞，促进思维发展与提升

学习的过程是一个理解的过程，首先是理解文本，其次是通过文本理解所描述的人或事物及其关系。就本文而言，不仅要理解文本，而且要通过文本来理解元方是一个什么样的人，友人是一个什么样的人。

师：元方有什么性格特征呢？你是根据什么来判断的？

生1：有良好的家庭修养，懂礼识义；"入门不顾"，流露出小孩子性格直率、好恶情感易外露的特点，体现出其正直不阿的性格特点。"日中不至则是无信，对子骂父则是无礼。"基于事实和证据来说理，逻辑性强，条理清晰，一个七岁小孩言简意赅，富有逻辑，说明元方思维力强，富有智慧。

师：在你看来，友人是一个怎样的人呢？

生2："期日中"，结果"不至"，说明友人言而无信，不讲信用；到来之后问元方，"尊君在不？"表现得较为有礼；当得知陈太丘先行离去时不反省自己的过失，反而怒责太丘，说明他是一个缺乏教养，没有礼貌的人；在元方义正词严的批评后，他"惭，下车引之"，较为诚恳，说明他是一个知错就改的人。

师：友人真的是一个"言而无信、缺乏教养"的人吗？其实学生的答案已经非常"标准"了，与参考书上所给的答案几乎相同。但正是这种"标准答案"限制了学生的思维，剥夺了学生独立思考和独立判断的能力。我们不禁要问，在古代文人特别讲究"清高""物以类聚，人以群分"的文化背景下，"友人"这么不堪，是怎么与陈太丘成为友人的？教师抛出的最后一个问题，意在培养学生的发散性思维，引导其辩证地看待问题，综合思考问题，不要凭一句话、一件事就对一个人的品行作出判断。

师：元方"入门不顾"，弄得友人尴尬至极，无地自容，这是否也应算作"无礼"？

生3：元方的做法并非无礼，元方年仅7岁，我们不应对其求全责备；一个失信于人、不知自责而且当子面骂父的人，其品行的低劣可见一斑，对这样的人应该断然拒之千里之外。

师：如果换成是你，你将怎么做？

生4：我也会向元方学习，不理那位"友人"。

生5：我觉得"友人"都已经认错了，应该宽容他。

这里，教师应该引导学生"运用批判性思维审视言语作品，形成自己对作品的独特理解，提高思维的深刻性、灵活性、敏捷性、批判性、独创性"。七岁的元方率真任性，我们可以不挑剔，但我们是14岁的少年了；1900多年前崇尚清高的时代我们可以不挑剔，但现在是21世纪；客人是不是有什么特别的事情耽误了？是不是路上遇到什么麻烦了？作为21世纪的中学生，显然不应该只是对元方的简单模仿，而应该学会从不同的角度分析问题，提高思维的灵活性、批判性，有一种对他们发自内心的尊重、理解与包容。

在教学过程中，教师除了按教师教学用书的指导设问之外，要善于追问。以上三个追问，第一问指向思维的严谨性，第二问指向思维的发散性和辩证性，第三问指向思维的批判性和独创性。引发不同观点的争论，才有利于学生的思维发展与提升。

二、与当今时代同步，促进文化传承与理解

古文不仅仅是一个抽象的符号系统，还承载着文化和价值观。中学语文教材所选入的古文，更是历史长期积淀下来的优秀文章，不管是从文字角度还是思想方面都有可以借鉴的东西。以古文教学帮助学生"继承中华优秀传统文化，理解、借鉴不同民族和地区文化"，拓展文化视野，唤醒文化自觉，树立文化自信，是古文教学不可推卸的责任。

《陈太丘与友期行》一文所传承的"礼"和"信"在当今并不过时，这些道理必须作用在当下学生身上，规范学生的品德和行为，其价值才能得以体现。学生能够以"守信"和"执礼"的好习惯与他人相处，知识才转化成了道义和美德，知识的德性价值才能得以实现。

从"明理"到"作为"的过程是一个艰难的过程，所以学习的过程也是一个反思的过程、一个意志形成的过程。比如，笔者设置问题："在日常生活中，你身上有没有无信和无礼的事情发生？举例说明。"学生罗列了"不按时交作业、抄袭作业、不按时吃饭、对父母粗言粗语"等行为，并立志要改掉这些习惯。教师还要通过指导学生写反思或周记跟进这些行为，如此，才能实现过去的知识促进当下学生发展的意义。

古文教学不是要把学生变成古人，所以不是对古人价值的全盘接受，而应随着时代进步不断演进与发展。如前所述，讨论元方居然"入门不顾"是否也应算作"无礼"，元方的做法有礼无礼并不重要，重要的是当下的学生怎么想、怎么做。

如果说"无礼""无信"是"小人"，"守信""执礼"是"常人"，那么能够理解、宽容他人则是"君子"了。从批评"无礼""无信"到提倡理解、宽容他人，对学生来说是一个从严于律己到宽以待人的人格提升过程，对教育来说是一个文化的理解、传承与发展过程。

靠个人的修养只能"独善其身"，要"兼济天下"还必须与时俱进。笔者设置了这样一道讨论题："当前，拖欠工资、到期不还贷款、不执行合同等不守信用的事件屡有发生，愈演愈烈。如何整治，你有什么好的建议？"

生6：判他们的刑。

师：首先要考虑如何搜集到他们失信的信息，然后判断他们对社会造成伤害的程度，才能给予相应的惩罚。

生7：现代技术手段这么发达，可以用互联网搜集数据，共享数据，就能将失信的信息公布于众。

生8：我看到一则消息，国家发改委发布消息对有失信记录的人进行联合惩治，坐火车、坐飞机都受到限制。

生9：银行要限制他们贷款。

对于"诚实守信"的文化传承，从依靠个体的自身修养与社会的道德约束，到现代社会依靠道德与法治的双重规范，学生已经认识到仅仅依靠个体的独善其身不足以建立健全的社会，还必须充分运用现代技术手段获得信息，通过立法来建立现代法治社会。对于优秀的传统文化不限于传承，而是要发展、创造、超越。

学习是一个认知的过程，与以往的知识相遇促进认知结构的优化；学习是一个情感熏陶的过程，情感的投入不仅增加了学习的动力，而且提高了审美品位；学习是一个思考的过程，不同观点的碰撞促进了高阶思维的发展；学习是一个意志形成的过程，知识促进了学生行为习惯持续地向好的方向变化，知识就变成了美德。而这些变化的基础都是知识与学生"相遇"。

二、让深度学习可见

知识和学习是深度教学的两个基本出发点。确立知识的教育学立场，引导对知识的深刻学习、充分学习，促进知识育人价值的实现，是实现教学发展性的根本条件。对知识的深刻学习、充分学习、关联性学习，由深度的教引发深度的学，让学生的深度学习由行为、思维、情感的多元参与，切实通过知识理解、师生多元互动，实现知识和学习对学生思维发展、价值观培育、文化熏染和关键能力培养等方面的价值。真正的深度学习是学习行为的生动、思维的深刻和情感的丰富表达，也是文化的有效嵌入。

（一）提升学生学习的境界与层次

学习是一个复杂的心理活动，也是一种社会活动、文化活动，是促进学生发展的过程。是符号接受，还是文化实践？是符号解码，还是生命探寻？体现了学习的不同境界和不同层次。深度教学强调切实转变学习观，提升学习的境界与层次，达到学习过程和学习方式的深度。知识、学习的价值与属性的多维性，决定了学习层次与学习方式的多样性。理解、表达、意义是学习的三个境界。理解是学习的第一个境界，"人—知"互动、知识与人的相遇，都是从理解开始的。人是理解者，理解是人进入世界的方式。通过学习，获得对世界的理解，并结成与世界的各种关系。理解是学习的基础，但理解不仅仅是指对符号知识的理解，而是通过知识理解自然世界、社会世界和精神世界，以及理解自我。超越对知识的符号化理解，经历完整的认知过程，达到对世界的科学理解、文化理解、社会理解、价值理解、方法论理解等不同层面，并以此为基础，理解和建立自我与世界的关系。理解层次的结构性缺失，必然影响理解需要达到的广度、深度和关联度。表达是学习的第二个境界，学而后有所知、有所得、有所悟、有所困，皆需表达。言语表达、行为表达是表达最基本的方式，而情感表达、思想表达、经验表达是表达最基本的内容。表达使得学习可见、可视，使发展得以表现。意义是学习的最高境界，意义获得、意义生成是学习的终极目的，也是深度教学所构设的教学归宿。作为人的发展过程的学习，无论从内容层面，还是从价值层面，抑或从活动层面看，都包含丰富的内涵。课堂教学的多重境界，反映的是育人方式的多样化。课堂中的知识学习本质是科学学习、技术学习、文化学习、社会学习和生命学习。单一的符号知识学习若达不到学习的多层境界，育人功能则必然消减。《论语》开篇就提到"学而时习之"，强调的就是学与习相结合。何为"习"？繁体的"习"上半部分是"羽"，是指尚未丰满的羽翼，丰满成熟的羽翼有骨架和力量了，则为"翅"；下半部分是"白"，"白"具有象形意义，是指幼雏的巢，"习"意即雏鸟扑腾未丰满的羽翼欲展翅高飞而不能的奋发状态。因而，"习"具有实践的象征意义。人们通俗地把"学而时习之"解释为"学习后要经常复习"，其实是对孔子思想的曲解。学习是儿童走向成人世界的过程，是一个进入文化、进入社会、进入生活的过程。课堂教学要引导学生开展社会学习，一方面是因为知识具有社会属性；另一方面是因为学习的宗旨是促进成长。课堂教学要引导学生开展文化学习，是因为知识本身就是文化结晶，知识具有文化属性和文化价值，通过知识学习引导学生获得人类或民族文化的同一性。从终极意义上说，学习即学生生命实践的发展性活动，一切的知识学习最后都需要进入学生生命，才具有发展性。因而，知识学习最终是生命学习，或生命化的学习，这也是我主张让知识与学生生命相遇的根本出发点。从学习内容和目标的角度看，对知识这个有待发育的"精神种子"的学习，不能简单地归入"知识学习"。知识的多维属性体现了学习层次的多样化。深度教学把知识学习分解为五个相互关联的层次，即科学认知、技术体验、社会参与、文化觉醒、生命感悟五个学习层次，分别为科学学习、技术学习、社会学习、文化学习和生命学习。"三境界五层次"学习观，是深度教学在对待学习过程、学习方式等问题上的基本学习理念。

（二）让学习真实发生

作为人类认识成果的知识，本身具有科学属性、文化属性、社会属性、美德属性和实践属性等本质属性，教学应引导学生达到学习的充分广度、充分深度和充分关联度。

知识是人类实践的产物，科学属性是知识的第一属性。知识是一种文化产品，是人类的一种文化形式和文化现象，是人类的一种典型的文化存在形态，文化属性是知识的基本属性。知识伴随人类社会生产生活的全过程，知识的生产、知识的传递、知识的享用更是一种社会活动，知识具有社会属性。苏格拉底说：知识即美德，意味着知识是一种值得信赖的信念，并影响着人们的社会行为，知识具有美德属性。教学活动只有充分地表达出知识的多维属性，其育人功能才能得以真实地实现。因此，从深度教学的视野来说，我们认为，知识是有待发育的精神种子，知识学习的过程唯有成为科学实践的过程、文化实践的过程、社会实践的过程、生命实践的过程，其育人价值才能得到发挥。

"充分广度"是对知识的"发生学问题"的关切。引导学生进入知识发生的过程，理解知识的来龙去脉，为理解和转化奠定认知基础。从此意义上说，"知识学习的充分广度"体现的是对知识学习的历史之维、过程之维的关切。知识不是单一的符号存在，而是思想、思维、文化的结晶，而且任何知识都有其特定的自然背景、社会背景、科学背景、历史背景、文化背景。教学需要超越单一的符号接受、符号解码和符号认知，立体地处理知识，引导学生达到知识学习的充分广度。知识学习的充分广度，要求学生不应脱离知识的背景来抽象地学习知识和解码知识，而需要进行沉浸式学习。理解知识所表达的事物的本质和规律，需要沉浸于知识的背景，经历并理解知识的发生过程，从发生学的视角去解码知识。沉浸式学习，就是对知识背景的沉浸，对知识发生过程的沉浸，对认知活动情境的沉浸。这也许是杜威在主张"经验论"的同时又提出"还原论"的知识哲学的还原与下沉、体验与探究、反思与上升，形成了一条 U 形线，由此，笔者提出了基于沉浸式学习的"U 形学习模型"。沉浸式 U 形学习体验、探究、反思提供了促进学生"生长"的可能性。"充分深度"是对知识的"认识论问题""方法论问题"的关怀。知识的符号背后内在的元素是知识的逻辑形式和意义系统，知识学习必须理解知识的发生过程、内在的逻辑规则，及其具有真理性的信念和意义，才能习得知识的全部内容，获得知识的全部意义并实现知识对于个体的意义增值。因此，具有发展性的教学需要为对知识的深度理解而教，达到知识学习的充分深度。深度教学追求由符号学习走向逻辑学习、意义学习，引导学生获得"符号之后"的东西。从符号学习到逻辑学习，再到意义学习，体现了知识学习的层进性。知识学习的充分深度，旨在进入知识的内部，深度学习知识。层进性学习，是达到知识学习的充分深度所必需的学习状态。从符号接受到符号解码，再到意义建立，是一个层进的过程。通过深度理解、高阶思维，进入知识的内部，才能获得知识所凝结的思想、思维、方法论、价值观等核心要素。表层教学、表面教学的弊端就在于学习总是游离于知识的内核之外，从而学习从未真正发生，或者学习刚刚开始发生就戛然而止了。

　　"充分关联度"是对知识的"方法论问题""教育学问题"的关注。知识一方面产生于人类的文化背景；另一方面与种族、个体的想象和经验具有千丝万缕的联系。前人的认识成果对后来的学习者会发生意义增值，而知识的意义增值的条件是前人的知识与学习者的人生境遇发生充分的关联，尤其是与时代文化的关联、与个体经验的关联和个体想象的关联。一直以来，表层教学往往把知识置于孤立的、静止的状态，单一的符号孤立、平面处理与文化和现实的社会生活的隔离，阻断了公共知识向个体知识转化的历史通道，具有历史意义和现实意义的知识演变成了"古董式的存在"或"展品"，知识的文化价值和发展意义被剥离了，教学成了对知识的符号接受，进而丧失了知识对于人的生成的意义。实现知识学习的充分关联度，需要有文化回应性教学、经验回应性教学，以及发展学生学科想象力的教学。

三、让高阶思维发生

无论是价值达成的深度，还是知识理解的深度、学习过程的深度，都指向学生高阶思维和学科素养表现。课堂中学生的科学认知、社会理解、文化认同、生命体悟等都需要思维的参与，特别是高阶思维的发生，都需要有学习的过程沉浸、深度体验和素养表现。

（一）思维发展反映了学习深度

思维是建立在感知基础上，人脑对客观事物本质属性概括抽象性的反映的心理活动，思维是学生认知过程的高级阶段。良好的思维品质包括思维的敏捷性、广阔性、批判性、创新性等方面。深度学习最显著的标志是引导高阶思维的发生，即学生思维过程的表现、思维方式的建立、思维品质的提升。高阶思维是高层次、高水平的思维，主要包括反思性思维、批判性思维和创新性思维等不同的高级思维水平。引导思维过程，培养思维方式，提升思维层次，是理解的条件。教师的教学要引发学生的思维，结合具体的教学主题和教学内容，促进学生通过思维过程来实现对知识的理解以及对知识背后的意义和思想的获得，从而发展学生的思维品质。笔者一直认为引发学生思维是教师的教学责任，也是教师主导作用的具体表现。近二十年来，中小学流行的"自主学习""小组合作""学习中心"等教学方式，有弱化教师对引发学生思维、引导学生思维过程的局限。学习过程的思维发生、高阶思维的培养，不是学生自主所能解决的问题，必须以教师的深度教导为前提。

思维作为认知过程的高级阶段，不是课堂教学中要求"同学们想一想""大家思考一下""同学们小组探究一下"等各种表层的活动就能达到的。思维有规则、有过程、有形式。引导学生经历演绎与归纳、分析与综合、分类类比与比较，以及概念、判断、推理等逻辑思维的过程和逻辑思维的形式，是思维发生的根本条件。马克思主义的辩证思维则是包含六大思维范畴，即现象与本质、内容与形式、结构与功能、原因与结果、偶然性与必然性、现实性与可能性。唯物辩证法是对事物研究的辩证思维的方法论。发展学生思维，不是空洞的和表层的形式要求，而需要以问题为导向，引导学生规范地经历逻辑思维的基本过程，应用逻辑思维的基本形式。遗憾的是，大多数教师在教学过程中基本忽视基于逻辑思维的过程与形式的规则来引发学生思维。其实，演绎与归纳、分析与综合、分类类比与比较，以及概念、判断、推理等逻辑思维的过程和逻辑思维的形式，在具体的教学内容的理解过程中随处可见。数学中的几何思维，就是点、线、面、体、方向、位置、数量几何七个要素的逻辑问题。语文作品谋篇布局分析中"总、分、总"就是分析与综合的逻辑思维过程问题，排比就是基于分类类比的归纳法的应用。历史课程教学中对历史事件的学习，则需要应用辩证唯物主义和历史唯物主义的思维方法。

　　当然，思维发生不是形式上的思维训练，而是基于教材和具体学科的问题和学科思想的思维教学，有些学校脱离具体的课程和教学内容，开发所谓的"思维课"来培养学生思维，这种现象值得反思。教学引导思维，需要切合具体的学科知识理解、学科问题、学科思想来体现。深度教学主张扎根学科问题和学科思想，引导学生规范严谨地经历逻辑思维过程，建立概念，理解理论。同时，结合具体情境、社会实际，开展反思性思维、批判性思维和创造性思维。反思，是切己体察的活动，是自我觉醒的过程。批判，是以质疑、怀疑为基础的，批判不是否定一切，而是换位思考、抽象与移情的过程。创新，则是独立思考、抒发己见。同时，教学过程中高阶思维的引发与培养，考验着教学过程的民主品质。没有思维的深度，便难有学习的深度。学习不是静止的内隐活动，而是需要沉浸、需要行为表现支持的活动。深度学习是具身学习、无边界学习、沉浸式学习与层进式学习。培养积极投入的学习者、激发导向成功的学习热情，是引导学生深度参与学习过程的起点。具身学习是学习者全身心参与学习过程，认知参与、情感体验、意志参与和动作参与。

无边界学习突出的是学习内容的充分广度，以问题为导向，让学习内容和理解过程富有文化、社会、历史、生活等多元的视野。沉浸式学习、层进式学习则指向的是基于知识的发生学问题、情境问题的考虑。教学只有超越"点状知识教学""平面知识教学"的局限，真正让学生进入教学过程，深度学习才是可见的学习。深度教学的实施，要让知识的多重属性可见、学生思维过程可见、学会理解和转化的素养表现可见。

（二）知识分层与思维分层的教学

让思维发生，不是空洞的和无内容的，思维的对象是知识与其依存的多向度的情境。聚焦问题、关注情境、引导方法，思维才可能真实发生。可见的学习首先是知识的多维度、多层面的意义性理解。静止的、平面的、点状的诠释或解释知识的字面意义，粗放的符号表层解释，容易消解学生对知识多维度的意义理解。学习的起点是知识理解，可见的深度学习，不仅是对知识的科学本质规定性的理解，而且是对知识的科学属性的把握。从概念到关系，到思想、方法，再到变式，构成知识科学规定性的整体。更为重要的是，要进入历史视角、知识发生学的视角，以及社会视角，让知识所隐含的文化背景、社会背景，以及知识所赖以依存的情境，进入学生理解性的学习过程。如此，教学过程中所见到的知识就不再仅仅是一个"点"，而是一个多维的"知识网""意义网"，历史、文化、社会、生命等便是这张知识之网上的纽节。深度学习需要超越符号认知，由知识的网状学习、分层处理，引起学生课堂中的科学学习、社会学习、文化学习、生命学习。

可见的学习是层进式理解、层进式思维的可见。从理解到转化，再到反思、迁移，学生的学习是不断进阶的过程，可见的学习必定是清晰的层进式理解和对知识情境的沉浸，以及明确的思维过程。从哪些层面来引导学生深度理解知识？如何由概念学习、关系学习转化到学科思想的建立，以及由知识向学科能力的转化？如何让生活经验进入学生理解的过程、反思的过程？又如何通过变式学习来实现举一反三、问题解决？这是教学需要回答的关键问题。教学环节清晰，目标针对性明确，并将任务化，是可见学习的显著标志，从而任务取向、问题导向、过程取向是让学习可见的观测点。

除了"让学生与知识相遇""让学习可见""让思维发生"之外，深度教学的基本理念还包括"让文化浸润""让社会参与""让素养表现"等。

第三节　深度教学的支持

深度教学的实施一方面需要教师和学生的双向奔赴、同向而行；另一方面学校教学管理制度、教学条件、教师能力等方面也非常重要。

一、分层走班制

（一）分层走班制的概念

走班制是指教室和教师固定，学生自主选择上课班级进行学习，教学和评价都分层进行的一种教学制度。走班制形式是"走"，但其本质是学生拥有更多的选择权，学生可以根据学校、教师和自身实际和特点，按兴趣选课，按教学方式选教师，按课程安排选课时间。学生通过选择课程，定制专属自己的课程表，这就是选课制。选课制是走班制的基础。

分层走班制教学和走班制教学相似，基本原则是"面向全体，尊重个性，因材施教，实现发展"。但二者存在一些差异：分层走班教学重在"分"，以能力或成绩分层，学生没有选择的权利；走班制也分层，除能力外，学生还可按学科、兴趣等因素选择，因此不同课班级可能不同，即本质上赋予学生选择的权利，形式上需要走班。

以往对学业成就进行评定主要是通过考试测验，但是，在当前的课程改革中经常提到，应该使用多元化的评价方式来评价学生的学业成就，打破由教师评定的一元评定模式，特别强调学生自评。学生自评能够调动学生学习的积极性，并且评定过程本身对学习有引导和促进作用。

本研究中的学业成就包括学生的学习成绩、学习兴趣、学习态度、学习习惯等方面。

（二）分层走班制的理论基础

1. 最近发展区理论

"最近发展区"理论由苏联教育家、心理学家维果茨基提出。维果茨基认为学生发展有两种水平：一种是学生已经达到的水平，即学生独立活动或思考就能达到的解决问题的水平；另一种是学生可能达到的水平，即通过教师教学后学生所获得的学习潜力。"最近发展区"就是两者之间的差距。教师教学应以学生的"最近发展区"为起点，为学生提供合适的教学内容，鼓励学生，激发学生的学习自主性和学习兴趣，从而让每个学生都能取得进步，获得学习满足感与成就感。分层走班制教学能够针对不同层次的学生，找到新知识的生长点，不断地促使学生现有的"最近发展区"转变为"现有发展区"，不断地推动"最近发展区"继续向前发展。

通过对学习对象实行走班分层，将各个层次的学生进行集中，学生的认知能力、学习基础、学习意愿、学习需求基本一致。因此，对于上课的教师而言，比较容易把握同一层次学生的学习起点，抓住学生学习的薄弱环节，促使课堂教学紧贴学生的"最近发展区"，使其不断前进。

2. 掌握学习理论

"掌握学习"理论由美国心理学家和教育家布卢姆提出。布卢姆认为，只要给予学生足够的时间和空间，那么他们对于相应学段内容或指定的学习任务完全可以掌握；只要教师能够充分掌握学生是否已习得必备的知识技能、从事学习的动机如何和教学适合于学生的程度如何这三个教学中的主要变量，那么几乎所有的学生都能达到掌握的程度。这三个变量很显然会由于个体不同而有所差异，这就要求教师必须实施有差异的教学。

分层走班制能够很好地反映这一理论。在对 A 层次学生进行教学时，由于 A 层学生学习基础和学习习惯都比较好，学习能力也较强，因此可以在实施具体教学时采取"先生后师"的做法，即学生先自主学习，教师再根据学生自学的情况进行指导；而对 B 层次学生进行教学时，由于 B 层次学生的学习基础相对较差，因此在实施具体教学时采取"先师后生"的做法，即主要由教师进行知识讲授和指导，帮助学生分析和解决问题。教师在教学活动中，必须尊重和体现学生的主体地位，关注学生的课堂参与程度和情感体验收获，关注学生的学习过程，重在培养学生的自主学习能力和核心素养。

3. 教学过程最优化理论

教学过程最优化理论是由苏联教育家巴班斯基提出的。该理论认为，在一定教学条件下要探索更合理的教学方案，目标是让教师和学生只花很少的时间和精力就能获得很好的学习效果，使学生获得更好的发展。在教学组织形式上，除了可以采用班级教学这个传统教学形式之外，还必须对学习能力程度不同的学生采取区别教学和个别教学相统一的形式。

为保证教育公平，学校必须采用均衡分班的方式将学生进行分班，但在传统的班级授课制模式下教师和学生都很难得到发展，此时我们就必须去寻找更好的教学组织形式，既能够达到因材施教的目的，也不违背教育公平的大原则，这正是一定的教学条件下寻求合理的教学方案，所以分层走班制教学正是这一思想的现实体现，它是对传统教学模式的批判与改进，将因材施教提升到实际操作层面，考虑到了学生个性发展的需要，有利于学生更好的发展。

4. 多元智能理论

多元智能理论是由美国哈佛大学教育研究院的心理发展学家霍华德·加德纳（Howard Gardner）提出的。该理论认为，人的大脑具有多种不同的智能，每个人都拥有这些智能，但是这些智能在每个人身上是以不同方式、不同程度进行组合，因此每个人都具有自身的独特性。传统智力理论认为语言和数理逻辑能力是智力的核心，但在加德纳看来，人的智力不是一个"一元指标"，他主张"情境化"的评估，人的智力应该体现在特定情境中解决问题并有所创造的能力。在教师的教学过程中，教师应当要善于发现学生的优点，找到他们的"亮点"，而不是像以往一样用统一的标准去衡量学生，对每一个学生提出同样的要求，无视学生的差异。

分层走班是一种新的教学模式，学生对它既感到新奇又充满期待，上课的积极性和课堂参与度都会有所提高。实施分层走班后，教师不再像以往那样采取单一的教学模式，而是会根据学生的实际情况提供更多有针对性的帮助与指导，也让学生感受到教师对他们的重视和尊重，同时会觉得自己的一技之长有发挥的空间。实施分层走班制是对原本上课模式的改革，既具有一定的流动性又相对固定；既让学生在学科学习上学有所得，满足了各个层次学生的学习需求，又能给学生班级的安全感，不会因为走班而导致缺乏同学间的情感交流，有利于每个学生身心发展。

（三）分层走班制的实施

1. 确定科学合理的分层方式

分层走班制教学应遵循"因材施教"的基本原则。确定学生哪种"材"是教师实施适当教学的前提条件。因此我们需要制定科学合理的分层方式，在分层方式上可以从分层学科、分层标准、分层调整这三方面进行改进。

（1）分层学科的确定

根据已有的文献和教师访谈的结果，大家一致认为初中阶段学生学习情况容易产生较大差距的学科主要有数学、英语、物理、化学，这几门学科在学习上有一定的难度，其中数学和英语学科，学生在小学阶段已经学习了多年，本身差距就已经很大了，再加上到了初中阶段，这些学科的难度加大了，学生学习起来两极分化就更加明显。因此，建议将数学、英语、物理、化学这四门学科作为分层走班学习学科。

至于分层走班制教学开始实施的时间，建议推迟到七年级第一学期期中考试后，或是七年级第二学期开学。初中和小学在学习内容、方式等方面区别很大，课程的数量和难度都增大，学生进入初中学习后，本身就需要一定的时间来适应，如果一开始实施分层走班制，学生更容易出现"水土不服"的现象。先给学生一定的时间适应，同时也给他们一定的时间做准备，让他们在面对分层走班这样新的教学形式时，不至于太手足无措。

（2）分层标准的确定

分层标准的制定是分层走班制实施的核心，它将直接关系到分层走班制教学是否有效果。一个不科学或欠科学的分层标准，不仅会影响走班制分层教学的实施效果，还会失去学生及家长对这种教学形式和对学校的信赖和支持。

要制定科学的分层标准，要同时考虑到学生的智力和非智力因素。智力能够反映学生的综合认识能力，它对于学生的学业成就有着至关重要的作用，很大程度上决定着学生的可教育程度。因而，在制定分层标准时，学生的智力因素应作为核心标准之一。期中和期末考试的试卷一般由教研室统一命题，试卷难度适中，具有一定的区分度，因此可以将期中考试或期末考试这样的大型考试的成绩作为分层的参考数据。

非智力因素包括动机、兴趣、情感、意志等。非智力因素之间彼此联系、相互制约和作用，它决定着人进行学习活动的积极程度并对学习成果产生巨大影响。因而，在制定分层标准的过程中，也要考虑到非智力因素。非智力因素的考察可以由班主任和任课教师共同来完成，主要考察学生的学习态度、课堂投入、学习习惯、进取心等方面。

至于分层的档次，建议调整到三个层次，增加 C 层次班级，并使得 A、B、C 层次班级人数比接近 1∶2∶1，这个比例是符合学校目前学生的学情的。学校有一部分学生的学习能力较强，学业成绩也很优秀，这部分学生将会是中考时冲击各大名校和四星级高中的主力军，他们的成绩也是学校教育教学质量的一种体现。因此学校应更关注这部分学生的学习，而学校这部分顶尖学生的比例并不太高，因此可以减少 A 层次班级的学生人数，以保证这一层次班级学生的质量。C 层次班级面对的主要是学校的学困生。这些学生的学习能力较差，学习基础也较弱，很多时候需要有针对性的教学，甚至是一对一的，而这一点在大班化的教学里是无法做到的，因此 C 层次班级的学生人数也要少，最好能够控制在 20 名以内。提高这部分学生的学习成绩，对于学校提升整体的平均分有着非常重大的作用。

（3）分层调整方式的确定

实施分层走班制主要是为了让所有学生都能在原有的基础上有所进步。在经过一段时间的分层走班教学之后，学生发展情况不一，有进步，有退步，同一层次班级的学生内部又形成了新的差异。学生的不断发展，使得部分学生不再适合在原来的层次学习，因此学生的层次不能是静止的，一成不变的，而应该是动态的。因此，应当根据学生的实际情况定期调整学生所在的层次。层次的调整引入了竞争机制，学生如果进步显著，就有机会升入高层次班级，学习退步的则有可能降到低层次班级，这样进行层次调整不仅能消除低层次学生心理上的自卑感和高层次学生的自满感，还能激发各个层次学生学习的积极性和不断要求积极进步的欲望。

层次调整的周期不宜过长，也不宜过短。周期太长就失去了时效性，也不能及时反映学生的学习情况。周期过短会导致学生不适应，也会导致原行政班级凝聚力下降。建议一个学期进行 1~2 次的层次调整，结合之前提到的分层标准可以采用期中、期末考试成绩作为参考依据，可以把层次调整时间放在每次期中和期末考试结束后。

2. 落实教师课堂分层教学

教师教学是分层走班实施过程中最重要的一个环节，"走班"能不能"走好"，关键还是在于教师是否能够因材施教。要想使得分层教学更具有针对性，就需要在教学目标、教学内容、作业布置这几方面进一步加强。

（1）教学目标分层

教师应根据学情制定合适的教学目标。对于 A 层次班级，教学中可以适当超越教学大纲标准，教学中可以多参照其他版本教材，甚至可以参考高中教材内容，以英语学科为例，对于 A 层次班级学生，教师在教学中可以补充更多的词汇量，这样对学生将来的英语学习也是十分有利的，在理科教学中更注重学生创造性思维的训练，通过教学使学生的学习能力达到优秀的水平，在中考中冲刺各大名校；对于 B 层次班级学生，可以按照教学大纲的要求进行教学，在夯实基础的前提下，更注重指导学生学习方法，培养学生的学习能力，通过教学使学生达到良好的水平，争取进入四星级高中学习；对于 C 层次班级的学生，只需要按照教学大纲的最基本要求进行教学即可，教学中更注重加强学生对基础知识和基本概念的理解，重视学习习惯的养成教育，多设计有趣的活动来提高学生学习兴趣，最终使学生的学业成绩达到合格水平。

（2）教学内容分层

不同层次班级的教学目标不同，所以教学内容也要有所区别。但是所有学生都要参加中考，试卷是统一的，因此教师要在统一的教材中寻找不同的教学内容作为自己课堂教学的重点。例如，江苏省 S 中学采取的方式是自行编制校本教材，以数学学科为例，校本教材分为课堂练和课后练两册，课堂练主要供学生课堂上使用，包括课堂上本课时的学习目标、基础概念整理、例题、课堂练习和思维拓展几个部分，课后练是将本课时书后习题和其他教辅资料中的题目经过整合后形成的课后作业。

课堂练主要由课前预习、新课学习、例题讲解、课堂练习、思维拓展几个部分组成。每节课一般设置四个例题，其中例一和例二的选择更注重巩固基础知识，这两个例题的设置主要针对 B 层次班级，是 B 班课堂上重点讲解的内容，A 班只需要简答或口答即可，后两个例题更注重综合应用，B 班可根据教学进度选择性进行讲解，A 班则需要重点讲解。课堂练习和例题一样，一般设置四个巩固练习，前两个为基础题，后两个为提高题，各个班级根据自己班级的层次和学情选择适当的问题进行练习和讲解。思维拓展是结合本课时内容进行适当的提高而进行选择的，一般只在 A 班进行讲解，B 班不做要求。

（3）作业布置分层

课后作业是学生学习过程中不可或缺的一个组成部分，课后作业的完成质量反映了学生课堂学习的效果，因此，合理的作业布置有利于学生的学习。由于教师对于不同层次的学生教学目标、内容和方式都有所区别，因此在课后作业的布置上也要有所区分。在所有学科中，学生往往认为数学作业是最多的，这主要是由于数学作业比较零散，通常既要完成书后配套习题，又要完成 1~2 套课外练习、相应课后练习。编写了校本教材后，教师将各种教辅资料上的习题进行整合，删除重复的题目，根据学生的学情对筛选好的题目进行重新整合，按照难度分成 A、B 两档，A 档为基础题，是学生必须掌握的知识，因此所有学生都要完成；B 档为提高题，有一定难度，适合学有余力的学生，教师要求 A 班学生必做，B 班学生选做。学生只需要完成校本课后练的作业即可，既减轻了学习负担，也可以结合自己的学习情况进行其他的课后巩固或拓展训练。

3. 建立科学合理的班级管理制度

由于学生在分层走班过程中流动性较强，班主任的班级管理比以往多了不少困难。因此，需要进一步完善已有的班级管理制度，提高班主任的班级管理效率。

（1）完善班主任管理机制

初中生的自我管理和自我控制能力都较弱，因此班主任的管理对于班级良好班风和学风的形成起着决定性作用。班主任在实施分层走班后，对班级管理容易出现"盲区"，特别是在教学过程中。为了加强对全体学生的关注，学校可以实施多班主任管理制。

行政班的班主任是班级管理的主班主任，负责统一组织管理班级学生，处理班级事务；分层走班教学期间，班主任工作就由相应学科的任课教师接手，分层学科教师作为班级的副班主任。副班主任不仅关注学生课堂学习技能掌握的情况，同时也要关注学生课堂表现和思想上的一些改变，同时负责处理一些课堂上发生的偶发事件，做到"教管合一"。

主班主任和副班主任要及时地交流和沟通班级学生的情况，学校在安排办公室座位时也应该把同一个班级的任课教师安排在同一个办公室，这样便于教师们及时发现学生出现的问题，寻求解决方法，共同管理好班级学生，尽可能地减少班级管理的"盲区"，不至于让学生在其中钻空子，同时也有利于加强班级任课教师的团结，提高班级凝聚力。

（2）注重培养学生自主管理能力

班级管理不仅仅是班主任的事情，也是班级每个同学的事情。班主任不可能时时刻刻在班级里，因此，培养一支强有力的班干部队伍，培养学生的自主管理能力也是至关重要的。在实施分层走班后，原本行政班的班干部们大多会集中在 A 班，B 班学生的自主管理方面就会比较混乱。因此，各个层次班级中都要有相应的班干部。

一般来说，每个层次班级需要一个班长、一名学习委员、一名纪律委员、各学科要有1~2名课代表、若干名值日班长。班干部要明确自己在班级管理中承担的任务，班长作为班干部的核心，要帮助班主任分担工作，对于班级发生的各种情况要及时与班主任沟通交流，其他班干部在开展工作时遇到困难可以向班长求助；学习委员和纪律委员的主要职责是记录当天班级课堂行为表现和上课纪律等方面情况，及时将任课教师的要求和反映的情况传递给班主任；课代表的职责主要是协助教师收当天的作业，将没有按时完成学习任务的学生名单汇总给任课教师和学习委员，课代表是学生与任课教师沟通交流最直接的纽带；值日班长的主要职责是负责每天行政班和教学班教室卫生值日和检查等工作，确保教室整齐干净，学生能有个良好的学习环境。所有班干部在班主任的带领下各司其职，就能做到无论班主任是否在班，班级各项常规工作都能有条不紊地进行下去。

（3）营造互帮互助的班级学习氛围

实施分层走班制教学以后，同层次班级学生差异变小，导致B班部分学生因"榜样缺失"而有了自我感觉良好、安于现状的念头。学校和教师可以通过引导学生加强不同层次班级学生交流的工作来减少这一不良思想的出现。教师应鼓励学生回到行政班之后多与其他层次的学生讨论交流，也可以在班级实施"结对子"等一系列的活动方式让部分学优生做学困生的小老师，发挥尖子生对其他学生的积极影响，在班级营造互帮互助的良好学习氛围。为鼓励学生积极参与，可以把这一活动作为评选三好学生和优秀学生干部的加分项目。

（4）加强对学生的心理辅导

实施分层走班制教学后，教学效果有了一定的提升，学生的学习成绩提高了，但也不可避免地带来一些负面的效果，主要体现在A层次班级学生容易骄傲自满，B层次学生容易有自卑感，中等水平的学生十分焦虑，对每一次的班级调整都不能适应，压力过大。如果能将这些负面的影响尽可能地减少，分层走班制就能实施得更加顺利与有效。

想要解决这个问题，学校可以定期地举行专题的心理辅导讲座，讲座的对象可以是学生或家长。学生讲座可以通过游戏环节引导他们正确认识自我，对一些学生易出现的心理问题提前进行劝导和干预；在家长讲座上，教师可以给家长分享先进的教育理论，好的教育做法，很多家长对于孩子的学习过于焦虑，很需要学校和教师提供一定的途径寻求解决的方法。

班主任在平时的工作中，要注意观察学生，积极和任课教师沟通交流，及时发现学生异常的行为表现，发现问题后要及时与问题学生交心，必要时可以借助学校心理咨询室等部门的帮助，同时也要在班级定期召开多种不同形式的主题班会，弘扬一些好的教育传统，如知心姐姐、谈心活动、一帮一、兴趣小组等，通过这些活动鼓励学生增强自信心，激发学习内因，引导学生以健康的心理状态，积极参加分层走班制教学，争取在自己原有的基础上获得进步。

二、小组合作制

不同学者对合作学习的定义有不同的看法。约翰兄弟认为合作学习就是在教学过程中组建学习共同体，通过小组成员的共同努力，促进自身及他人的学习。王坦教授认为合作学习是一种旨在促进学生在异质小组中互助合作，达到共同的学习目标，并以小组的总体成绩为奖励依据的教学策略体系。总体来说，合作学习是指学习者以完成共同的学习任务为目标，以小组为基本单位，组内成员之间合作互助的一种学习方式。

（一）理论依据

1. 社会建构主义理论

社会建构主义认为知识不是教师传递的，而是一个文化参与的过程。学习者通过参与共同体的实践活动，与他人进行交流和互动来构建相关的知识。社会建构主义理论主要是基于维果茨基的心理发展理论提出的，心理发展理论认为人只有通过不断学习才能掌握满足自身各种需要的手段；教育与教学是人的心理发展的形式；人的心理发展离不开通过人与人之间的语言交流。

社会建构主义理论认为在学习的过程中需要创设一定的社会情境，学生通过与他人互动来完成知识的建构。学习通过"建构"才有"深度"，小组合作学习中，组员与组员进行互动，小组与小组进行互动，共同协作，通过深度参与建构知识体系，促进深度学习。

2. 学习金字塔理论

学习金字塔是美国缅因州的国家训练实验室成果，最早它是由美国著名的学习专家爱德加·戴尔于1946年首先发现并提出的。学习金字塔用数字来描述学习者在不同学习方式下两周以内的学习效果，它是一种现代学习方式的理论。第一，在塔的顶点是"听讲"，也就是传统的教师说学生听，这种方式的效率最低，两周后仅剩下5%；第二，通过"阅读"方法学到的内容可以保留10%；第三，是"视听"，也就是说通过声音与图片刺激，保留程度可以达到20%；第四，是"演示"，两周以后可以保留30%；第五，是"讨论"，也就是说同伴之间相互交流可以记住50%的内容；第六，是"实践"，即在做中学，可以达到75%；在金字塔的最底层，"教授给他人"这一学习方式记住的学习内容所占比例是最高的，达到90%。根据这一结论，不难看出，两周以内的学习效果停留在30%以下的都属于传统教学中常用的学习方式，在这类模式中，学生基本处于被动学习状态，对知识的理解不够深刻，所以容易遗忘；而学习效果50%以上的学习方式，都需要学生通过团队协作才能完成。学习有"深度"，知识才保留得多、保留得久，由此可见，在数学课堂中开展小组活动，对促进学生的数学深度学习是极有帮助的。

3. 动机理论

动机理论也称集体动力理论，这一理论指出，在人与人的交往中，水平不同的伙伴会相互启发和促进，从而激发集体学习的动力和对学习的浓烈兴趣。当学生针对同一个目标进行小组活动时，不论是为了自己的成功还是为了帮助他人取得成功，都能激发学生学习的动力，进而学生才会主动参与到学习过程之中，逐步实现深度参与。

学习动机产生于人与人交往的过程之中，实质上体现的是交往过程中逐步建立的互赖关系。约翰等人提出，激发学习动机最有效的方式就是在课堂教学中建立"学习共同体"的关系。为了实现共同的学习目标，小组成员互相鼓励并积极沟通，促进相互进步。传统课堂教学中，大多数时候往往只有少部分的人拥有发表观点的机会，如果一个学生发表了正确的解题思路，就减少了别的学生质疑、解惑的机会，这样，对大多数人的学习是不利的。而小组合作学习正好可以改善这一现象，小组合作前，教师将不同层次的孩子组合在一起，建设一个稳固的共同体，学生在相互交流的过程中，相互交换观点，在质疑中不断发现问题，解决疑惑，这样大多数学生都能感受到成功带来的喜悦，进而共同进步，有效地避免了个别学生拔尖的现象。

4. 认知精制理论

认知精制是认知心理学领域的一个重要分支，认知心理学的研究证明，如果学习者要将信息保持在记忆中，并与记忆中的现有信息相关联，学习者必须执行某种形式的认知精制或对材料进行重组。例如，在学习有理数的大小比较过程中，理解"绝对值大的反而小"这一规则时，教师会提示学生借助数轴来进行比较，学生在原有的认知中已有了非负数的大小比较，以及数轴上的点表示的数往正方向依次变大、距离原点越近绝对值越小等知识，学生通过思维加工，对负数的大小比较就有了比较深刻的认识，这个过程可以说就是认知精制。

向他人解释材料是精制的最有效方式之一。唐纳德·单塞罗对学习获取知识方式做了一项研究，他将学生分成两部分，给每一部分学生同一份专业学术文章，一部分让他们独自学习，不可相互交流，另一部分则分成两人一小组，分别扮演回忆者与倾听者的角色，他们首先阅读文本的一部分，回忆者进行描述，倾听者纠正错误并补充缺失的材料。到下一部分内容，双方交换角色。该研究发现，不论是倾听者还是回忆者的学习效果远远超过单独学习的学生。在小组合作过程中，学生通过认真倾听、勇敢质疑，向同伴清楚地阐述自己的思维过程，有助于加深对知识的理解，构建知识间的联系。

(二) 小组合作促进深度学习的策略

1. 提高对小组合作学习及深度学习的认识

在对教师进行访谈的过程中，发现大多数教师对小组合作学习的认识是比较全面的，但对深度学习的理解比较模糊。当然，也存在部分教师不明白小组合作究竟对学生数学学习起到了哪些具体的作用，不清楚该如何引导学生在小组合作中进行高效的学习。事实上，开展小组活动是为了促使学生的学习更有"深度"。那么，教师深刻地领会深度学习与小组合作学习两者间的关联是决定小组活动能否高效实施、促进初中数学深度学习的前提。

在小组合作中，学生为了解决教师预设的问题相互交流、互换意见，在这个过程中，组员通过表述自己的解题思路或是疑惑，组员之间争论辨析，一同发现问题、解决问题，最后小组之间相互分享，可以说，深度学习就发生在这样一个过程之中。那么，如何让教师更好地联立两者间的关联？学校相关部门起着至关重要的作用。学校应对教师进行有关深度学习、合作学习的理论培训，促进教师将深度学习理念融入团体活动之中，不定时地检查教师在数学教学中的实施情况，定期开展教研活动，让教师分享各自在组织小组合作中的心得，大家一同探讨，一同成长。

想要小组合作在教学中发挥应有的作用，除了要提高教师的认识外，也要提高学生的认识。对于提高学生对数学深度学习的认识，考虑到初中生的认知水平，给他们灌输理论知识是很难奏效的。教师可以从在学习过程中学生是否建立了知识间的联系，是否积极思考，是否学会了新的数学思想方法等方面根据具体的教学内容制定相应的评价内容让学生自评，以此来感受自己的学习是否具有"深度"。对于提高学生对小组合作学习的认识，首先要让学生喜欢上这种学习方式。根据调查可知，学生对小组活动的喜欢程度直接影响学习的效果，教师应采取有效措施使学生尝到这种学习带来的"甜头"，感受到合作学习带来的乐趣和好处，让学生体会在活动开展过程中的质疑、表达、倾听、互助等能力对小组合作学习的重要意义，进而促进学生实现深度学习的过程。

2. 建设合适的学习共同体

课堂改革的一个重要改变是班级学习单位与个体学习单位之间增加一个新的组织——学习共同体，或者说是小组学习单位。要想学生能在课堂上自主、合作、探究式学习，就必须给学生搭建一个学习小组平台，把学生分成若干个小组。小组"同学资源"的利用，合力作用的发挥，不仅直接影响课堂学习效果，还对学生学习态度的改变、学习能力与自我管理能力的提升、团队意识的培养、同学情谊的巩固都十分有益。但是学习共同体如何建设呢？可以从组建的原则、规模，组员的角色分工等方面进行。

（1）组建的原则

学习小组不是简单的将几个同学组合在一起，不是随意组合的群体，需要通过教师的培育来建立。不建议仅根据座位就近分组，也不赞同完全任学生自由组合。在学习小组的建设中，教师可采用"混杂编组"的方法，确保每组学生在成绩水平、能力水平、学习态度、个性等方面都有自己的特点，使组员之间能够互补。

在访谈的过程中了解到某市 C 中学提出了"组间同质、组内异质、同质结对、异质帮扶"的分组原则，组间同质是指每组在分组时的总体水平相似，而组内异质指每组中都要分配有不同层次的学生。小组中层次相当的学生组对，以实现"对子帮扶"，友好互助。典型的分组就是根据学业成绩和综合素质，将全班学生分为 A、B、C 三个层次，A 层次为学习成绩好、组织能力强的学生，B 层次为学习基础一般、综合能力中等的学生，C 层次为学习基础较差、能力较弱的学生，再给每个小组内相同层次的学生用阿拉伯数字进行编号，使小组内的成员都拥有自己的编号，比如 A1、B3。当然，这种分层并不严格化，有时候需要根据实际情况进行调整。由不同层次的学生组建 ABC 学习共同体，保证了每个小组成员在差异和互补上达到基本一致，并且各小组间的实力相当。具体的做法，比方说将全班分成六个小组，一般先以学生的数学成绩排序为最初标准，将 1~6 名学生依次分到六个小组，然后依据"S"形分法将第 7~第 12 名从第六组分到第一组，以此类推，分完以后，再根据性别、班干部的分布、性格、特长、走读生与寄读生等因素进行调整。这是值得借鉴的。

在分组过程中，除了上述因素外，教师还应该考虑个别学生的特殊要求。还应该根据不同的学习内容定期地对学习小组人员进行调整，扩大学生的交流面。

（2）组建的规模

目前，我国大部分中学采用的是大班制教学，在调查和采访过程中了解到，涉及的班级人数都在 45 人以上，大部分集中在 50 人左右，也存在人数达到 60 人左右的班级。这些班级在分组时，每组成员人数基本为这几种情况：8~10 人、5 人左右、2~4 人，其中 2~4 人这种情况在分组时大都并没有综合考虑学生的实际情况，而是按座位就近原则，前后左右的学生进行合作，没有形成自己固定的共同体。

小组人数定为多少人比较合适呢？访谈过程中多位拥有 8 年以上合作学习教学经验的教师分享了他们的实战经验，在教学中，他们发现小组建立尽量 6 人左右一组是比较合适的，6 人左右的小组不论是从学生参与讨论的积极性还是从学习效果来看，都是优于其他分组规模的。因为人数太少会导致学生没有更多的能力去解决难度系数较高的问题，合作达不到预期的效果；人数太多又会导致一部分学生被忽略，参与度不高，甚至因无所事事而扰乱课堂，还容易出现组内关系比较好的几个同学组成小团体，给其他同学带来不好的心理感受等。

（3）组员的角色分工

学习小组建立后，有必要明确每个团队成员在合作学习中的角色分工，通过在组内分配互补的角色，实现组员间的积极互助关系，促进团队活动的高效进行。这些角色可以包括总结人、检查者、精确性裁判、联络员、记录员、观察者等。通过访谈发现，在学习小组建立之后，首要的事情就是每组要确定一位负责人，也就是小组长。小组长作为团队的"领头人"、老师的"好帮手"，对小组合作的开展起着至关重要的作用。怎样选择合适的小组长，一位有着 20 年教龄的优秀教师分享了他的妙招，他会事先对小组长制定一个要求，比方说数学成绩要好、组织能力要强、要有责任心、要乐于帮助同学，然后让小组内部推荐基本符合条件的候选人，最后根据实际情况确定每组的小组长并对小组长进行培训，这种方式下选出的小组长可以说是众望所归。同时，为了避免组内"权威化"的情况，还应设置其他的职务让每位学生都参与团队的管理之中，比如让认真负责的人担任副组长，活泼好动的人担任纪律委员，注意力不容易集中的人担任记录员等。此外，在组内角色划分建立后，它不应该是静态的，应定期交换团队成员角色，以便每个学生都能得到充分的锻炼和发展。

（4）培养学生小组合作的技能

访谈中，很多教师反映在开展合作活动时最令人头疼的事情就是很多学生在合作中，讨论得很"浅显"，难以"深入"，还有的学生在小组合作中看似积极地参与讨论，事实上已经养成了完全依赖他人、不愿意自己思考的不良习惯。为了提高学生在小组合作中的参与度以及讨论的"深度"，在教学中，教师应注重对学生的倾听、表达、质疑、互助能力的培养，培养学生进行小组合作的技能，促进学生主动学习。

①倾听能力的培养

倾听是人与人交流的一项基本礼仪，也是一项基本技能。"听"不光要听得清楚，更要听得明白。数学小组合作中，"听清楚"指的是对发言人语言信息的瞬时记忆，而"听明白"则指的是对发言人所描述的解题思路等的准确理解。"听清楚"是前提，"听明白"是关键。在数学学习中，每个学生对数学语言的敏感程度是存在差异的，有的学生能快速准确理解所听到的内容，而有些学生思维能力相对缓慢一些，理解需要一定的时间。在实施小组合作学习前，教师可以和组员一同制定并践行倾听规则，帮助存在困难的学生学会倾听，比如别人发言时，不插嘴、不打断、不做其他事情；对别人发表的观点有疑问时，应等待对方说完再提问；适当记录下讨论过程中自己的疑惑以及重要知识点；当有人不理解自己的表述内容时，要通过必要地复述帮助对方准确理解；别人说话时，应积极思考，全面思索，理解对方的分析过程，找出问题，加强补充；等等。总之，"听"要专心，做到边听边想，记住要点，听出彼此不一致的地方，听时不轻易打断，同学回答有误时，不嘲笑、不打击。

②表达能力的培养

语言表达是人与人交流的一种方式，也是体现自身综合能力的重要指标。小组合作时只有完整地表达自己的观点，才能更好地发现问题、解决问题。教师不光要鼓励学生"主动说"，还应要求学生"准确说"。

为了促进学生"主动说"，教师可以制定一些规则，比如在合作交流中每个组员必须表述两个以上自己的疑问或者是观点；合作交流后每组要派出代表进行汇报，并且汇报的对象不允许连续汇报两次以上等，为不善于表达的学生制造机会。

数学不同于其他学科，在表达观点时不需要太多华丽的修饰，它注重的是简洁性、严谨性与逻辑性。"准确说"指的就是学生用准确简洁、符合数理逻辑的语言表述自己的观点。学生在表达自己的看法时，教师应要求学生将自己的思考过程用精练严谨的数学语言描述清楚，必要时，可画出流程图展示自己的思路，帮助他人理解。总之，"说"要先思考，不信口开河，发言要围绕主题，有条理，别人提出疑问，要摆事实，讲道理，争取多讲，但要谦让，给别人表达的机会。

③质疑能力的培养

在小组合作过程中，如果只会解决教师或是同学提出的数学问题，而不能发现问题，这样的学习算不上真正意义上的有深度。学生在交流过程中能否发现新问题，勇于质疑是非常重要的。

为了提高学生的质疑能力，教师可以从以下两个方面着手：一方面，在小组合作前加强对学生进行自主学习的引导，让学生有充足的时间阅读数学教材的相关内容，提前对所学知识有所了解，要求学生在有疑问或是难懂的地方做好相关标记，这样组员在交流的过程中就会重点解决这些问题，实现小组合作的高效，长期以来，学生将养成善于质疑的习惯。另一方面，教师应激励学生产生质疑的勇气，开展小组活动时，部分学生容易对数学成绩好的学生产生崇拜感，认为他们的想法都是正确的，导致教学过程从传统的"听教师说"演变成了"听小组内的某位同学说"，使小组合作失去了原本的意义。因此，教师应鼓励学生在肯定他人意见的同时还要勇于质疑。有疑问时立即追问为什么；有不同观点或是想到了同学们没想到的，哪怕不确定自己的想法是否正确，也要勇敢地与他人共享。

④互助能力的培养

开展小组合作时，学习共同体的建设让不同层次的学生聚在一起，但处在一组并不意味着他们一定在合作。如果小组中的学生不能很好地相处，那么肯定会产生难以调和的矛盾。事实上，在一个相处不和谐的小组内工作还不如独立学习。

一个高效的共同体，组员必须具有互助精神。为了提高学生的互助意识，首先，教师应大力开展集体主义教育和团队精神教育，强化"帮助别人就是提高自己"的合作学习理念；其次，组内可以开展"一帮一"的学习活动，可以是数学成绩好的同学帮助数学基础相对薄弱的学生，也可以是两个实力相当的学生之间相互监督，类似于"对子帮扶"，比如在进行学习效果反馈时，对 B、C 层次学生进行检测，A 层次的学生进行督查与评价；最后，对每个小组在合作学习中的表现采取捆绑式评价，定期评选优秀小组，让学生形成荣辱与共的思想，明白只有互相帮助才能实现共同目标。这样一来，小组内部成员不再是个体，而是集体，没有配角，都是主角，促进了小组内部成员之间的充分合作，组与组之间的相互学习，全班同学的共同进步；能促进学生创造性的充分发挥，拓展课堂教学的外延，丰富课堂教学的内涵，使课堂充满活力。

（5）重视对合作过程的评价

总体来看，访谈中了解到重视小组合作的学校都有自己的学习活动评价方式。比如，某市 A 实验学校对教师的课堂加扣分有比较详细的规定，明确课堂由科任教师酌情给小组加分，由小组长给个人加分。根据纪律状况、抽测质量，作业完成情况、展示质量、特别活动的参与进行加扣分，一般以 1~5 分为宜。对于一般的回答问题、教学活动以点评、口头表扬为主。抽测时，小组交叉检查，全对的小组加 5 分；对展示环节表现突出的学生除小组加分外，个人可直接加分；抽测时小组每一人出错，小组扣一分，出错的组员个人扣一分。加扣分在小组记分牌上写下来，每节课累计小组分评出第一至第六名，由小组长依据名次分别按 6、5、4、3、2、1 分加到个人各科目名下，累计分数达到各科相应级别自动晋级，在个人积分晋级本上公布。某市 B 中学课堂对学生评价从预习、听课、展示、作业等方面进行，黑板一角有评分表，涉及加分的项目包括：回答教师的课程提问，回答课堂中教师的即时提问，合作讨论后组与组提问，课堂展示效果、展示后的相互点评，课堂纪律、参与程度，等等，这些方面都可以奖分。从与教师的访谈结果表明，许多教师是比较支持这种类型的评价的，认为这样能促进小组合作学习，有助于形成一种合作和竞争相互促进的动态机制。

在初中数学教学中，衡量学生的学习状态，离不开试题对学生进行测试，但教师不能单纯地只重视对测试结果的评价，相对于学习的结果，过程更能反映每个学生在学习过程中的成长与变化，对学生合作的过程作出合理的评价，一方面有利于提高学生学习数学的兴趣；另一方面有助于学生了解自己在学习过程中哪些方面存在欠缺需要改进，进而有计划有目标地改善自己的学习状态。因此，初中教师应重视小组合作中学生的参与程度、质疑程度、理解程度等方面，制定细则，作出合理的评价。

具体来说，对学生参与、质疑、理解程度的评价，可以从以下几点来考虑：

①是否仔细倾听别人的发言，并进行了适当的记录；

②是否愿意与同伴交流，讨论数学问题；

③讨论过程中积极表达的情况，比如用自己的语言解释所学的知识，发表观点的次数，小组汇报成果的次数等；

④能否建立新旧知识的联系；

⑤对于他人发表的观点，能否有自己的见解，比如发现他人观点的不严谨或是错误之处，对讨论知识点提出变式等；

⑥能否用所学知识解决一些类似的数学问题。

三、提升教师的课程意识

实施深度教学，对教师教育观念、课程理解、教学研究能力和教学资源开发能力都提出了较高的要求。照本宣科、忠实执行、不去挖掘课程、知识学习的本质规律及其背后隐藏的对学生生命成长的意义，教学是难以达到必要的深度的。

（一）课程意识即"课程哲学"

课程意识是教师的一种基本专业意识，属于教师在教育领域的社会意识范畴。美国教育家麦克唐纳（Macdonald J.）认为，教育活动系统是由教育目标系统、课程系统、教学系统和管理与评价系统构成的，教师要合理地展开教育活动，需要对四大基本系统形成完整清晰的观念和认识。其中，教师对课程系统的理解与把握乃至创造的程度，反映了教师的课程意识状况和课程建设能力水平。

1. 课程意识及其意义

20世纪70年代以来，美国课程理论中出现了具有代表性的两种观点，一是"教师即课程"；二是"教师作为研究者"。前者强调的是教师要有课程意识，教师进入课程，才能实施课程，才能使静态设计的课程转化成为动态的课程实施。后者强调的是教师的课程意识要建立在研究的立场上，以研究的方式展开课程实施过程，才能表现出有效的课程行为。

作为一种特定形态的社会意识，课程意识是教师对课程系统的基本认识，是对课程设计与实施的基本反映。它包括教师对课程本质、课程结构与功能、特定课程的性质与价值、课程目标、课程内容、课程的学习活动方式、课程评价，以及课程设计与课程实施等方面的基本看法、核心理念，以及在课程实施中的指导思想。课程意识作为对课程存在的反映，其基本形式是观念层面的，它在本质上就是教师教育行为中或明确或隐含的"课程哲学"。这里所说的"课程哲学"，不是指课程理论体系中的一个研究领域甚至一门学科，而是指一种意识形态。"课程哲学"作为课程意识的表现形态，它必然包括教师在教育行为过程中的课程观与课程方法论（相当于在课程实践中特定的世界观和方法论）。因此，可以说，教师的课程意识是以课程观为核心形成的、对教育活动体系中课程系统的一种整体认识，是教师的"课程哲学"，是课程实施过程中的课程观与方法论。教师的课程意识不是可有可无的，明确的课程意识支配着教师的教育理念、教育行为方式、教师角色乃至在教育中的存在方式与生活方式。没有明确课程意识的教师，总是把课程视为一种"法定的教育要素"或"法定的知识"，不可变更的系统，并在课程系统面前无所作为；没有课程意识的教师仅仅成为"给定的课程"的忠实执行者。而具有课程意识的教师是以自己对课程的独特理解为基础，从目标、课程、教学、评价等维度来整体规划教育活动和行为方式，从而成为课程的动态生成者。因此可以说，课程意识意味着"教师即课程"，教师是课程的动态构建者、课程的生成者。一方面，课程意识影响着教师的教育理念。作为教育领域的一种意识形态的"课程哲学"，是教师教育理念中的重要组成部分。教师如何看待课程的本质，如何理解特定课程的性质与价值，直接影响着教师的教学观、教学质量观以及教育评价观，从而也反映着不同的教育观。另一方面，课程意识影响着教师对整个教育活动体系的认识与理解，也影响着教师对整个课程系统的认识、理解与处理方式。教师如何处理教育活动体系中的目标体系、课程体系、教学体系、评价与管理体系之间的关系，在一定程度上受制于他所持的"课程哲学"。具有课程意识的教师往往以整合的理念和策略对待教育活动体系中的各个子系统和教育要素，并且只要涉及课程，便不再仅仅把课程视为教学内容，而是从课程系统的角度来把握课程问题。正如现代课程理论之父泰勒（Tyler R. W.）所指出的那样，只要涉及课程问题，必然要从教育目标、教育经验、组织方式和目标评价四个方面来回答并处理。他认为所有的课程都涉及这四个方面的问题，即（1）学校应该达到哪些教育目标？（2）提供哪些教育经验才能实现这些目标？（3）怎样才能有效地组织这些教育经验？（4）我们怎样才能确定这些目标正在得到实现？蔡斯（Zas R. S.）也认为，课程是由目标、内容、学习活动和评价四个基本要素构成的。在《课程：原理与理论基础》一书中，他系统地论述了课程四要素及其理论基础和对课程编制、实施的要求。尼可尔斯夫妇（Nicholls A., Nicholls S. H.）认为，课程是由目标、内容、方法和评价四个要素构成的。具有课程意识的教师，往往从课程内在要素整合的角度处理课程实施中的问题。课程意识影响着教师在教育中的角色乃至在教育中的生活方式。从理论上说，课程设计一般要考虑教师在课程实施中的地位和作用，并为教师的自主创造留有空间。由静态设计的课程过渡到动态实施的课程，必然需要教师以某种独特的角色主动参与课程发展。然而，在课程实施的过程中，教师以何种角色呈现在课程中，在一定程度上取决于教师的课程意识或"课程哲学"，取决于教师对课程的理解和整体把握。教师是课程的"忠实执行者"还是课程的"创生者"，是

"教教材"还是"用教材",往往与教师课程意识的强弱与明确与否具有直接的关联性。新课程要求教师在教育过程中转变角色,实质上是要求教师具有强烈的课程意识,具有明确合理的"课程哲学"。

2. 与课程意识相符合的课程观或"课程哲学"

课程意识的核心是课程观或"课程哲学"。教师的课程观不同,课程意识的明确与合理的程度就不同,教师把自己放置在课程中的地位,以及教师对预先设计的"静态课程"的态度和处理方式就不同。课程观就是对课程系统的基本认识。笔者曾经就课程观的问题做过简要的考察,但从课程意识的角度看,教师课程意识的生成,需要明确课程观的基本问题,即主张什么样的课程观,克服什么样的课程观,其核心是如何对待课程与课程意识关联最紧密的课程观是生成的课程观,并首先应该拒斥的是管理主义课程观。管理主义课程观倾向于把课程视为一种"法定的教育要素"或"法定的知识"。它往往表现为三种基本观点:一是认为课程是由教育权力部门制定,并由指定或委托的专家设计的。从而,课程成为具有法定意义的教育要素,教师乃至学校在课程中的基本权利特别是教育专业自主权被无情地剥夺,或者教师不自觉地放弃,教师和学校被排斥在课程的形成过程之外。在管理主义课程观看来,课程就是静态的存在,课程实施不过是对静态课程的模板化复制的过程,教师无须过多地去追问课程本身的合理性,不必去思考这种课程对特定背景下的学校和学生是否具有适应性。二是依附和接受的观点。依附和接受的观点要求教师把课程作为"法定的知识"来接受和传递,教师依附于权力,依附于课程设计专家。从而,在课程实施过程中,教师把课程及相关法定的课程载体(如教学大纲、教科书等)奉为"圣经",不敢也不能越雷池一步,"紧扣教材"便成为多少年来公认的教学常规。三是课程实施的"忠实取向"。课程实施的忠实取向强调教师是课程的"忠实执行者",它不希望也不要求教师在课程面前有所作为。在"忠实取向"的课程实施观看来,教育权力部门和课程设计专家制定和设计的课程便是具有普适性的理想课程,课程是"公共的知识""共同的知识"或"普遍法则",教师将这些内容原封不动地传递给学生,似乎课程目标就实现了。管理主义课程观强调了课程中的国家权力、国家意志和专家权威，但其根本缺陷在于忽略了教师和学校的课程权利。要体现"课程对地方、学校和学生的适应性"，必须尊重教师和学校的课程权利，增强教师的课程意识，确立生成的课程观。

生成的课程观超越管理主义课程观，认为课程对教师而言，不是给定的、一成不变的教育要素，而是教师可以变更的教育要素，是与教师的人设、教师的独特教育理念、师生所处的独特的社会环境、教育情境关联的教育要素。规定性仅仅是课程的一个方面的特性。生成的课程观强调以下三个基本命题：第一，教师是课程的创生者。生成的课程观注重教师在课程问题上的基本权利，把教师看成课程由静态设计到动态实施并进入学生生活领域的重要因素和设计主体。这是由教师的专业自主权决定的。第二，教师进入课程，或者"教师即课程"。教师不是教育权力部门和课程专家的附庸，教师时刻以自己的教育知识和教育理解为根据，改造着预设的课程，教师就是课程本身。这也是不同的教师教同一课程导致不同效果的原因之一。教师自己的认知"前结构"往往以某种"默会"的方式进入预设的课程，把预设的课程变成"真实的课程"。没有课程意识的教师，往往缺乏对预设课程进行这一重要的再创造的过程。第三，课程实施的"创生取向"。在课程实施过程中，教师时刻联系着学生的生活经验和学生生活领域的各种有意义的背景，并以此去改造"给定的知识"。在生成课程观指导下的课程实施，是对预设的课程内容进行了一系列的变更，或充实，或替换，或增删，或拓展，或提炼。美国课程理论家平纳和格鲁梅特认为，课程是学生的"生活经验"，是个体"履历经验"的重组，是学生生活世界独有的东西。他们主张不要从设计、教材、学程等角度来谈论课程，而要从学生过去经验和未来精神解放的角度来讨论课程。平纳认为，要获得个体的自由和解放，学校课程绝对不能局限于系统化的书本知识，而要观照个体作为"具体的活生生的存在"的"生活经验"，因为"人的生活的深刻性只有在独立个体的生活领域中去寻找"，而不能从个体以外去探求。从课程实施的角度看，学生对课程的学习是依照着自己的"履历情境"，是依照自我的生活经验和生活连续来理解课程所提供的客体文本。从此意义上说，不仅"教师即课程"，而且"学生即课程"。但只有具有课程意识的教师，在课程实施过程中学生才能进入课程，日常生活和学生的"生活世界"才能进入课程。总之，生成的课程观念尊重了教师的专业自主权，尊重了学生的主体地位，尊重了师生的日常生活和学生的"生活世界"。

教师的课程意识是教师与课程相遇所必须具备的。在与课程的相遇中，教师挖掘课程的意义，将课程中的观点和材料转化为与学习者相适应的活动和表征。教师与课程的相遇主要体现在：第一，教师借由课程材料和他们的课程文本实现课程的多种发展功能；第二，教师在决定课程材料的合理利用方面具有自主权；第三，和课程开发者的预想相比，课程材料具有更加丰富的开发潜能，并且为教师提供了多样的使用可能性；第四，课程材料的诠释体现了他们的课堂运作潜能，是教师课堂教学计划的重要步骤；第五，课程材料的诠释允许教师表达个人的教学方法，以及他们对特定课堂教学情境需要的回答，课程材料的创造性解读以及在课堂情境中的灵活性运用，被视为"将教师从文本霸权中解放出来"；第六，课程材料的诠释是一个需要教师课程素养投入的复杂过程，这种诠释可能由不同的框架主导，并利用不同的工具得以实施；第七，具备课程素养的教师辩证和灵活地使用课程材料，可能会消除他们对课程相关问题的疑惑。教师的教学既不是和课程对立，也不是独立决定课程。即便是教师设计的课程也必须考虑其对教学的潜在价值。教师必须成为一名敏锐的课程批判者、分析者和适应者，他们必须学会理解课程。总体来说，没有课程是完美的，因为它不能预测学生、教师和情境的不确定性的变化。

（二）课程意识的基本构成

教师的课程意识是以课程观为核心构成的一系列意识。一般来说，教师的课程意识涉及对课程诸要素的理解和专业判断，包括课程主体观、价值观、课程知识观、课程实施观、课程资源观、课程评价观等方面。

1. 主体意识

鲜明的课程意识强调教师时刻把自己和学生看作课程的主体，把自己和学生置于课程之中。之所以主体意识是课程意识的基本构成之一，是由课程的本质特征决定的。从课程实施的角度来看，课程在本质上是一种反思性实践。反思性实践是一种创造意义的过程，是师生共同参与的、在特定的社会性环境和文化环境下重建意义结构的过程。离开了师生对课程意义的重建与创造，即离开了主体意识的发挥，课程对人的发展价值也便无从体现。因此，课程意识的基本构成是主体意识。它内在地包含着两个不可或缺的方面。

第一，学生是课程的主体。学生是课程的主体，一方面是指学生的现实生活和可能生活是课程的依据；另一方面是指发挥学生在课程实施中的能动性，学生创造着课程。课程本身具有"过程"和"发展"的含义，学生在课程之中，意味着学生通过与被称为课程的东西进行对话，才能发生素质的变化和发展，才能引起学生反思现实的生活方式，并努力去建立一种合理的可能生活方式，从而学生成为课程的主体。从表层上看，课程是由特定的社会成员设计的，但从深层上看，课程是由学生创造的。课程不完全是设计者预设的发展路径，学生也不是完全地通过对成人生活方式的复制来成长的。因此，不应把课程及其教材看作学生必须毫无保留地完全接受的对象，而应发挥学生对课程的批判能力和建构能力的作用。那种视课程为"法定知识"或"圣经"式的文本而不准越雷池一步的观念，早该摒弃了。

第二，教师是课程的主体。教师是课程的主体，一方面是指教师是课程实施的主体；另一方面是指教师就是课程的创造者和开发者，"教师即课程"。教师在课程实施过程中，时刻用自己独有的眼光去理解和体验课程，时刻将自己独特的人生履历和人生体验渗透在课程实施过程之中，并创造出鲜活的经验，这些鲜活的经验是课程的一部分，从此意义上说，教师不仅是课程的创造者和开发者，而且教师本身就是课程的内在要素之一。教师作为课程的主体，意味着对教师专业权利的尊重。

主体意识一方面要求教师在课程实施过程中时刻把学生放在首位，一切从学生需要出发，从学生实际出发，从学生发展出发。根据学生主体发展的要求，选择课程内容，处理课程内容，变革学习方式。另一方面，要求教师发挥专业自主权，将自己有益的人生体验和感悟、独特的有价值的经验有机地融入课程内容之中，并且不断地创造课程实施的新经验，探索有效的教育教学策略。

2. 生成意识

鲜明的课程意识拒斥"接受主义"课程观，要求教师把课程视为一种动态生成的教育要素。之所以说生成意识是课程意识的基本构成之一，是因为课程本身就不是一个静止的、完全预设、不能变更的教育要素。课程是可以预设的，但课程的发展价值并不就是一旦预设就能够完全实现的。课程内在的价值需要师生在课程实施过程中，在与特定的自然环境、社会环境、文化环境的能动作用中才能实现。课程的生成意识，要求教师突出以下基本行为。

第一，对预设课程的批判与创造。课程首先是预设的，是教育管理部门、学科专家、课程专家、课程审议者等人员以对学生和社会的研究为基础设计开发而成的。教师在课程实施过程中，首先面临的基本任务是理解和把握预设课程的基本规范和普遍要求。但由于课程设计者预设的课程是以对学生和社会的普遍性研究和对一般特征的把握为基础的，因而，预设的课程不可能规定具体情景下的课程实施，它的规范也只能是一般意义上的要求。因此，教师在课程实施过程中完全有空间和可能对预设的课程进行"再生产"，即对课程目标具体化，对课程内容进行选择、拓展、补充、增删，对学习方式进行创造性设计，甚至对预设课程中不合理的方面进行批判，在批判的基础上重建课程。

第二，课程意义的动态生成与重建。任何完善的课程目标和课程价值，都是在课程实施过程中逐步实现的，可以说，课程的意义和价值是动态生成的，而不是预设的。预设的课程目标只是一种蓝图或设想，预设的课程目标只有在课程展开的过程中，在师生互动、师生对环境的能动作用中才能实现，这也是同一课程在不同的课堂中产生不同的效果的原因之一。因此，教师把握课程的不同维度的目标，结合特定的教育情境，联系学生经验和社会实际，动态地生成课程价值，就显得十分重要。在课程目标实现的过程中，教师有时还需要根据学生的发展实际，重建课程对学生发展的意义。"管理主义"的课程观、"忠实取向"的课程实施观都有悖于课程意识的基本要求。鲜明的课程生成意识要求教师完整地把握知识与技能、过程与方法、情感态度与价值观等不同维度课程目标，注重结合教材和学生实际，对课程目标作精细分解与设计，并时刻关注课程目标的达到程度和学生发展状态。更重要的是，教师要为课程目标的实现不断地对预设课程创造性地进行处理，为学生主动发展留下足够的发展空间。

3. 资源意识

鲜明的课程意识拒斥"圣经"式的教材观，要求教师确立课程资源意识，认识到教材仅仅是课程实施的一种文本性资源，而且教材是可以超越、可以选择、可以变更的。教材仅仅是课程的一种重要载体，而不是课程的全部。任何课程实施，都需要利用和开发大量的课程资源。可以说，教师的课程意识的强弱，往往集中地表现在教师对待教材的态度与处理教材的方式上。强烈的课程资源意识要求教师具有以下基本教育行为方式。

一是创造性地利用教材。教师如何看待教材，如何利用教材，首先取决于他的教材观。具备鲜明课程意识的教师，仅仅把教材看作师生对话的"话题"，一个引子，或者一个案例，教材不是课程的全部。在对教材的处理方式上，具有课程意识的教师善于结合学生的实际，联系学生经验和社会实际，"用"教材而不是"教"教材，紧扣课程标准而不是紧扣教材。多少年来，那些要求教师"忠于教材""紧扣教材"等教条，也许到了该终结的时候了。

二是利用与开发多种课程资源。课程资源的重要价值在于为学生的发展提供了多种发展机会、发展条件、发展时空和发展途径。因为学生的发展不仅仅是通过教材、通过教室或课堂来实现的，课程意义的生成离不开学生的"生活世界"，离不开学生的日常生活，也离不开他们的生活经验和社会背景。课程资源开发不仅仅是课程设计者的任务，也是教师的重要职责。因此，鲜明的课程意识要求教师利用与开发各种教材以外的文本性课程资源、非文本性课程资源，为课程价值的实现，为学生的发展提供多样的可能的平台。

（三）教师课程意识的生成

从理论上说，每个教师都具有自己的课程意识，其教学行为都是或明或暗地受到一定课程意识的支配，但问题是是否每个教师都具有鲜明合理的课程意识，是否与当前时代发展的要求相一致。我国新一轮基础教育课程改革要求教师具有鲜明合理的课程意识，但教师的课程意识不是朝夕之间能够具备的。教师鲜明合理的课程意识不是自发产生的，而是自觉生成的。笔者认为，在当前基础教育课程改革背景下，教师鲜明而合理的课程意识的生成需要建立在以下基础之上。

1. 切实转变课程观

鲜明而合理的课程意识的形成，是建立在自觉的有意识的观念转变基础之上的。合理的课程观对教师的课程意识、教育行为起着指导思想的作用，它是教师的课程哲学和课程方法论。只有课程观念发生了合理的转变，才可能生成合理的课程意识，在合理教育理念指导下的教育行为才有可能是自觉的有意识的教育行为。如果教师依然把课程仅仅视为"知识""学科""教材"，把自己视为制度化课程的"忠实执行者"，把教材视为"圣经"式的教学根本，那么，教师鲜明合理的课程意识是不可能产生的。在当前基础教育课程改革背景下，转变以课程观为核心的教育理念，成为广大教师走进新课程的重要任务。广大中小学教师需要超越以往种种狭隘的课程观，确立整合的课程观、生成的课程观、实践的课程观、发展的教学观，并在此基础上，完整地把握课程价值和课程目标，妥善处理课程内容与学生经验、社会与科技发展的关系，用新的课程理念指导自己的教学行为。

2. 养成反思性实践能力

教师的反思性教育实践能力是课程意识生成的基础。反思是一种自觉的行为，是自我建构教育理念的过程。只有反思才有意识的觉醒。教师反思的是自己在教育教学过程中的理念和行为。许多中小学开展的"教师讲自己的教育故事"等活动，就是教师开展的一种自我反思活动。教师的反思性实践是以自我为研究对象的一种研究活动，是对自我教育理念的辩证否定。通过自觉反思，课程意识逐步明确。

教师的反思性实践是一种以自我的教育观念和教育行为为对象的研究，是为了解决教师面临的教育教学问题而进行的反思性研究，是对学校真实的教育事件进行的反思性研究，是通过教师的学校生活进行的反思性研究。从此意义上说，反思性实践是教师进行校本研究、生成课程意识的重要策略。

教师课程意识的生成也需要有合理的制度作保证。制度直接影响着教师课程意识的形成，也规定并约束了教师的教育行为。因此，在当前课程改革背景下，教师课程意识的形成，客观地要求学校进行课程教学制度的创新，对多年来习惯化的教学制度、教学常规、课程教材管理等方面做逐步分析，改革不符合当前基础教育发展要求的制度与常规，制定新的规范，在学校建立起一种符合时代精神的全新的课程文化。

第三章　深度学习课堂改造的策略

第一节　深度学习的课堂特征与实施策略

深度学习是近年来教育领域讨论最多，研究最热的话题。2014 年 9 月，基础教育领域的"深度学习"教学改革项目开始启动，"深度学习"被作为深化新时代课程改革和落实学生发展核心素养的重要途径加以提出。在职业教育领域，《2018 中国职业教育技术展望——地平线项目报告》中提出，转向深度学习方法将成为未来 3~5 年内推动职业教育技术应用的中期趋势。尽管深度学习备受政策与学者的关注，但在现实课堂教学中，其是否真正成为教学改革的路径，学生的学习是否真的走向了深度学习，依然还有很大的讨论空间。职业教育是一种类型教育，目前高职教育围绕课程改革、人才培养机制等学生参与度不高的改革项目较多，而学生直接参与的课堂教学改革还没有引起足够的重视。一切游离于课堂之外的教学改革都难以真正提升教育教学质量，面向深度学习的高职课堂教学无疑为提升高职教学质量提供了一条"高速公路"。

一、高职深度学习的内涵特征

深度学习是相对于表层学习、浅层学习而言的，布鲁姆的教育目标分类理论将学习分为记忆、理解、应用、分析、综合、评价六个层次，意味着学习有深浅不同层次之分。国内外许多学者对深度学习的内涵和特征进行了研究和界定。马云鹏教授认为，深度学习是围绕学科核心知识、开展一系列的探究式学习活动，从而发展学生学科核心素养和高阶思维，提高解决实际问题能力。郭华教授认为，深度学习是基于具有挑战性主题，师生积极参与的有意义的学习过程。胡航教授认为，深度学习具有主动性、积极性、批判性、建构性、情感体验性等特征；深度学习关注情境迁移、问题解决和创新。

尽管不同的学者从不同的视角对深度学习的概念进行界定，但在本质上深度学习是在深度参与、体验和展示的过程中，以追求知识整体建构、高阶思维的发展和真实问题解决能力的提升为目标。首先，深度学习关注真实情境的创设和真实问题的解决，通过真实问题引发学生内部认知结构的不平衡；其次，深度学习围绕核心知识和挑战性任务开展探究活动，学生在高投入、深参与、全身心探究中，自主整合、整体建构知识体系，培养问题意识，反思能力和经验总结能力，通过对问题探究，触发思维活动和进行思维进阶；最后，多样态的成果展示和关注学习过程的评价，赋予了深度学习强劲的动力。因此，结合职业教育的类型特色，高职深度学习主要具有以下几个特征。

（一）知识整体性

在当今信息技术高度发展的时代，微信公众号、抖音等各类新媒体和自媒体不间断推送着各类文章，百度一搜各科都有，知识的随手可得和碎片化呈现，使得学习处于浅层和表层之中，缺乏从已有经验到新知探究的整体构建；缺乏从知识整体性，结构化地学习和掌握知识。高职深度学习不是掌握零碎的、杂乱无章的知识，也不是识记知识，而是通过一系列的学习活动去激活已有经验，联想已有知识，重新组织和重新建构新的知识体系。"双高计划"要求人才培养要符合产业发展的需求和职业教育的类型特色，要按照"新手—生手—熟手—能手"的高职学生职业能力发展基本规律，学习有体系、有逻辑、有结构的整体性知识。高职学生的学习内容包括公共基础知识、专业理论知识和技能操作知识，这些知识分别具有活性、理性和感性的特征，每一部分在高职人才培养中都具有非凡的意义，面向深度学习的高职课堂教学要克服这三种知识间的差异，使得这三种知识融为一体，使之动态关联，相互转化。

（二）课堂体验性

虽然高职学生在学习知识时不需要经历知识形成的漫长试错探索的曲折过程，但并不是说高职学生的学习就只需要学习客观事物的知识符号，客观事物的知识符号之间联系及人类发明、发现客观事物的过程也是我们学习的对象。直接从人类认识事物的结果开始学习，从概念、原理开始学习，虽然也能保证学习的目的性和教育性，但是却忽视了教育的本真，将知识传递作为教育的最终目的不是深度学习所追求的。深度学习将知识内容及与知识内容有关的学习成为学生发展的手段和养分。体验性是高职深度学习的核心特征，对于价格比较昂贵、占地面积较大、危险性较大或损耗性较大的实习实训设备，利用 AR、VR 等技术模拟真实环境和场景跨时空，交互式和实景化地体验学习情境，通过虚拟与真实场景的结合，设计学习情境活动，如模拟驾驶、模拟航海、模拟航空、模拟检修、模拟实训、模拟实验，以及在真实场景中实验实训等，让学生在沉浸式场域资源中与同伴一起构建新知和思考探究，同时高职学生深度学习过程的本身也是体验社会性情感和情绪的重要活动。

（三）深度参与性

壮国桢教授认为高职课堂普遍存在无趣、低效的现象，究其原因是高职教育的课堂教学和课程改革未能真正"落地"，先进的教学理念未能落实到教师的课堂教学行动中，未能惠及学生。高职理论知识学习不能还控制在"够用""有用"范围，技能学习也不是培养低级和重复性技能的教育。在"提质培优"背景下，高职教育要充分体现"职业"和"高等"，"动脑"和"动手"，"教学"和"产业"的深度结合。深度参与是高职深度学习的另一重要特征，是学生学到"真"知识、"真"技能和学生"真"学习的重要标志。从学习内容看，高职学生深度学习不仅要把握知识的本质属性，还要抓住知识内容的内在联系和逻辑关系，使多种学习内容进行深度加工，不仅熟练掌握操作技能，还要掌握操作技能背后的理论原理，只有掌握了操作技能背后的理论支撑才能够对技能进行改进、优化和升级，才能够实现由中国制造到中国创造的转变。从学习投入看，高职深度学习是学生精神高度集中、手眼脑等全感官共同参与、全身心深入参与和全过程体验的积极的学习过程。

（四）成果应用性

目前我国经济的快速发展和产业的频繁转型升级，使得企业对产业工人的操作能力和应用能力提出了更高的要求，高职院校是高级产业工人的培养腹地，高职学生的知识应用能力和创新能力关乎着我国制造业的命脉。面向深度学习的高职课堂追求的目标是培养学生具有将学到的知识转化为真实工作场景中解决问题的思路和策略。让学生将知识进行外显和操作化，将间接经验直接化，将抽象的符号知识转化为实际操作的具体方法是高职深度学习课堂的重要任务。应用性是学生活化知识的标志，是高职学生深度学习成果的具体体现。

二、面向深度学习的高职课堂教学问题审视

（一）教学目标停留在认知的低阶层次

在教学设计过程中，教师已经非常习惯三维目标的表述方式，认为从知识与技能、过程与方法、情感态度与价值观三个方面能将教学目标表述准确和表达完整。但是由于三维目标只是从三个维度对学生培养做出的表述，而具体要培养到什么程度，则难以界定。这就好比要建造一座高楼，三维目标只是说要从长、宽、高三个方面进行设计，但具体要建多高、多宽、多长，通过什么方法建、何时建到何种程度都没有具体的要求。由于许多教学内容的过程与方法、情感态度与价值观这两个层面的教学目标很难在一节课上达成，教师在制定目标时也是空乏和程序化的表述，缺少清晰的目标和具体实

施。教师往往将三维目标进行割裂设计、缺少整体设计理念。最终在教学实施过程中，教师只是从知识的记忆、理解等低阶层次进行教学，忽视了对学生的分析、评价和应用等高阶目标层次的培养。如在高职数学《等比数列求和》一节教学中，教师通常将等比数列求和公式的识记及如何利用公式解题作为本节课的重点和难点。很少有教师将等比数列求和公式推导思路的产生作为本节课的重点，也就是为什么会有"错位相减法"的思想。如果这一点突破了，学生就能够将等差数列和等比数列知识串联起来，不仅从整体上构建了知识体系，学生的高阶思维也得到了发展，学生对知识的应用和创新能力将显著提高。学生只有在高阶认知层次上有所收获才能将知识进行整体的建构、才能有助于学生将学到的知识应用到实际问题解决中，才能培养学生适应未来社会发展和工作创新的能力。

（二）教学内容脱离真实的任务情境和挑战性的任务

深度学习是具有情境性、有意义的学习方式，课堂中的"情境性"是指教师对所要教授的知识，设计一个真实的情境和具体挑战性任务，让学生通过在真实情境中完成问题解决任务，从而达到知识的构建，形成自己的知识体系。高职院校广泛开展工学结合、产教融合，现代学徒制和新型学徒制等教育模式，因此，课堂教学中，教师在一定情境下设计具有挑战性活动，更加有助于学生牢固地掌握基础知识和理论知识，更加有利于学生将理论和技能知识有机结合，培养学生解决实际问题的能力。然而在实际教学过程中，部分教师教学理念陈旧，教学方式单一，缺乏将学习任务设计在真实情境中的意识和能力，缺乏将学科发展前沿科技、生活中的重大事件及生产中新工艺新技术等情境与教学内容进行链接的意识和能力。虽然部分高职课堂上采用了项目化等教学模式，但其教学进程没有将若干个富有挑战性的问题进行串联，教师只是生硬地通过"教教材"把零星、孤立的知识灌输给学生，教师变成了知识的搬运工。由于教学内容脱离真实的情境，学生对学习内容的兴趣不浓，难以深刻理解所学到的知识，也难以将所学到的知识应用到具体的问题解决中，更加难以达到利用所学知识创造性工作的效果。

（三）教学过程缺少学生的深度参与

当前高职院校课堂教学还是以讲授式教学为主，课堂上教师讲、学生听的传统教学方式占据主导地位，即使是实习实训课，有教师动手操作演示等环节，学生还是以机械模仿和反复练习为主，以达到熟练操作目的。整个课堂教学过程基本是单向的知识传递活动，在课堂上学生的学习活动是被动的、非积极的，学生是课堂的配角，学生主动获取知识、积极建构知识的活动很少，学生缺乏深度思考，缺乏与教师对话的地位、缺乏与知识对话的能力、缺乏与同伴对话的机会，学生的学习活动处于浅层参与、被动接受的境遇之中。

（四）教学评价缺乏多元、动态评价

教学评价是检测教师的教、学生的学的一种手段。积极的教学评价有助于教师和学生及时发现教、学的过程中存在的问题并及时改进，能有效地促进教和学的改进，有助于深度学习的发生。但是高职院校当前的教学评价手段、形式和主体都比较单一。许多高职院校的教学评价依然是纸质试卷成绩，这种评价方式无法全面了解教师的教学情况和学生的学习效果，阻碍教师对自身教学情况的了解，也难以了解学生对知识掌握的程度和能力的发展情况。从评价主体看，大部分高职院校的评价主体依然只是教师，缺乏同伴评价、企业评价和第三方评价，这种评价方式不利于了解学生动态和真实的学习情况，难以了解学生职业能力的形成，也不利于利用评价指引和促进学生学习的真实发生。

三、面向深度学习高职课堂教学的实现路径

随着社会进步、科技发展，各种产业的生产加工工艺日趋复杂，岗位和职业的边界都在日趋消融，高职学生能否胜任将来日趋复杂的岗位，不仅仅看学生在学校学到了多少知识和技能，还要看学生在课堂上学到了多少方法和能力。学生的职业素养、持续和深度学习的能力有没有得到培养。面向深

度学习的高职课堂上教师充分发挥教学主导作用，最大限度地优化教师、学生和知识等教学核心要素之间的关系，结合学生视觉空间强的智能特征，直面学生心灵，指向核心素养发展的教学。深度学习是学生"既有知识"发生了有效链接和整体知识结构发生了重要变化。

（一）出发点：制定体现学科本质的优结构学习目标

中职学校主要以培养熟练的操作型人才为主，高职院校兼具高等教育和职业教育双重身份，高职院校的人才培养目标不同于中职学校，高职院校培养的不仅是熟练的操作型人才，还包括技术研发、工艺改进等技术技能型人才。因此，指向深度学习的高职课堂要以制定体现学科本质的优结构学习目标为出发点，培养学生的核心素养和创新能力。课堂是有组织、有计划的师生互动场所，学习目标是所有组织和计划的指南针，是高效、有序组织课堂学习活动的重要基础。学习目标就像风筝的引线，风筝只有在引线的牵引下才能迎风起飞，高质量的引线才能够牵引着风筝飞得高、飞得远。高质量、优结构的学习目标能够在关注学科的本质，驱动高水平的学习活动，能够充分考虑到不同目标之间的进阶点。核心素养时代的学习目标一定是指向学科核心知识的理解、学科思想的感悟、学科关键能力的提升和学科高阶思维的形成。核心素养时代深度学习的学习目标是以学科本质为出发点，充分考虑学生在学习活动中的学习体验和感悟，充分体现学生的学习主体性，培养学生在学习过程中探索、经历、发现知识的过程，关注学生深层次地体验知识、感悟学科思想和情感，对学生高阶学科思维的形成和学科素养的培养具有重要的意义和价值。

高职教学中优结构的学习目标应体现在将课程目标、单元目标和课时目标之间建立结构化的目标群，目标与目标之间能够形成相互螺旋式的、内容具体化和难度递进化的目标网络，这些目标既是高职学生学习的灯塔，也是学生可依赖的学习支架，引导学生不断总结、反思、进阶和超越；能够鼓励和促进学生依据自身的知识结构和经验基础选择相应的目标，教师也可以依据学生不同的目标组合开展差异性教学。

（二）着力点：选择真实问题情境和高挑战学习任务的课题

高职学生将来要承担企业技术攻关、工艺改进，产品创新等重任，所以，高职学生的学习不能只限于教材、书本等知识，更重要的是他们要具有解决真实、复杂问题的思维和能力。高职学生要具有在遇到不熟悉的、复杂的实际问题时，能够正确地分析问题，并利用熟悉的知识、方法形成有效的解决问题策略，最终高效地解决问题，这正是面向深度学习高职课堂教学的追求，也是核心素养下的育人目标。高职学生要具备利用所学知识和方法解决陌生问题的能力和素养，教师应该将学生学习的知识设计在具体的、真实的情境和具有一定挑战性的任务之中，将知识符号学习变成在情境中进行概念的建构、规律的探寻、意义的创生、方法的归纳、策略的选择和问题的解决等。将知识内容的学习转化成学习活动，并在情境的引领下形成驱动性学习任务。有价值的学习情境能够引导学生主动探究知识、形成认知冲突、拓宽认知角度、丰富认知思路、完善认知方法、发展核心素养，更有助于提升学生的创新能力。有价值的学习情境可以从以下几个方面进行设计。多视角连接生活生产，优选真实情境素材。深度挖掘真实的生活生产素材，多视角连接身边发生的真实、重大影响力事件的素材。连接学科发展和产业科技前沿的情境素材。如航天科技、纳米科学、生命科学、能源开发，转换及定量计算等领域新发展和新挑战，能够有效激发学生的探究欲望，开阔学生的视野，形成新的学习任务。教师在讲解高职《信息技术》教材中的"调配家庭局域网"这一节内容时，可以设置这样的任务：新冠肺炎疫情期间某小区被封闭管理，一户家庭有五人被要求居家办公，如何将五台计算机、一台打印机、一个交换机、一个无线路由器组成一个小型局域网，实现资源共享，提高工作效率？这是一个复杂的任务，需要把它分解成几个小任务完成。首先，学生了解使用双绞线连接网络，需要掌握双绞线的制作、测试与连接方法。了解双绞线的排序规则、交叉线与直通线的制作方法及应用上的异同。然后利用提供的双绞线、水晶头、剥线钳、压线钳制作双绞线，测试器测试网线连通情况，再用它来连接计算机和交换机，以及无线路由器。其次，能合理分配 IP 地址，然后对计算机进行 TCP/IP 配置，用 ping 命令检查网络是否畅通；设置 Wi-Fi 的连接密码；等等。最后，能设置文件夹和打印机的共享。在操作过程中会出现双绞线与水晶头不通、网卡驱动程序安装不正确、IP 地址配置错误或者发生冲突、网络打印机不能共享打印等问题。在解决具体任务的过程中，让学生自己发现问题、积极思考、解决问题，分层次逐步完成大任务。像这样设计在具体情境中有一定复杂性的任务，发挥了学生学习的自主性，也激发了学生学习的积极性；理论结合实践，不仅提升了学生的网络操作实战技能，还培养了学生解决实际问题的能力。

精彩纷呈的高职课堂必然会激发学生学习的激情，激发学生学习的潜能，推动高质量的深度学习，精彩纷呈的高职课堂需要高挑战学习任务的课题去驱动。高挑战学习任务的课题是设置在学生已有知识和可达知识之间，也就是将课题内容设置在学生的最近发展区内，造成学生认知结构的冲突，由学生主动进行自我建构以尽可能达到多重问题的解决。因此，高挑战学习任务的课题一定是具有开放性、趣味性和探索性的印迹，能够引人入胜。将一系列的富含学科核心知识的问题和任务融入一定的情境中的高挑战课题，才能够有效驱动复杂的学习活动，开展深度学习。因此高挑战的课题是以一系列的具有关联性的问题为核心、以具体的学习任务为载体，同时还附有预期的假设、多路径的学习进程、多层次学习方案、多样态的学习成果。高挑战学习任务的课题使得学习的品质得到了提升，学习过程有了指向学习任务和问题的着力点。

（三）突破点：全投入的感官、外显思维和可交互的工具

感官是人认识世界，与世界沟通的基本方式，是学习的重要机制。令人遗憾的是，感官长期被忽视，"脖子以上学习"成了一种普遍现象。众多的学习理论和科学数据已经证明，从感性经验出发的认知才是最信赖的学习路线，将五官、身体和情感融为一体的高投入、沉浸式具身学习，才是深度学习应有的样态。高职课堂中虚拟仿真的教学场境，项目式教学和工学结合为学生全感官投入学习创造了氛围和机会，让多重感官参与学习成为可能，同时教

师也要解放思想、更新观念，要容忍多重感官投入学习所造成的课堂秩序的"混乱"。学生要从不同感官组合中寻找到适合自己的最优化学习路径，保持最佳的学习兴奋点。

高职深度学习是学生在真实、复杂的学习情境中，在具有挑战性的学习任务中，通过讨论、实践和不断反思、质疑，对知识和方法进行重新建构和完善。高职深度学习是真正以学习为中心、以发展核心素养为宗旨的学习活动，高职深度学习不仅强调基础知识、基本技能，而且更注重学习能力的提升，强调利用已有的知识、方法分析和解决陌生问题。由于高职学生的来源多样、层次不一，在课堂教学过程中，教师在组织学生探究活动或学生开展讨论的过程中，当学生回答或展示的成果不正确时，教师往往会选择让其他学生继续回答，而没有关注到这名学生的答案为什么错误？思维的障碍点在什么地方？怎样才能打通这名学生的思维障碍点，这名学生的思维障碍点是不是具有普遍现象，如何将学生的错误思维、思维的障碍点转变成正确思维的助力器，这些都是高职课堂教学中需要关注的。面向深度学习的高职课堂可以通过学生自我分析、质疑辩论、教师设计问题串并进行设问、反问和连续追问，让学生在学习过程中的思维外显。

南京大学汪雅霜老师利用相关平台，针对高职学生的学习投入度开展的专项调查结果显示，我国高职学生具有较强的互动学习投入，但自主学习投入较差。可交互的工具能够有效开展互动学习，并帮助高职学生实现深度学习。但是现实高职课堂中交互工具是单一和缺位的，许多高职教师重视科研轻视课堂，还是一份陈旧的教案走天下，尤其是公共基础课和理论课教师在课堂上仍旧采用嘴巴加粉笔、PPT 和练习的形式，学生也总是处于听、看、思的静止状态中。高职学生感官的全投入需要多样化、多元化的动态交互工具的调动，工具对师生和生生之间的交互活动具有较强的支撑作用，能够有效地改变课堂的学习形态。例如，在高职公共基础教学的课堂上，在学生合作学习时给每个小组提供一块白板，让学生将学习的进程实时地呈现出来，便于教师把握学生的学习状态、适时指导和有针对性地开展学习指导；再如，在课堂中利用学习通等信息化工具随机发放学习任务，增强课堂的紧张感，也督促学生做好多任务研究的准备，提高学习的节奏和效率。当然，工具本身不是目的，但是可以通过工具的交互作用促进身心俱在的学习，活化课堂的学习形态，倒逼深度学习的实现。

（四）落脚点：展示多样态的学习成果

随着职教扩招，高职学生来源多样、层次不一，大多数学生的学习成就感不高，学习自信心不强。在高职课堂上开展学习成果评价，让学生把自己最擅长的成果展示出来，这是扬长教育，有利于提高高职学生的学习成绩和改进高职教学质量。高职课堂教学中的理实一体、任务驱动、项目教学等教学模式为多样态的学习成果展示提供了可能，多样态学习成果的展示有利于高职学生增强学习自信、理解学习意义、激发新的学习渴求。学习成就感和学习动力是互相触发和相伴相随的，否则学生将在黑暗中摸索，无法辨明方向，无法判断进退，学习的效能也在迷茫中大幅衰退。学生在现实高职课堂上很少体验到成果，主要有以下两方面原因，一是学生的成果形式比较单一，教师一般采用随机形式检查学生的学习成果；二是成果时效滞后，教师通常通过作业批改等形式集中反映学生的成果，课堂上边检验、边互动、边反馈的机会不多。例如，在讲解信息技术的计算机硬件系统这一节内容后，如何检测学生对学习内容计算机硬件组成的掌握情况呢？可以让学生采用多种形式来展示学习成果。学生可以借助 PPT 结合图片、声音、视频等多媒体手段来演示讲解计算机的硬件组成；学生可以动手演示计算机拆装规范操作流程；学生可以演示排除事先设置的计算机故障，使其正常运行的操作；学生们可以表演小品剧，在剧中根据各硬件元件分别饰演不同角色解说其功能；学生们可以小组合作，完成某公司购买 10 台新计算机的任务，根据客户不同需求，在众多产品中，挑选性价比最高的计算机，填写购机配置清单。这种成果展示不再是单一的，而是学生根据自己擅长的，选择汇报讲解、操作演示、剧本表演、实验报告单等多种形式呈现出来。这种多样化的成果展示，考察了学生对知识的掌握能力、运用能力、创新能力。深度学习的课堂成果形态应该超越简单逻辑，成果内容的包容度和成果形式的创新度大幅提升，学生具有更多的主动权，学生以最擅长的形式展示出学习的最佳状态，成果具有可以累加、可选择、可替换、可申报的原则。

（五）动力点：确定关注过程的表现性学习评价

目前高职院校的学生管理还是以行政手段管理为主，主要看学生的课堂出勤率、参与度，学期结束看学生的考试成绩，这种高等教育的管理形式并不符合高职院校学生的来源多样、层次多元的特征，不符合高职学生学习能力差异性大的特点，更不符合高职学生的技能发展、创新能力和工匠精神培养要求。长期以来，高职院校仍以纸笔测试为主的传统学习评价主导着高职教育的考试，纸笔测试一般采用填空、选择、简答等题型让学生进行作答。不可置否，这类测试能够快速有效地评价学生对基础知识、基本技能和一些事实信息的掌握程度，这类题目一般有一个标准答案或者较为贴切的答案，评分者也可以依据"标准答案"快速"客观"地进行批判。但是，传统纸质测试的最大缺点是：由于标准答案而使得测试题目是封闭的，这种测试也只能评判学生对记忆、理解等以低阶思维为主的学习内容的掌握程度，很难对高职学生基于真实情境的问题解决能力和精益求精的工匠精神等核心素养进行检测。纸笔测试这种静态、单一的评价导致了死记硬背的应试考试，成为"脖子以上学习"的罪魁祸首，成为课堂上掐头去尾的"冷冰冰"教学的帮凶，成为高职学生厌学和逃课的最大成因，给学生的学习和成长带来了许多负面影响；直接导致学生会做题不会思考，会考试不会解决问题等现象的存在，学生的学习停留在被动、浅层的学习上。

纸笔测试的传统评价无法测验高职学生在真实情境中解决问题的能力。表现性评价不仅能反映学生掌握了什么和能做什么，还能够通过高职学生的表演、实验、操作、作品及学习过程中的真实表现，展示学生的语言表达能力、技能操作能力、社会服务能力、思维水平、创新创造能力和精益求精的工匠精神等学习成果与学习过程。因此，表现性评价不仅能够测评面向核心素养的高阶目标，还能提升高职院校课程、教学和学生学习的教育性功能。高质量表现性评价的规则和标准不仅能够促进高职学生深度参与到学习活动中，还能够帮助高职学生对照标准，清楚自己在解决问题中的表现、差距和达成的方向。也就是说，表现性评价有利于从学习的过程中监控和督促自己，有效地进行自我管理；表现性评价还有利于教学者在教学之初就将评价设计在教学目标和教学过程中，实现教学评一体化，实现学生也参与到评价中来，有效推动教与学的效率的提高。

表现性评价通过设计表现性任务和设置评分规则开展实施。

1. 设计表现性任务

表现性任务能够帮助高职学生实现预期行为的任务，这些行为也是评价高职学生是否实现预期学习效果的关键证据。表现性任务是表现性评价的核心和关键，由此，表现性任务需要从高职课程标准、单元目标等方面来设计，需要遵循以下几个原则：首先，要贴近高职课程标准等目标；其次，要关注高职学生综合运用知识解决实际问题的能力和表现，聚焦关键能力；最后，任务要具有挑战性、要符合真实的问题情境。

2. 设置评分规则

表现性评价是关注学习过程评价，由此对高职学生完成表现性任务过程和结果要有一个合理、科学的批判规则，主要通过以下几个步骤实施：首先，分解课程标准和学习目标以确定评价指标；其次，分析评价指标的特点；再次，依据表现性任务的情形，设计评分规则；最后，对评分规则的实施进行说明，并及时完善改进。

第二节　指向高阶思维的课堂提问

课堂提问是课堂教学中重要的组成部分，高质量的课堂提问是一节课成功的关键因素和重要保障。课堂提问质量的高低取决于课堂问题的价值，即问题的思维含量，思维价值高的课堂提问有助于课堂教学的目标达成和学生高阶思维的发展。美国著名的心理学家布鲁纳说过："在课堂上为学生提供具有挑战性的问题，将有利于学生智慧的发展。"这里的智慧就是学生的思维能力，精彩的课堂提问是打开学生思维之门的万能钥匙，是学生思维快速发展的催化剂。有关思维科学研究的成果表明，问题是思维的起点，是一切创造的源泉，所有的发明创造都来源于问题。因此，要在有限的课堂教学中发展学生的高阶思维，就必须设计思维价值高的课堂提问的问题并提升课堂提问的有效性。

一、释义：高阶思维与课堂提问

美国教育家布鲁姆于1956年根据认知的复杂程度，把学习时需要掌握的行为表现分类，从低到高包括：记忆、理解、应用、分析、评价和创造。记忆和理解属于低阶思维，而能够对知识进行分析、评价、综合和再创造属于高阶思维。低阶思维是高阶思维的基础，高阶思维是低阶思维由量到质的飞跃。近年来，随着教育事业的发展，我国学者开始关注和研究高阶思维，其中著名学者钟志贤先生就是典型代表，他认为高阶思维主要包括问题的解决能力、独立的决策能力、创造性思维能力和辩证否定的批判性思维能力。由此可见，高阶思维的价值有利于发展学生的核心素养。

课堂提问是指在课堂上师生之间相互提问的过程。有学者认为，课堂提问是教育者根据教学目标和学习目标，有准备、有目的地向学生提供课堂教学提示和传递相关的刺激，让学生了解自己该做些什么、如何做，引导学生积极地参与课堂教学活动，同时学生对课堂学习过程的疑问、困惑也可以向老师"发问"。

因此，利用课堂提问来开展深度教学，发展学生的高阶思维是新时代对人才发展的新要求，为我国学生核心素养"如何培养"的问题在课堂教学中指出了一条道路。

二、诉求：课堂教学中提问的问题归纳

美国教育家迪安那·库恩（Deanna Kuhn）认为：儿童之所以去学校，是因为我们希望让他们成为"自信、渴望和自我激励的学习者""负责任的能独立的思考者"，学校能够帮助儿童学会更好地运用他们的头脑和意识，就必须

秉持"为思维而教"。然而，纵观我国中小学数学课堂，受到应试教育等传统思维的影响，教师利用课堂提问来培养学生高阶思维的意识还很低，学生也很少得到教师所提供思维训练的方法和机会。教师在数学课堂中的提问主要存在以下一些问题。

（一）提问的方法不科学

（1）课堂提问的理念不科学，教师单方控制教学行为，导致课堂提问存在空提问和假提问现象，这种提问不仅不能促进学生思考，还可能导致学生思维的障碍。

（2）教师对问题设计的目的性不明确，问题设计得比较松散和模糊，导致学生的思维不连贯或思维模糊。

（3）教师的提问对象没有考虑到学生的真正需求，缺乏"移情理解"，缺乏提问的技巧，缺少追问、反问、转问等提问策略，导致课堂上交流互动的机会不均衡，提问的效果不佳。

（4）提问的问题不科学，许多教师在课堂上提出的问题，随心所欲，缺少预设性，对问题的表述不规范，候答时间过短等，提出的问题过于笼统没有层次性，没有针对性，问题的封闭性强，不利于学生的探究，对学生的思维尤其是高阶思维的培养意义不大。

（5）不注重提问反馈，许多教师不注重提问反馈，对提问反馈的内容笼统，形式单一，缺乏对学生的发展性和差异性的评价内容。

（二）提问的内容未充分关注数学本质

数学课堂提问还存在问题设计没有关注数学本质，问题没有发生在知识的"联结点""生长点"上，问题设计没有关注数学的思想和方法。

三、策略：在数学课堂提问中发展学生的高阶思维

重视学生数学思维能力尤其是高阶思维能力的培养，让学生学会"数学地思维"，这已经成为共识，也是数学教育者追求的理想的课堂教学。

（一）课堂提问的有效性——高阶思维发展的出发点

关于问题的有效设计，贝思和杰基给出了富有指导价值的四条标准"能够达成教学目标；能够关注重要的课程内容；能够有效促进学生在一定时间认知水平上的思考；问题的措施必须准确、清晰"。教师在设计问题时要适量，适量的问题能有效地促进学生高效思维；反之，则容易挫伤学生的耐心和信心。教师在设计问题时还要善于"留白"，让位于学生思考，有利于学生的知识构建。

1. 课堂提问要注重目的性

课堂提问的目的是否达成取决于问题的有效性。课堂提问的问题要能够达到教学目标和学习目标，需要教师在课堂上避免提问的问题存在松散和模糊的现象。第一，教师要克服问题的松散性，教师在提问时不能重视"为什么"，轻视"是什么"，忽视"怎么样"，课堂教学中许多教师把问题进行到"为什么"阶段就无法推进，因为，此时师生的问题视域出现了障碍。由于多数教师过分地关注了"为什么"（置疑）阶段提问，轻视了"是什么"（置境）阶段，导致学生无法顺利地接近问题的核心。例如，教师在课堂上提问"两条直线的位置关系"，教师的真实用意是导入斜率，而提问却定义在直线的位置关系上，学生自然就会从直线的平行、斜交、垂直以及异面几种情况思考，而这几种探讨的角度却冲散了教师提问的目的。因此，教师就需要增加"置境"环节以促使师生的视域融合。针对两条直线的位置关系教师可以创设一个问题情境：请回答课桌上钢笔所在直线与桌面上任何一条直线的位置关系。这样的提问就容易把问题定位在教师所要诱发的探讨方向上。

第二，对于模糊性的问题的提问，往往是因为教师满堂灌和一些重复的低级的提问，导致教师泛泛地问，学生泛泛地答，师生都没有抓住问题的关键。对此，教师通过对"盲点"和"分散点"的提问来提高问题的分辨率，促进师生的视域融合，这种方法对复习课最为有效。

2. 课堂提问要注重科学性

课堂上提出的问题要符合科学性，这是检验问题是否成立的第一要素。

这里的科学性是一个大的概念，既指问题内容的科学性，不能是假问题，也指提问策略的科学性，问题的提出要符合规范，要有针对性、启发性和发展性。

首先，问题的规范性是指教师提问的问题在表述、提问的程序上要规范。问题的表述要清晰、简洁，使用自然简洁、符合学生认知水平的语言，问题是一问一答、一问齐答、一问多答要交代清楚，问题最好提前有所预设，不能"随心所欲"。建构主义认为，知识不是教师教会的，知识是学生在一定情境下，利用一定的途径通过"同化""顺应""调节"等意义建构的方式获得的。问题提出后，是学生的思维最活跃的时期，也是学生的知识结构重组的最佳时期，此时教师不要急于给学生指导、解释，而是要"留白"，让位于学生，便于学生进行知识的重组和建构。

启发性是教师要尽量避免提出一些答案唯一的封闭性或修饰性强的问题，因为这些问题往往不需要学生过多地思考，不利于培养学生的高阶思维。教师还要善于使用引人深思的提问语气和方式来暗示学生不要急于回答问题，通过一些启发性的语句促进学生进一步深入思考。例如，在"指数函数图像及性质"一课的教学中，教师通过情境设置，得到几个特殊的指数函数，此时教师不要急于告诉学生具有这种性质的函数就是指数函数，而是通过提问"请观察一下，这几个函数你们见过吗？""这几个函数具有什么共同特征呢？""你能再举几个具有相同特征的函数吗？"在研究函数的性质前，教师可以这样提问"在初中，我们是通过哪些方法来研究函数性质的呢？""有哪些方法可以得到函数图像呢？"在得出指数函数图像时，教师可以这样提问"请说说这些函数有哪些共同特征呢？""能将这些函数图像进行分类吗？""这些函数图像的特征与底数 a 有关系吗？"一系列具有启发性的提问，不仅培养了学生发现、分析、探索和解决问题的能力，还提高了学生思维的品质。

针对性是指教师要根据教学目标和学习目标有针对性地设计不同层次类型的问题，同时教师所提问的问题要符合学生的认知水平和心智发展水平。在课堂教学中，如果教师只是一味地设计一些低层次、内容性、聚合型的问题，这样的问题无论设计得有多巧妙，教师的提问艺术有多高，都无助于学生思维能力的发展。在实际教学中，当教学目标和学习目标对学生的思维能力发展有较高要求时，教师就应该设计一些发散型、高层次、加工性的问题，只有这样的问题才能够促使学生的思考更加深入、对学习内容的理解和知识建构更加牢固、对高阶思维的培养更加有力。

"发展性"是指问题要落在学生的最近发展区上。维果茨基认为，"教学要走在发展的前面"，教学的首要任务是创造"最近发展区"。教师在利用不同教学方法和教学形式时要考虑到对学生发展的最大效果，也就是不仅要根据学生已经达到的水平进行教学，还要预见到学生可能的心理发展，并合理地影响这种发展。在数学教学过程中，怎样的问题才算是提在学生的最近发展区上呢？苏联数学家斯托里亚尔有一个例子。他说，教师如果问"平面内过不在一条直线上的三个点可以画几个圆"，这个问题学生没有任何困难就可以说出"一个"，但是如果教师这样提问"经过三个点可以画几个圆"，情况就大不相同了。学生回答这个问题就必须对三个点的位置进行分类，要考虑三个点在同一个平面内和三个点不在同一个平面内这两种情况，在同一平面内又要分三个点在同一条直线上还是不在同一条直线上，并且对每一种情况分别给出结论。这两种提问，后一种更能促进学生进行积极的思维，他把这样的提问称作"教育上合理"的提问。由此可见，这种"教育上合理"的提问是建立在学生已有知识的基础上的，具有一定的挑战性，但它是学生跳一跳能够够得着的，这样提问的问题是真正落在了学生的"最近发展区"上。

3. 课堂提问要注重需求性

在课堂教学中，教师喜欢根据问题思维含量的高低选择特定的对象，这种做法忽视了学生真正的需求。根据问题思维含量的高低固定提问的相应学生群体，是因材施教、分层教学，是兼顾了不同学生的认知水平，这一理由似乎非常充分。"认识模糊的学生"回答不了思维含量高的问题，这样的观点看似有道理，其实是荒谬的。因为问题是教师设计的，"认识模糊的学生"理解不了的问题，教师能否把问题分解成几个坡度再小一点的，便于学生进一步理解的问题呢？教师是否可以给学生提供更多的思考方法和途径，从而帮助学生得出答案呢？提问的目的就是促进学生更好地思考，如果教师让那些对知识还"认识模糊"的学生回答，更加有利于培养学生的思考能力。教师根据问题来选择回答的学生，容易导致部分学生成为"局外人""旁观者"，这不利于教育公平，长此以往，也容易导致部分学生产生消极的学习态度。

4. 课堂提问要注重双向性

课堂提问是师生的双边互动活动，学生作为课堂的主体，如果没有发问的机会，就会被教师牵着鼻子走，这不仅不利于学生思维的培养，也不利于教师的教学反思。指向核心素养的数学课堂提问应该是学生、教师和教材之间的真情对话，教师要鼓励学生"发问"，学生向教师"发问"不仅有助于教师及时了解学生对知识的掌握程度、有效化解学生认知水平上的冲突，而且对提高教师的教学反思有很大的帮助。学生有价值的"发问"还能有效引发其他学生的思考，活跃课堂讨论的氛围，提高学生探究的效率。因此，教师要改变课堂上教师单边提问的状况，根据教学要求和教学内容的情况，设计师生双边互动的提问，培养学生主动提问的习惯，提高学生发现问题和提出问题的能力。

5. 课堂提问要注重反馈性

课堂提问中教师最容易忽视对学生回答结果的反馈，许多教师喜欢"嗯""不错""很好"等常规性词语，这些反馈缺乏对学生的个性评价，属于低效的应答。不当的反馈会影响学生回答问题的积极性，进而影响课堂上学生的参与度和教学效果。教师对回答问题学生的反馈应遵循：当学生充满自信地回答提问时，无论学生回答的结果是正确还是错误，教师首先要强化学生的努力结果，要鼓励学生对学习有自信心，同时对于回答错误的学生要通过帮助其进一步分解问题来获取正确的答案，而不应该直接呈现正确答案或请其他学生回答。而对于没有正确回答或自信心不足的学生，教师还可以采取以下一些理答策略。

（1）澄清。对于一些因为问题的表述不当，学生难以理解导致回答不了的情况，教师可以使用不同的术语，重新表述原问题。更加清晰、简单的表述，有助于学生快速理解问题和把握问题的关键点。

（2）追问。向学生提出一个或多个额外问题，帮助学生进一步理解问题，从而得出正确答案或提高答案的质量。当教师问一些发散性、高层次的问题，而学生回答的答案却是聚合型的和低层次的，此时教师可以采用追问的形式促使学生进入高层次的思维，如让学生举例说明、让学生解释一下他的答案、把问题的重点改变一下，他又会怎么回答……

（3）转问。当学生回答了错误的答案又不需要追问时，可以请另一位学生来回答。转问适合对学习成就动机比较强的学生。而对于一些爱面子的学生，会使得学生认为自己的自尊心受到影响，导致学习动机下降，课堂参与度下降，所以这种策略要区别对待。

在学生回答时，教师耐心、专心地倾听，教师的面部表情、点头赞许或摇头否定等这些非语言行为都对学生回答的情绪和回答质量有着较大影响。

（二）问题的数学本质性——高阶思维发展的关键点

数学是思维的体操，数学问题设计是培养学生高阶思维教学的出发点和着力点。许多学者认为，对课堂提问问题的有效设计是关乎学生学习的第一步。土耳其的希南和朱丽叶教授认为，问题是教师引导和激发学生注意力的工具，但要使学生进行探究和产生新观点，教师首先要关注问题的内容。

1. 问题要设置在数学知识的"生长点"上

数学知识是数学教学的载体，数学知识的探究有助于学生思维的培养和核心素养的发展。因此，课堂教学中要紧紧围绕数学本质内容展开课堂提问，提问的问题要有助于学生对数学知识的理解和数学本质的把握，要对数学内容展开深入分析，尤其要在知识的"生长点"设置问题。

数学知识的生长点是指与新学知识关系密切的已学知识，它有利于学生进一步建构新知识。Smith曾说："学习了新知识，就意味你把新知识与已有知识联系起来。"而作为教师的提问者，就是要通过提问为学生架起这种联系的桥梁。由此可见，提问的意义不仅仅在于学生对于某个问题本身的回答，更重要的是要帮助学生在新旧知识间搭建便捷通道，促进学生对知识进行自主建构。当然，在实际教学中有些数学知识的生长点比较容易发现，有些知识的生长点比较久远，难以寻找，这时需要教师细心寻找。有时，教师自己有了知识的"生长点"，但学生却没有，这时就需要教师建立先行组织者，把这个生长点的种子先"播进"学生头脑中。当学生自己找到了生长点，在学习新知识时就会感觉是一种非常自然的流淌和延伸，而非教师的灌输。

2. 问题要关注数学思想和方法

数学思想和方法比较抽象和隐蔽，没有数学知识那样显性和具体，许多数学教师在教学中容易忽视。但是从学生核心素养发展的视角来看却非常重要。史宁中教授说："在数学教学过程中，培养学生敢于质疑、善于思考、实事求是、一丝不苟的科学精神非常重要，培养学生学会学习、应用能力和创新意识更是不可或缺的。"日本数学家米山国藏曾说："中学阶段所学的数学知识，几乎没有直接应用的机会，因此在学生进入社会后几年内就会遗忘，但是，不管他们将来从事何种职业，数学精神、数学的研究方法、思维方法将对他们的工作发挥重要作用，使他们终身受益。"因此，教师在课堂教学中既要关注数学知识，更要关注数学思想和方法，要通过合适的提问引导学生理解数学知识中蕴含的数学思想和方法。

在"直线的点斜式方程"一课中，教师设计这样的问题串：

（1）在平面内确定一条直线需要哪些条件？

（2）已知一个点的坐标和斜率，如何画出这条直线？请画出过点 $A(1, 2)$ 斜率为3的直线 l，并说出作法。

（3）不同学生找出的点不一样，但画出的直线是相同的，为什么？这些点的坐标有什么特征呢？

（4）还有其他描点方法吗？

（5）所作直线 l 上的点是否都满足方程 $\dfrac{y-2}{x-1}=3$？

（6）直线 l 上点的坐标与 $y-2=3(x-1)$ 的解有什么关系？

（7）直线 l 过点 (x_1, y_1) 斜率为 k，如何正确写出直线的方程？这几个问题不仅包含了本节内容的知识层面，还包含了学生的认知层面，蕴藏着学生如何思考、怎样探究的方法性暗示，为后续研究圆、圆锥曲线积淀了方法和思想。

（三）课后反思——高阶思维发展的动力源

有反思才有进步，正确的反思是学习进步的一大法宝。首先，教师需要对课堂教学效果和教学过程进行反向思考，是对教学设计中的教学资源整合、教学内容的处理、教学策略的选择、课堂问题的设置、教学过程的设计等重新分析、审视、评价和调节的过程。其次，作为学习主体的学生，课后要对学习过程中知识的获取、问题思考的过程、方法和结果等进行总结和反思。学生可以通过反思日记，与教师、同学交流等途径提高反思学习的效果。因此，课后反思是教师业务能力快速提升的法宝，也是学生高阶思维能力不断发展的动力源。

第三节 指向深度学习的课堂互动

当今世界在经济、科学和文化等方面都处于快速发展阶段，产业的转型升级，智能化、大数据、物联网及各种不断迭代更新的事物让未来世界充满着不确定性。发展学生核心素养，就是培养学生适应未来社会所具有的必备品格和关键能力，核心素养时代需要在课堂教学中培养学生深度学习的能力。深度学习是落实核心素养的重要途径，是落实立德树人的根本任务，师生共同参与的智慧之旅，是信息化时代教学变革的必然选择。课堂互动为深度学习在课堂上的发生提供了有效的切入口。

一、深度学习视角下课堂互动的虚假现象及产生的原因

（一）课堂互动的虚假现象

课堂互动是指在课堂教学过程中，师生、生生之间通过语言沟通、情感表达、行为反应和文字传递等引起师生行为和心理之间朝着知识探究的积极方面转化。但是在现实课堂教学中，只有形式没有行为和心理积极变化，为了互动而互动的现象屡见不鲜，具体有以下几种虚假互动。

1."跟风"式互动

新的课程标准中明确提出要深化课堂教学改革,要建立探究、体验的学习方式。许多学校在公开课及各类优质课评比的评价标准中也将课堂互动作为"好课"的重要指标之一。所以,许多教师为了迎合这一标准,产生了"为互动而互动"的"跟风"式心理,使得教学过程偏离教学目标。

课堂教学策略的选择需要教师依据具体的学科、具体的知识或问题及具体的情境而采取不同的教学策略,但是,在现实课堂中有些教师为了课堂的"热闹""气氛"而采取了不适合的互动形式,如有的教师在课堂教学中回顾上一节课或前一个知识点的学习内容,采取自己复述、让学生回答"是不是"的互动形式,这种对识记性知识的互动不是真正的互动,没有思维含量,也不是深度学习。对于应用性知识的教学,许多教师只满足于一些浅显的互动,也就是教师经常关注"为什么"(置疑),而缺少"是什么"(置境)的提问,使得学生难以接近问题的核心,难以形成深度学习。

2."程序"式互动

"程序"式互动是教师主宰课堂下的一种互动形式。许多教师习惯于教什么、怎么教由自己说了算,教师为了顺利地向学生灌输知识,喜欢将符号知识预设成若干个问题情境和封闭式的问题,学生在教师的控制下开展探究、讨论等互动学习。由于教师已经对问题进行了提前预设、问题又是非开放式的,所以,这种课堂互动是在教师控制下的虚假互动。例如,教师事先设计好了实验的方法、步骤,学生只需要按照教师的设计,按部就班演示一遍就可以了,这种看似学生参与的探究活动,实际上由于学生没有真实参与,所以无法培养学生掌握探究问题的规律和方法及在探究过程中培养起来的实事求是、坚韧不拔的科学精神。还有部分教师为了完成事先设定的教学进度和教学目标,无视在教学过程中生成的问题,管制学生在互动过程中的思想和行为,对于超出自己预设的思想和行为进行干预和压制。

"程序"式互动的课堂不是师生思想碰撞火花的课堂,不是学生智慧之旅,也不是师生真实探究知识、表达情感、思辨争论和生成创新之地。在这样的课堂中,学生的思想没有得到真实的表达、思维没有得到进阶、学习能力没有得到提升，只是教师为了互动的一种课堂"程序"。

3. "替代"式互动

课堂教学中经常出现为了课堂教学的顺利开展，教学难点有效突破，教学目标完美达成，教师将复杂性高、推理性强、难度较大的问题交给"优秀"的学生，问题探究等互动部分被成绩"优秀"的学生"包场"，而其他学生则只能参与一些低层次、识记性和聚合性的简单问题的互动，教师对这些游离于真正课堂互动之外，无法真正参与到课堂互动中，只能被动接受知识的学生不闻不问。"替代"式互动普遍存在于课堂教学中，这种情况看似由于学生个体、学习基础和学习能力差异导致部分学生的课堂互动被"替代"，实际上是由于教师在课堂教学中没有"照顾"到每一位学生，没有将互动问题的坡度设计得更小一点，没有将互动的问题再接近学生的"最近发展区"，没有将更多思考问题的方法和途径教给学生。"替代"式互动看似是学生的问题，实则是教师没有先进的教学理念和缺少教育情怀，教师心中没有学生，学生学习的积极心理就不会被完全激发。

4. "无序"式互动

在课堂教学过程中，部分教师创设的探究问题比较松散、模糊，学生难以准确理解教师的用意，导致课堂互动比较随意。教师没有及时对互动给予必要的提示和点拨，导致课堂互动远离教学目标和学科本质，不能聚焦问题的核心，这种课堂互动环境看似开放、轻松、自由，实则是"无序"和"无效"的课堂。建立在开放和自由的空间中的课堂互动能让学生的思想自由绽放，沟通合作有效开展，但是，自由不是无序的，建立在一定轨道上的自由才是真正的自由。同时，只有有序的课堂互动才会避免不道德、不真诚、不真实的课堂互动，才会让互动发生在学生的思维和态度上，才会让学生在能力、方法和价值观上得到发展。

（二）虚假互动产生的原因

课堂教学中的虚假互动形式各异，但一般与教师的教学观念、教学情怀、教学机智和学生素养等因素相关。

1. 教学观念落后

教师是秉持"以教为中心"还是"以学习为中心"的教学观念，决定了教师的课堂教学行为。在"以教为中心"的教学理念主宰下的课堂教学是以灌输知识为目的，是以完成知识传输为目标，课堂教学中教师考虑的是如何将教材中的教学内容，按照有利于自己的教学方式开展课堂教学，教师认为只要自己教得好，学生就一定学得好。因此，这样的课堂上，一般是以教师的满堂灌、学生满堂听为主，教师面面俱到地将知识点嚼烂，"喂"给学生，教师认为这样的教学方式有利于学生的"消化和吸收"。教师强调师道尊严，维护自己的学术权威，喜欢顺从的学生，喜欢用规范约束学生的行为，给课堂互动制造障碍，在这样的课堂上缺少真实、有效的课堂互动，学生的主体地位无法得到保证，学生学习的欲望不能得到有效激发。

2. 教育情怀缺失

部分教师缺少教育情怀，没有将所有学生装入心中，没有"不让一个学生掉队"和"不放弃任何一个学生"的教育情怀。教师心中只有如何完成教学任务的狭隘教学目标，甚至有个别教师在教育价值观方面存在一定误区，为了达到"培优"的效果，为了课堂的"精彩"过分关注"优秀"学生，将优秀学生的学习成绩作为自己的教学实绩，部分教师甚至对"学习困难生"不闻不问，只要这些学生课堂上不捣乱就行。有的教师在课堂上对优秀学生和学困生表现出截然不同的态度，让学困生感受到课堂的压抑和控制，感受到教师的威严和恐惧，使得这部分学生越来越远离课堂互动，越来越难以参与到课堂互动中，长期游离于课堂互动中，成为课堂互动的局外人。

3. 教学机智欠缺

教学机智是教师在课堂教学中面对突发情况或者超出教师课前预设的问题时，所表现出来处理问题的态度、方法和能力。真实互动的课堂是一个充满活力的课堂，是深度学习的课堂，在这样的课堂上也是充满着动态生成。但是深度互动的课堂需要教师具有较强的课堂驾驭能力、深厚的专业知识和高超的教学机智。在深度互动的课堂上，有的学生讨论激烈时手舞足蹈，有的站立、有的随意走动，甚至有的学生在互动高潮时出现情绪激动等现象，这些现象都与传统的课堂秩序格格不入，课堂教学秩序混乱，容易引起学校领导的不满，教师如果不能进行适时、恰当的引导，容易产生教学秩序的混乱和互动的无序，增加了教学管理的难度。因此，个别课堂教学管理能力不强的教师，不愿意开展深度的课堂互动。还有部分教师不愿捕捉课堂上生成的内容，甚至担心课堂上生成的内容超出自己的专业知识，有损自己在学生心中的"学术威信"形象，从而对学生在互动中提出的一些想法、问题保持警惕和排斥。教师教育管理能力的欠缺，专业知识的薄弱，表现在课堂上则是缺少沉默、留白、幽默感和信任感。相应地，课堂上充满了控制、紧张和压抑。

4.部分学生自身素养不高

当然，课堂互动也与学生自身素养存在一定的关系。部分学生的学习力不足，主动学习意愿不强；有部分学生习惯于传统灌输式的教学方式，懒于思考，不愿参与到课堂互动中来；还有部分学生自信心不足，性格腼腆，羞于参与课堂互动。当然，学生存在的这些因素都是相对的、暂时的，只要教师有先进的教学理念，博大的教育情怀和高超的教学机智就一定可以激发、鼓励、引导学生，让学生的学习心理、信心朝着积极的方向发展，最终能够真正地参与到课堂互动中来。

二、深度学习视角下课堂互动的特征

深度学习视角下的课堂互动与传统课堂互动在形式、深度等方面都有较大差异。深度学习是通过独立思考、合作探究、共同协商等面向问题解决的学习。深度学习的实现依赖于三个对话：与自己对话、与客观世界的对话及与他人的对话，因此，深度学习视角下的课堂互动具有体验性、延展性、协同性等特征。

（一）体验性

深度学习视角下的课堂教学不是学习静态的知识符号，而是教师通过各种教学策略的运用，利用课堂互动让学生在学习过程中丰富对知识探究过程的感受、体验和理解，真实的学习过程体验是深度学习追求的价值和目标，包括情感体验、思维体验和交往体验等。情感体验是学生在学习过程中对自身的情感、情绪的感受和体验，包括愉悦、热爱、接纳或伤感、憎恶和排斥等，积极的情感体验有利于深度课堂互动的开展。思维体验是学生在学习过程中思维方式的体验，是学生是否进行积极思维活动的直接体现，也是学习质量的重要指标。交往体验是学生在课堂互动中开展的与教师、同伴、学习内容、学习情境及自我等各种关系的体验和感受。深度学习是体验性学习，是学生通过各种对话、互动，丰富自身学习过程的体验。

（二）延展性

延展性是指教师和学生的观点要建立在自己和同伴观点的基础上，不同观点间要形成一条合理的探究链，课堂互动成为这条探究链的一部分，而不是相互割裂。深度学习视角下师生间的课堂互动是一个螺旋式上升的过程，教师体系化、科学化的设计指向学科核心素养且能激发学生深度思考的问题或任务，教师关注个体差异、采用进阶式的问题或任务能够引发学生更多的思考，而且学生的回答能够激发更多的思考和互动。深度学习视角下的课堂互动过程中的所有问题和任务都指向学习的主题，在互动过程中，学生都是负责任地参与课堂互动。深度学习视角下的课堂就是培养学生的负责任的严谨科学的学习品质，课堂互动过程是符合学科规范的，观点的表达不仅思维严密、敏锐，还须有充分的论证和论据。

（三）协同性

深度学习视角下的课堂互动中，教师和学生无论是通过小组合作还是整班行动，都是共同完成学习活动；面对问题时，师生和生生之间不仅有独立思考，还有"共同思考"，通过协调性的互动，整合思考的成果，达到1+1>2的效果。深度学习视角下的课堂互动不仅是知识传递的手段，更是各种关系的构建，课堂互动是从多个方面积极构建社会关系的过程。深度学习视角下的课堂互动不仅构建与学习任务、课题之间的关系，也构建伙伴之间的人际关系。课堂互动的过程既是自我展现的过程，也是相互发现的过程，随着课堂互动的深入，学生对知识的理解也在不断地反思、修正、认同和相互促进。

三、深度学习视角下课堂互动的价值

课堂互动有助于调动学生学习的积极性，有利于改善教师在课堂上唱"独角戏"的状态，有利于实现"以学习为中心"和"以学生的发展为中心"的教学理念，有助于学生的深度学习。

（一）课堂互动体现了"以学习为中心"的教学理念

布鲁姆在《教育目标分类学》里将教学目标分为了解、理解、应用、分析、综合和评价六个层次，前三个层次属于浅层学习，后三个层次属于深度学习的层次。深度学习不是对知识符号的识记、理解和简单应用，而是在讨论、辩论、协商等深度互动的过程中完成对知识的探究、分析，在互动过程中培养学生的理性思维、批判思维、创造性思维及解决问题等复杂的高阶思维。深度课堂互动意味课堂教学由教师控制、教师主宰向教师主导的师生互动转换，意味着课堂教学由单向的知识灌输式向双向的知识探究式转换，意味着课堂教学由教师"独角戏"向师生"大合唱"转换，意味着课堂教学由学习符号知识向学习知识及知识背后蕴藏的思想、方法转换，意味着课堂教学由接受向实践、反思转换……深度课堂互动是学生核心素养发展时代课堂教学的价值追求，是"以学习为中心"和"以学生发展为中心"教学理念的具体实践。

（二）课堂互动保证了深度学习的协同性

深度学习是学生主动参与、积极互动的学习过程，学生在与老师及同伴的互动过程中，在集体的协同中完成对知识的探究和构建。钟启泉教授认为，"深度学习"涵盖三个视点：主体性学习、对话性学习和协同性学习。其中，协同性学习就是指师生之间能够站在对方的视角来审视对方的观点，洞察问题、寻求共鸣。在互动过程中存在不同见解的同伴不是"敌对者"，而是共同寻求解决问题的"协同者"。学生通过与更多的"协同者"合作、同更多外界的互动，使得学生对自身的思考得到了深化和拓展，同时也培养了学生尊重他人价值、分享意义世界的悟性。

有人将深度学习比喻成一首交响曲，虽然教师处于这首交响曲的首席，但是师生都是这首交响曲的共同完成者，教师与学生、学生与学生、学生与外部环境之间的深度互动将这首交响曲推向了高潮和无限可能。

（三）课堂互动丰富了深度学习的形式

深度学习是指向学生核心素养发展，师生共同参与的智慧之旅，是学生利用课堂学习但不限于课堂学习，通过师生、生生之间的双向交流与互动获得知识、技能、情感和正确价值观的学习过程。自主活动、倾听、洞悉、思辨的课堂互动丰富了深度学习的形式，促进了学生的集体思维和协作精神的形成，提升了学生在面对复杂的问题时通过独立思考和互动协商寻求问题的解决方案，提高了学生解决真实问题的方法和能力。

（四）课堂互动满足了学生的情感体验

壮国桢教授认为，现实中许多课堂教学是无趣和低效的。之所以有这个结论，是因为许多中小学课堂是教师在单向传输知识，即使有一些探究活动、小组合作学习活动，也是蜻蜓点水式、机械式、替代式的探究，小组合作学习大多也是形式化的，而非基于问题的真实的分工与合作学习。在深度课堂互动中，学生全程参与并感受到知识探究过程中的沮丧、辩论、顿悟和惊喜，经历知识形成过程中全身心参与、全感情投入的情感和意志，感受到知识发现的过程，以及在与同伴思想碰撞中形成特别的体验和乐趣。

深度互动的深度学习课堂不仅充满着自身的探究体验，还在倾听、感知同伴的情感，体验同伴的内心感悟。深度课堂互动就是学生跳出自身的情感状态和认知框架，基于同伴的视角，体验对方的思想与感受，与对方的情感同频共振。

（五）课堂互动支撑了学习共同体的形成

课堂也是一个微型社会，深度学习视角下的课堂需要在社会层面重新构建友好的师生关系。这种友好的师生关系，应该避免个人英雄主义和"霸屏"现象，尽可能避免对任何个体的疏远和忽略，做到不遗漏、不疏远和不放弃一个学生，力争创造一个彼此关照、相互促进和相互勉励的和谐课堂学习共同体。深度互动的课堂不仅让表达者表达清楚、倾听者听明白，还让倾听者有机会反馈及表达者感受到倾听者的清晰反馈。深度互动的课堂给了学生自由表达的权利，激发了学生自由表达的愿望，促进了学生相互表达与倾听的深度学习习惯的形成，构建了真实的课堂学习共同体。

PISA 在"协同性问题解决能力"调查报告中指出，在基于真实问题的解决过程中，不是靠单枪匹马，而是通过与同伴的共同直面问题，协同寻找问题的解决方案才是最关键的。课堂是学生协同学习的重要场所，通过课堂互动让多元的观点得到充分表达，通过倾听让不同观点得到充分尊重，通过协作让学习共同体中的每一位成员在保持个性与共性中都得到充分的发展。

四、深度学习视角下课堂互动的优化路径

（一）重建教师课堂角色

课堂互动的深度决定着学生学习的深度。目前，在我国教育界对教师的课堂角色存在截然相反的两种观点：一种观点认为，教师在课堂上具有绝对的主宰地位，教师是传道授业的主体，教师的课堂主体地位不容置疑，不容挑战；另一种观点认为，教师只是辅助学生学习，学生才是课堂的主体。这两种二元对立的态度，均简单地理解了教育的功能，深度学习视角下的课堂教学需要教师具有多种角色扮演的理念和机智，具有"心中有学生"的教育情怀。

深度学习视角下的课堂教学，要重建教师的课堂角色，构建新型伙伴学

习的师生关系，在此关系下，教师是学生知识探究的引领者、课堂互动的合作者和深度学习的催化者。关于教师角色的观点，在多个国家和国际组织发表的关于深度学习方面的报告中都用较大篇幅进行了阐述，新加坡的报告中指出"认同教师身份、学习为中心、为了专业和共同体是 21 世纪三种教师价值范式。认同教师身份价值是指教师能够在当今复杂多变的教育环境中，具备强大的学习力，能够较好地回应学生的学习需求。学习为中心价值是指教师将学生的学习作为自己工作的核心，能够根据学生的差异，营造多种学习环境，开展共性和个性的多元化教学，促进每一个学生的学习进步。为了专业和共同体价值是指教师发展自己的专业，积极为教学共同体的实践而努力"。

深度学习视角下的课堂教学，首先，教师要建立"为了学生的学习""为了学生发展"和"为了学生幸福"的教学理念。深度学习的课堂是"为学而教""先学后教""多学少教"的课堂，教师的教是为了学生的学，教师采用多种策略的教是为了学生深度的学，教师有了先进教学理念后，才会充分扮演好教师主导、学生主体的新型课堂角色。其次，教师要有博大的教育情怀，教师的心中要装得下所有学生，要清楚自己的使命是为了所有学生的学习、发展和幸福，教师要改变教学质量是为自己职称晋升、职务升迁添加砝码的自私思想，要改变培养一个优秀学生（考入 C9 高校、奥赛拿大奖、技能大赛拿大奖）就算成功、"一白遮百丑"的狭隘的教育价值观。学校也要建立面向所有学生成才、成功的正确教学质量评价体系和观念，并利用评价指引课堂教学由横向比向纵向比的转变，由学生考试成绩向素养发展转变。再次，教师要提升自己的专业能力。教师在课堂上具有非常高的自主权，部分教师由于自身专业水平不高或不自信，往往通过课堂上的满堂灌或搞机械模仿训练，大量刷题的形式进行弥补，从而挤占了课堂互动的时间。因此，深度学习视角下的课堂教学，教师要建立终身学习的意识和习惯，提升自己的学习力，不断更新自己的专业知识，我们通常说，要给学生一碗水，教师要有一桶水，深度学习视角下，教师不仅要有一桶水，还要是一桶流动的水。这样教师才能重塑专业自信心，才能在深度的课堂互动中游刃有余。最后，教师要提升自己的教学机智。具有较高教师机智的教师在课堂教学中能够准确把握教学时机、调节教学行为、生成教学资源、转换教学矛盾。马克斯·范梅南认为"充满教学机智的教师在课堂教学中充满自信，而且这种自信能够有效地传递给学生"，在充满机智和自信的课堂上更加有利于学生学习策略的选择、教师教学行为的优化和课堂互动的深度开展。因此，教师要有提升教学机智的意识并通过培训、教学共同体研讨和教学反思等多种途径提升自己的教学机智。

（二）构建适切的课堂互动规则

适切的课堂互动规则有利于课堂互动的批判反思并形成学生的自觉行为，成为课堂内容的重要组成部分。深度学习视角下的课堂互动需要构建以下规则，首先，课堂互动的问题不能是虚幻或模拟的假问题，而必须是真问题。真问题并不是所有问题都要在生活中找到与之对应的原型，而是问题要指向学生的原有经验，要避免知识过度生活化的现象。真问题是与学生的内部经验有联系的，有利于学生内部经验的扩展和延伸，有利于知识的建构。其次，课堂互动中的评价要是多向的。要避免只有教师才有评价权的现象，深度学习视角下的课堂互动中，可以生生互评，学生甚至可以对教师的观点进行评价，多向多维的评价将有助于课堂互动走向更深层次。最后，教师的反馈要适当。课堂互动中，教师要采用扩展的反馈方式，教师要尽力鼓励更多学生参与到互动中来，对于学生在互动中表现出来的各种不恰当，教师要采用实时的引导、点拨和鼓励的方式，而不是否定，为课堂互动拓展空间，让所有学生都敢于在课堂上表达自己的观点，都能够积极地评价别人的观点。课堂互动规则是师生在课堂伙伴学习中表现出来的，这种规则既是课堂行为，也是一种态度。课堂互动规则具有较强的情境性，没有适合于所有课堂类型的互动规则，只有师生在相互信任和真诚合作的学习氛围中才能建立起适切的互动规则。

（三）提升学生课堂互动能力

深度学习是指学生不再是被动接受知识，而是知识的主动探究者、合作学习者和真实问题的解决者。深度学习视角下的课堂上，学生不仅要有浓厚的学习兴趣、积极主动的互动意愿，还要具有深度课堂互动的能力。首先，提升学生的语言互动能力。深度互动的课堂一定是语言互动的课堂，教师指导学生如何利用语言互动进行交流合作，引导学生对待不同观点时，要有条理性和理智性，要在尊重的基础上认真倾听对方的观点，在基于证据的基础上，能够适时调整自己的观点。学生在回应时不仅要给出正确答案，而且要在进一步阐述和解释的基础上给出正确答案的理由、证据和论据。其次，转变教师提问题的功能。深度学习视角下，教师提问的问题应该具有推理功能，而不是传统的猜测功能。教师提问的问题要具有一定的思维含量，要能够激发学生深度思维，促进学生思维进阶，教师的问题要具有科学性、系统性和需求性。互动的问题要是开放性的而不是封闭性的，问题要具有一定挑战性，这样的问题才能促进课堂互动的开展。

（四）设计深度的课堂互动任务

深度学习追求的是学生在面对陌生和复杂的问题时，表现出来的有效地解决问题的思路、方法和策略，学生要具备将已有知识转化成解决陌生问题的能力，就需要将学习任务建立在真实、具体和具有一定挑战性的问题情境中。将知识和技能的学习转化成在一定任务下学习规律的探寻、学习方法的归纳、学习策略的选择和问题的解决等。如何将知识获取有效转化成学习活动，深度的活动主题和互动任务至关重要。首先，深度的课堂互动任务要多视角链接生产和生活，深挖生活生产中的真实素材，将真实和影响力重大的事件素材设计成课堂任务，如猴痘、新冠肺炎疫情、绿色环保、低碳发展、乡村振兴等能有效激发学生的求知欲，而且这些问题具有一定的开放性，有利于学生从多角度开展思考、体验、感悟和探究等课堂互动活动，能够有效激发学生的思维批判性、创造性和提升学习力。其次，深度课堂互动任务要与科技和学科发展前沿相链接。指向科技和学科发展前沿的情境素材，包括航空航天技术、信息技术、生命科学、材料科学等领域的发展和挑战，这些问题能够激发学生的学习好奇心、探知欲并开阔学生的视野。最后，深度的课堂互动任务要建立在学生的最近发展区上，要具有一定的挑战性，学生能够跳一跳够得到的高度。具有一定挑战性的问题既不会让学生望而生畏，又有利于学生形成认知冲突，激发学生的求知欲，主动进行知识的建构和提升解决问题的能力。

第四节　指向深度学习的在线教学交互实践

一、时空分离情境下在线教学面临的问题与挑战

与传统的线下师生面对面直接互动的教学不同，教与学行为的时空分离是在线教学的本质特征，时空分离情境下在线教学的师生互动需要借助媒介实现。如今的在线教学基础技术问题已经鲜有发生，但是教学时空分离带来的交互障碍却越发凸显，成为新一轮在线教学面临的最大挑战。

第一，在线下设计的面对面交互学习活动中，时空分离情境下的在线实施明显受到技术环境限制、原有资源或工具不匹配、学生参与性低、学情反馈延时等因素影响，无法按照原有教学计划直接、实时、连续、有效地开展。第二，在线教学过程中，学习资源的交互往往是基于班级即时通信工具的。但是，由于各学科海量信息频频刷屏，资源的无序组织和管理，使得原本系统化的学习资源被迫时空碎片化，学习资源效能大打折扣。第三，学生在多平台间的学习交互，使得学习过程数据分散，直接导致学情分析变得烦琐复杂，无法对学生的学习过程进行有效的监督、支持和评价。

二、指向深度学习的在线教学交互实践路径

深度学习是培养学生学科核心素养的重要途径。从同质等效的实施维度看，线上教学和线下教学追求通过深度学习实现学科核心素养的培养目标是一致的。从教学交互理论视角审视时空分离情境下在线教学面临的问题，可以发现从教学系统观出发，以学生为中心，解决学生与教师、学习资源、学习活动、学习环境之间有效互动问题，是促进学生在线深度学习，进而形成学科核心素养的关键。笔者参照陈丽教授提出的教学交互层次塔模型，构建

了指向深度学习的在线教学交互实践路径。整个在线教学的起点是学科核心素养。通过操作交互、信息交互和概念交互三层从低级到高级的交互，促进深度学习的发生，进而实现学科核心素养培养目标。

三、按需优选组合平台，营造适切在线学习环境

线上教学首先要解决的就是网络学习环境问题。笔者所在学校综合考虑免费开放平台运行的稳定性、运行环境的兼容性、平台操作的易用性，多平台安装、切换人机负担，便捷听评课等问题，推荐"腾讯会议"作为在线教学平台、"QQ 群"作为课后作业布置与批改平台。基础型课程行政班建号建群，校本课程教师建号建群，营造与线下教学类似的时空环境，便于师生快速适应线上教学。在此基础上，信息备课组结合学科教学特点，选择"腾讯会议"作为在线教学平台。根据师生统一账号多类型终端登录，能够有效记录和统整教学全流程数据和资源的要求，选择"学习通"作为信息发布、课堂检测、课后答疑、作业布置和批改平台。

四、众筹共享学习资源，保障高质量教学供给

为了满足师生在线教与学的个性化、差异化需求，备课组在"学习通"平台上建设了网络课程。通过学校的"主备研讨课"，备课组整体规划单元项目学习，在明确教学进度、教学目标、教学内容和教学策略后，由备课组长按章节上传章节学习要求、"空中课堂"视频、学历案、课后作业、阶段性反馈测试等公共资源，组内教师上传录制视频、教学 PPT、课堂检学测试、课后作业等个性化资源，确保高质量的教学资源供给。截至目前，该课程资源每个班级学生的章节总学习次数均达到三千余次。

五、关注在线信息交互，激发"二二三四"课堂教学架构潜能

以在线学习环境为中介的信息交互是教与学的再度整合，促进深度学习发生的重点。"二二三四"课堂教学架构是笔者所在学校近年来积极推行的一

种教学设计和实施模式。基于"二二三四"课堂教学架构，可以将教师精心设计开发的、多种媒体呈现的学习资源和学生的学习活动有效融合，突破教与学再度整合瓶颈。

1. 关注学科本质，厘清教学设计起点

在线教学设计应该立足学科整体，在分析课程标准和教材内容的基础上，明确单元落实主要学科核心素养和学科大概念的对应关系，解析学科大概念的含义并将其解构，围绕单元核心概念和单元重要概念，利用图形化工具梳理形成单元知识网络，进而从知识网络中洞察学科科学本质。以枚举算法单元为例，利用鱼骨图工具梳理形成知识网络。学生在以往数学学科学习过程中对枚举算法思想已有所涉及，在日常学习和生活中也有应用。那么，为什么在高中信息技术课程中还要继续学习枚举算法呢？从这一问题出发，就不难发现计算机在利用枚举算法解决问题中发挥的作用是教学过程中要抓住的学科科学本质，是教学设计的逻辑起点。

2. 唤醒学生已有经验，结构化设计学习活动

为了促进深度学习的发生，需要通过"联想与结构"，设置符合学生认知水平和认知规律的、具有逻辑性和层级性的问题串或问题链，引导学生合理使用学科方法，循序渐进地将系统性的学科知识与学生个体经验相互转化。以"初识枚举算法"一课为例，"三线"融合结构化设计教学，围绕知识线设置学生熟悉的古典名著《三国演义》指向深度学习的在线教学交互实践路径相关内容为情境的问题线，编程解决问题一般过程的方法线贯穿两个问题解决。从学生已有生活和学习经验出发，基于认知序有机串接各类线索，在解决问题的过程中不断唤醒、改造学生经验，使学生的原有经验进入新的结构化，从而逐步加深对枚举算法的认识，在解决问题的过程中落实计算思维学科素养培养。

3. 活动中动脑动嘴动手，技术加持下逐步理解知识

与线下教学相比，在线教学过程中如何突破虚拟时空带来的互动障碍，让学生积极"动"起来，显得尤为重要。笔者认为，依据信息技术学科不同教学内容的特点，采用不同的在线教学模式，可以有效激发学生在线教学期间课堂参与的热情。

（1）基于网络直播的学习活动

该模式采用课前预学、对话式研学、进阶式检学"三段式"活动组织方式，适用于理论性较强的内容教学。在课前预学环节，教师使用"学习通"中"作业"功能布置探究任务。在对话式研学环节，由教师主持课堂探究和竞赛活动，学生使用"腾讯会议"中的"共享屏幕"功能，分小组交流汇报探究过程和成果，师生利用"互动批注"功能进行互动、交流、点评。在进阶式检学阶段，学生通过"学习通"平台完成测试内容，巩固本节课所学知识。

（2）基于录制视频的学习

该模式采用微视频导学、反馈式检学、对话式助学"三段式"活动组织方式，适用于实践性较强的内容教学。在视频导学环节，教师将提前录制好的上机操作视频和教学 PPT 资源上传至"学习通"平台中，学生自主学习相关内容。在反馈式检学环节，学生通过平台中基础性题目的测试，检验对上机操作关键环节的掌握程度。在对话式助学环节，学生使用平台中教师提供的学习资源进行上机操作，通过"腾讯会议"中的"共享屏幕"功能向教师寻求个性化指导，促进知识的内化和迁移。

六、关注概念建构，面向学科核心素养优化作业设计

1. 运用思维导图促进知识体系重构完整的知识体系

建构是形成学科核心素养的重要前提。基于问题解决的知识结构组织和学科知识体系结构组织差距较大。这种以最小知识集解决一个主题问题的教学组织方式，虽然可以在一定程度上培养学生解决问题的能力，但是对于学生自主建构学科知识体系是有一定困难的。为了解决以上问题，可让学生在课时学习结束后，结合课堂笔记和教材自主整理本节课知识点，将其填写到单元知识结构学科思维导图对应位置上，填写方式可以是文字，也可以是流程图和表格。在整个单元结束后，一张完整的学科思维导图就呈现了完整的单元学科知识体系。

2. 编制综合类型作业促进学科核心素养发展

随着"双新"的推进，信息技术学科的命题也将有所调整，学科核心素养和问题解决能力成为考查重点。为了适应这一变化，需根据新课标学业水平考试命题建议要求，围绕真实生活情境，设置能够评估学生知识、技能和问题解决能力的综合类型题目。以《中国城市空气质量数据分析与可视化》作业为例，题目以地理学科 AQI 环境知识为情境，主要考核学生计算思维水平"按照问题解决方案，选用适当的数字化工具或方法获取、组织、分析数据，并能迁移到其他相关问题的解决过程中"。作业代码和数据分析报告最终通过"学习通"平台上传。通过平台的师生和生生互动，不同的学生选择不同渠道、采用不同方法解决了作业中遇到的问题。

七、释放在线教学数据效能，智慧反馈干预教与学

1. 多维度教师画像，调整优化教学策略

基于网络的教学方式变革，使得整个教学流程中的每一个环节都会留下数据的"印迹"。学校和教师均可以依据这些数据"印迹"，从不同维度对教学进行评价和自评价，从中发现教学流程中存在的问题，及时调整教学策略。从教学资源建设的维度，通过数据"印迹"，既可以知道教师建设资源的种类、数量和频度，同时也能分析出资源使用的效度。例如，从"学习通"资源使用情况中，可以看出作业答案解析浏览量较多，答疑视频浏览量较少。根据以往经验，在课堂教学有效性得到保证的前提下，大多数学生比较关注自己作业的作答情况，在与正确答案对比和回看课件后能够自行解决问题，部分学生对无法解决的问题需要观看答疑视频。因此，能够初步判断教学资源的有效性，并及时调整资源类型。

从教学设计与实施的维度，平台统整后的课程囊括了凸显备课组集体智慧的公共资源，也整合了凸显教师个人教学智慧的个性化资源，能够清晰反映备课组教学系统架构和个人创新应用路径。通过这种共建共享的方式，组内教师可以取长补短、相互借鉴，共同发现教学中存在的问题，及时调整教学策略。作业的有效性是影响在线教学质量的重要因素。以"数据分析常用

工具"作业为例，教师设置了 5 道选择题、1 道排序题和 1 道编程简答题，通过平台作业反馈结果可知，学生客观题目反馈较好，但主观编程简答题目反馈效果极差。笔者通过问卷调查，发现部分学生由于设备和软件环境等问题未能安装 Python 软件是引发问题的因素之一，同时，对于代码修改题目，学生缺乏解题思路技巧是引发问题的又一重要因素。综合以上因素，笔者在后续调整了作业类型，将编程题目改编为多道选择题目和填空题目，不仅可以为学生思维搭建阶梯，还可以缓解学生因缺乏编程环境带来的学习困扰。

2. 多维度学生画像，个性化干预学习过程

基于学生学习过程产生的数据，利用适当的数据分析方法对学生学习行为进行画像，可以较为准确地把握各类学生的学习情况，及时对学生的学习过程进行个性化干预。根据学校高一年级对学生学习进行过程性评价的相关要求，结合学科和班级特点，笔者依据"学习通"平台课程章节任务点、课堂测试、作业、考试等环节，设置评价指标和权重。综合考量平台反馈的数据和学生的课堂表现，教师可以利用平台"教学预警"功能及时提醒学生完成相关学习任务，提示学习过程中需要注意的问题。此外，还可以基于平台数据进行进一步的挖掘，根据分析结果进行有针对性的分层教学和分类指导。例如，从信息技术学科合格性水平考试要求出发，可以采用 K-Means 聚类算法筛选出底部学生。底部学生呈现两种特征：一种是作答时长较长，但正确率却极低，说明学习态度没有问题，需要关注学生学习能力的提升；另一种是作答时长极短，正确率极低，这类学生除了学习能力亟待提高外，可能学习态度改进是最大的问题，需要通过班级教学共同体和家校共同体合力转变学生的学习态度。

第五节　指向核心素养的数学活动经验教学

我国学生发展核心素养包括三个维度、六大指标，科学精神和学会学习是其中的两个重要指标。如何培养学生的科学素养、教给学生正确的学习方法也是数学教学的重要内容，在数学课堂中通过开展系列数学活动，进行深度的教学，让学生不仅掌握符号知识还厘清知识的来龙去脉、掌握数学知识的正确探究方法、路径，感受科学家科研精神，感悟数学思想也应该是数学一线教师课堂教学追求的目标。

一、数学课堂开展数学活动教学的意义

数学是思维的体操，数学课堂中通过开展丰富的数学活动能够让学生学习到数学知识、掌握科学的探究方法、发展数学能力、体会数学思想、感悟科学精神、形成关键能力和必备品格。

（一）当下数学课堂教学现状

新的课改已经实施多年，许多教师知道以学科为本位的课堂教学有很大的弊端，知道仅仅把数学知识和基本技能的传授作为唯一的教学目标是不合适的，知道发展学生的学科素养对于学生的终身发展有重大意义。但是在教学实践中许多教师未能将先进的教学理念与教学行为有效的结合，相反由于受应试教育的影响，仍然有许多教师只考虑自己如何教得顺手，只满足于数学事实如何讲得明白，而缺少在课堂教学中就问题如何探究、困难如何解决、在探究和解决问题的过程中怎样进行有效交流和反思等组织数学活动，课堂教学中缺少数学活动的组织。

（二）从"经验学习"理论看数学活动经验对教学的影响

20世纪80年代，美国组织行为学家科尔比教授在对杜威、皮亚杰、勒温等人关于经验学习研究理论的基础上，提出学习领域中广泛应用着经验学习理论。科尔比认为，知识是经验的构成与再构成，学习是"始于经验、然后回归于经验""改造或者转化经验、创造知识"的过程。从"经验学习"理论看数学活动经验对教学的影响有以下三点。

1. 拓展认知结构

皮亚杰、布鲁纳和奥苏贝尔等都一致强调认知结构的重要性。简单地说，认知结构就是学生头脑中的知识结构，是学生在某一学科的特殊知识领域内

观念的全部内容及其组织。信息加工的认知理论表明，数学活动经验包含了认知结构中的策略性知识和程序性知识。数学活动经验的累积和丰富使得其逐步显性化，并有利于提供学生的有意注意而形成新的认知经验，从而扩展了学生的认知结构。学生已有的数学活动经验越多，在学习新知识时，已有经验与之联系就越有效和密切，同时学生能够快速地从大脑中搜索出有用信息——知识经验，判断出新知识的学习方法，同化新信息，从而使得学生的认知结构不断扩展和完善。

2. 优化教学设计

仲秀英教授认为，学生的数学活动主要是在教师指导下在一定课堂情境中进行的有限制和有条件的数学活动。是以完成某一任务为目标，通过做、视、听、说、思等形式，涉及知、情、意、行全面参与的数学行为活动。维果茨基把学生现有的发展水平即独立活动时解决问题所能达到的水平和可能发展的水平即通过学习所获得的水平，这两者之间的差距称为学生的"最近发展区"。教师在教学设计过程中不仅要考虑到学生的最近发展区，还要考虑到学生已有的数学知识与新知识之间的联系，考虑到学生已有的数学活动经验在学习新知识时发挥的作用，考虑到每个学生所拥有的数学活动经验是不一样的……这样的教学设计必将是多层次的，是多样的和多选的，有利于不同群体的学生创造性的学习。

3. 生成教学资源

数学活动经验具有很强的个性特征，涉及个人感悟数学的水平。在开展数学活动的课堂教学过程中，必然会产生师生之间、生生之间对同一问题的不同理解和意见，这些不同视界的交织，将生成新的富有意义的教学资源。由于师生的知识结构、文化背景、人文底蕴和活动经验不一样，活动的交流会在思想和思维的碰撞、冲突中发生有意义的争论、形成默契的合作、进行流畅的表达，最后形成新的学习感悟，达成新经验的认同。

（三）开展数学活动教学是发展学生数学核心素养的应然选择

许多专家认为，数学活动是具有教与学目标的学生积极参与的数学学习活动。数学活动经验比数学符号知识更重要，是学生学习后续数学知识的基础，是学生数学核心素养发展的基石。

学生核心素养是可以通过后天的学习形成和发展的，数学课堂教学应该以学生的数学核心素养的养成为目标。学生的数学抽象能力、逻辑推理能力、数学运算能力、直观想象能力及数据分析能力等具有多层次、多层面的内涵，这些能力的获得不是数学课堂教学中学生知识的掌握和技能的训练就能实现的，作为后天习得的结果，学生获得的主要途径应该是课堂中的一系列有意义的数学活动，因为真正意义上的数学活动过程是学生能动的选择、建构和反省的过程，是建立在学生已有的经验基础之上的活动过程。因此，在数学课堂中开展数学活动，是发展学生数学核心素养的应然选择，学生数学活动经验的获得是学生数学核心素养得到提升的必然条件。

二、"球的表面积"一课教学案例对数学活动经验教学的启示

为了方便研究，本节选择了 2017 年江苏省青年教师教学大赛一等奖的教学设计的案例"球的表面积"进行探讨。

（一）"球的表面积"一课教学过程简介

为了方便分析，本书仅对"球的表面积"一课中学生探究球的表面积公式部分的教学概况进行介绍。

本案例中共设计了六个教学环节：从"球形建筑"引入，激发学生思考，为什么生活中会有那么多的"球形现象"呢（露珠是球形、许多植物果实是球形、寒冷地区大型动物长得圆乎乎的……）？让学生经历了猜想、交流、验证，原来这些现象都与"球的表面积"有关。从学生生活中常见现象入手，把问题"数学化"，让学生感受到生活中处处有数学，培养学生用数学的思维思考世界的习惯；球的表面积怎么求呢？公式是什么？如何推导？鼓励学生动手尝试；学生利用"已有经验"模仿圆柱、圆锥的表面积公式推导方法进行尝试，有的学生把找来的乒乓球剖开，有的小组把苹果看成一个"球"，把苹果皮削下来，但是由于球的表面展开后不是一个平面（苹果皮螺旋连接且

有一定的弯曲度）的"已有经验"解决不了新问题；教师肯定学生"转化"的思想，鼓励学生不要放弃，继续分组探究，并提示学生回顾三国时代数学家刘徽为了计算圆周率采用的"割圆术"，学生在教师的提示下，受到割圆术的启发，如果把削下来的苹果皮剪得足够小，就可以把它们看成一个个小平面，这些小平面之和就近似地等于苹果的表面积了；分组按照形成的思路进一步深入探究，形成解决问题的方法和思路；利用三维动画演示，把球看成若干个"准椎体"，当这些"准椎体"的底面足够小时，就可以把它们看成棱锥，这些棱锥的体积之和就等于球的体积，再通过代数计算推导出球的表面积公式；自主联系，运用球的表面积公式解决实际问题；学生感慨我国古代数学家的伟大，同时学生体会，今后遇到陌生的问题，可以尝试转化成已有知识来解决。

（二）"球的表面积"一课教学的评析

"球的表面积"这节课的教学，是典型的以学生自主探究为主、教师引导为辅的"数学活动教学"。其中学生通过剪开乒乓球，削苹果皮，把球分割成若干个"棱锥"等活动，探究球的表面积计算公式的操作活动是外显的数学活动，学生在剪、削、割等操作过程中经历了体验、交流、反思、运用数学思想和方法（"极限""转化"等），而学生自我建构球的表面积公式等活动则是内隐的数学活动。这种外显和内隐的相互交织的活动促进了学生对本节课知识内容的掌握、数学活动经验的积累和数学素养的提升。在这两种活动的交互过程中，学生的活动始终围绕着一条主线来探究，就是如何"化曲为平"。

在教师抛出"球的表面积"怎么求呢？它的计算公式如何推导呢？学生的第一反应是模仿圆柱、圆锥等几何体的表面积公式的推导方法，将其展开得到一个规则的平面，从而得到其计算公式。由于球的表面展开后不是一个平面，所以简单模仿没有成功，但是受到"割圆术""极限"思想的启发，如果"苹果皮"足够得小，就可以把它看成一个平面，这种"极限"思想和"转化"思想起到了关键性作用，进而再进一步把球看成由若干个"棱锥"组成，这些棱锥的体积之和等于球的体积，从而利用代数方法推导出球的表面积公式。

学生在沿着这条主线思路开展一系列探究活动的过程中，获得了怎样猜想、判断、选择、验证、交流、反思、归纳、发展、应用已有的知识和经验来解决数学问题的丰富的猜想经验、判断经验、选择经验、验证经验、交流经验、反思经验、归纳经验、发展经验、问题解决经验等数学活动经验，理解了操作活动对象与数学对象之间的数学意义及逻辑关系，领悟了极限、转化等数学思想，获得了大量的数学体验，积累了丰富的数学活动经验。

（三）"球的表面积"一课对数学活动经验的教学启示

本节课是一节典型的学生"在数学活动中体验与反思，在反思过程中体验数学活动"的活动式数学教学。教师通过激发学生已有数学活动经验，组织学生开展动手操作、反思、感悟、推导、总结、应用等活动，同时教师通过三维动画展示变化的动态过程，让学生经历了球的表面积公式的探究、反思、推理和验证的完整过程，让学生在真实活动中体验、反思、总结，学生的主体性得到了尊重，活动经验也得到了积累。本节课除了普通数学课教学所具有的"三维目标"特点外，在促进学生积累数学活动经验方面还具有以下几点特征。

1. 教师信任学生，构建新型生态的数学课堂

在本课教学过程中，教师对学生的"信任"和"放手"使本节课中学生"知识的探究"成为现实，为"球的表面积"一课由知识符号型教学转变为"学生探究球的表面积"活动式深度教学、学生"再创造"知识的深度学习实现提供了保障。教学过程中，教师对学生的充分信任和及时鼓励，让学生真切感受到自己做好知识探究的责任和能力，教师和学生的相互信任的心理状态和环境氛围有利于课堂活动的顺利开展。信任是基于充分的了解和理解，若没有教师对学生已有知识和活动经验的了解（已经掌握了圆柱、圆锥等几何体的表面积公式的推导方法，已经了解"割圆术"），没有教师对学生探究过程中困惑的理解（球的表面展开后不是一个平面），就不可能有教师对学生已有知识和活动经验的唤起（"割圆术"的思想……），也不可能出现教师适

时适度地引导和三维动画演示等技术支撑。当然，教师在课堂上适度的"放手"，并不等于课堂"放羊"，而是教师充分发挥学生的主体性，调动学生学习的主动性。教师在课堂上留有足够的时间，把知识的"再创造"权利交给学生去充分行使，从而让学生获得了丰富的活动经验。

2. 利用"情境串"中所富含的"问题串"，开展目标一致的探究活动

本节课教学中，教师首先从学生熟知的生活情境（球形建筑）开始，然后过渡到数学经验情境（"球形现象"），再从学生已有的数学经验情境转入本节课要探究的数学问题情境（求球的表面积公式）。这一系列的、连续的情境从学生不熟悉的到熟悉的，从非数学的到数学的，看似比较零乱无序，却蕴含着学生思考、猜测、交流、验证、探究等活动的"问题串"，这些"问题串"的目标就是"球的表面积"公式探究的活动。本节课中情境串的设计从具体到抽象、从学生的感官到思维参与，符合学生的心智发展规律，也展示了数学活动经验教学要遵循从学生的"已有经验—直接经验—经验的符号性表象"经验的获取过程。

3. 教师的适度点拨，保证了活动任务的挑战性

课堂教学中，学生在模仿其他几何体表面积公式推导（将几何体的表面展开得到一个规则的平面图形）失败时，部分心急的学生渴望教师能给予提示。如果此时教师就直接给予提示，比如将球面分割成若干个近似的小平面，那么学生后续的活动就不是真正意义上的探究，而充其量是一种验证而已。但是本节课教学中，教师没有直接给出提示，而是让学生回顾刘徽的"割圆术"，教师留有足够的时间让学生讨论、交流、反思和总结，学生在充分讨论、假想和探索的基础上，受到"割圆术"中极限思想的启发，将活动探究进行了下去。教师的适度点拨和及时鼓励，有效地促进了活动的开展，保证了数学活动任务的真实性和挑战性。

4. 利用操作，对学生进行思维训练和数学思想、方法的感悟与体验

学生思维能力的发展离不开具体的操作，学生在具体操作过程中积累了数学活动经验后，数学思考、想象和发现才有可能。所以，数学操作活动是思维活动的媒介，学生在数学操作活动后才能从活动与现象之间提炼出数学核心内容，积累数学活动经验。要判断学生所开展的操作活动是不是真正意义上的数学活动，学生有没有积累足够的数学活动经验，教师要考查学生能否用字母和数字等抽象的数学符号对具体操作对象进行数学化的处理，进行分析、猜想、判断、验证、推理，明确探究活动之间的因果关系。本节课教学中，学生将削下来的苹果皮分割成若干块，然后再拼成一个规则长方形，这时问题的探究似乎已经结束，但是教师及时引导学生积极思维。如"球的表面积与球的哪个量有关""能否在刚才探究的基础上推导出球的表面积公式呢"教师的提问既肯定了学生已有探究的结果，又激发了学生进一步探究的兴趣，教师这几个问题的提出，使得学生理解了具体操作活动与思维训练的关系，促进了学生在具体活动中体会和感悟数学方法、数学思想，有利于学生的操作活动经验向抽象数学活动经验的有效转化。

5. 让学生经历完整的活动过程，及时激活、提升学生的数学活动经验

真实有效的探究活动是学生在陌生的情境中能够利用已有的知识和经验分析、判断出新问题中蕴藏的有用信息并成功解决新问题的活动。培养学生具有从已有知识中"提取"有用信息，并成功激活相关知识经验，得出正确的探究思路和活动操作方法，是每一位教师应该追求的教学境界。在本节课的教学过程中，教师的课前谈话"为什么生活中有这么多'球形现象'呢"暗示了这些现象与球的某一性质有关，激发了学生的探究兴趣。"球的表面积怎么求呢？你能利用已有知识推导出球的表面积公式吗"暗示了学生的思考策略，并为学生有效地开展数学活动指引了方向。在探究过程中，学生通过三个层次的具体探究活动把知识符号的学习转变成了数学活动学习。例如，第一次的剪开乒乓球、削苹果皮等直观操作活动，虽然没有成功，但是为球的表面积公式推导提供了思路：把立体图形转变成平面图形。通过教师的引导、提示，学生交流、反思、猜想、验证、总结，体会到球的表面积可以转化成平面求解，实现了操作活动的数学化，确立了进一步的探究方向。第二次的探究活动是围绕"如何使削下来的苹果皮变成一个规则的平面图形"等问题展开想象和操作活动，学生受"割圆术"的启发，充分体验了"化曲面为平面"和逐步逼近的"极限"思想，当学生把苹果皮剪得越来越小时，苹果皮就可以拼成一个规则的平面图形，这时学生通过观看三维动画展示，进一步把球看成由若干个"准椎体"组成，当这些"准椎体"的底面足够小时，就可以近似地看成棱锥。随后，教师组织学生运用第二次探究中获得的现象、直观活动经验，利用这些棱锥的体积之和近似地等于球的体积，从而用代数的方法推导出球的表面积公式，并用公式表示了出来，解决了纯粹的数学问题。最后教师与学生对公式进行分析，"若要知道球的表面积，必须知道什么条件""让学生通过计算相同体积球、圆柱、圆锥的表面积"来验证生活中存在"球的现象"是否具有数学依据，再一次提升了学生的数学活动经验。

6. 有效利用信息技术手段，为学生提供了"替代性经验"

信息技术教育手段的有效运用能有效激发学生参与数学活动的兴趣，同时也能提供逼真的生活情境，丰富了因为缺少现实场景或手工操作难度大的活动而难以获取的直接经验，有效地补充了学生的经验体系。本节课中，学生把球面分割得越来越小（用苹果皮替代）时，"准椎体"就成了棱锥，此时"准椎体"的高就是球的半径，手工难以进一步操作，以至于最后只能靠想象完成，此时通过三维动画，直观形象地展示了"化曲面为平面"及"立体分割"的动态变化过程，学生在观察动画展示的过程中形成了生动的"观察经验"等替代性经验。这种观察的替代性经验有效弥补了直接操作经验的不足，完善了学生数学活动经验的内容。

三、指向核心素养的数学活动经验教学策略

数学的智慧形成于经验的过程中。研究表明，数学活动经验比数学事实显得更为重要，它是学生学习后续知识的基础，也是发展学生数学核心素养的基石。

（一）"科学设计"，激发学生参与操作活动的激情

数学活动经验一定是在活动中获得的，因此，设计一个好的数学活动是积累数学活动经验的关键所在。对于好的数学活动的衡量标准有很多，但是有几点是核心的：首先，学生参与度高、参与的热情高。一个数学活动设计

得无论有多好，如果没有学生的积极参与也是不成功的，只有学生热情高涨地参与其中，这样的设计才能让学生在活动中积累经验。其次，活动的设计要有一定的坡度，让每一个学生能够参与其中。要给学生提供一定的问题情境并由此设计系列"问题串"，要给学生积累活动经验提供广阔的探究空间。最后，活动的设计要能够体现数学的本质，让学生在活动中能够积累到数学活动经验而不是其他经验。

（二）"做数学"，思维性经历操作活动全过程

"做"的意义比较广泛，既有传统意义上的"动手操作"，也有现代意义上的"做中学""数学试验"等含义。在课堂教学中，教师要让学生亲自动手操作，亲历实验的整个过程，在"做"的过程中，教师不能"代办"，而要留有足够的时间，让学生独立思考，要激活学生已有的数学活动经验，让学生在"做"的过程中进行思维的训练和数学思想、方法的感悟与体验，促使学生在"做"的过程中发现问题、分析问题，并寻找解决问题的方法和途径，要让学生真正参与到数学的探究活动中，让学生在"做"的过程中积累数学活动经验。

（三）"尝试与反思"，实现操作活动数学化的提升

充足数学活动经验的获得不是学生参与和经历了数学活动就能自动生成的，它需要学生进行及时的交流、总结和反思，需要学生主动对数学活动过程进行凝练，使获得的经验能够系统化、条理化和显性化。

因为在参与数学活动的整个过程中，学生虽然获得了完整活动过程的活动经验，但是，由此获得的数学活动经验，仅仅是学生发现了数学活动结果或数学活动过程中的部分数学事实，且这些经验与具体的操作情境和操作对象联系紧密，显得比较模糊和杂乱，属于具有个体性和内隐性的、零散的、具体的、浅层次的数学活动经验。皮亚杰曾说："在感知运动性活动性的第一水平上活动获得的东西，并不是一开始就能在思维水平上表现的。""儿童能够完成如搭积木这一活动，却无法用语言来描述这一活动的开展……思维总是停留在与活动相当的水平上"，这种客观事实表明对参与的数学活动进行及

时的讨论、反思，从中回味思维的方法和主要数学思想方法，评价它的价值和作用，以达到操作活动数学化。要实现操作活动数学化，有时学生还难以独立完成，他需要在教师引导下进行及时有效的总结和反思，促进内隐的、无序的、零乱的个人经验进一步概括、抽象和明晰。因此，课堂教学中，教师运用交流和反思等活动，有助于学生及时对所获得的数学活动经验进行整理，从而形成概括性的数学活动经验。

（四）"替代性经验"，丰富操作对象

数学具有抽象性，许多数学活动中需要借助数学思维才能够正确地认识研究对象，但是由于中学生的认知结构和心智发育程度等因素，学生需要借助于一定的实物或模型才能直观感知数学对象完成数学活动，而数学教学中许多活动由于时空的限制及数学活动材料的缺乏，学生通过操作活动和现场感受获得的数学经验比较有限。美国著名教育家戴尔，在《视听教学法》中提出了"经验之塔"，他认为，当直接经验难以满足教学活动时，应当寻求"替代性经验"来弥补直接经验的缺失，以促使具体的研究对象的意义得到扩展和丰富。

课堂教学中教师充分利用 Flash、三维动画、仿真操作软件、几何画板等信息技术工具完成一些变化精细、复杂和抽象程度高的数学活动，超越了时空的限制，给学生创造了充裕的"替代性经验"，让学生在想象、观察、模仿操作等"替代性经验"中亲历了数学活动，拓展了获得数学活动经验的渠道，完善了学生已有的数学活动经验。

第六节　指向核心素养培育的课堂教学

一、中职学生核心素养的内容及存在的问题

核心素养是关键素养和高级素养，是学生适应 21 世纪社会发展所必备的品格和关键能力。自从 2016 年北京师范大学发布我国学生发展核心素养之后，关于核心素养与学科的关系，学术界存在一定的争论。有的学者认为，

核心素养对应的主体是学生，是综合素养，强调学生核心素养发展的超学科性，因此，反对学科科学素养这一说法。马云鹏教授则认为学生发展核心素养虽然具有超学科性，但并不意味着一定要通过超学科甚至是去学科的方式去培养；张延凯教授也认为，虽然学生发展核心素养是超学科的素养，其内涵没有具体学科的限定，但是核心素养的发展依然需要学科素养的培养与融合，而绝不能与学科和教学分离；张恩德教授认为，我国学生发展核心素养的内容介于具体与抽象之间，既具有超高的综合性又具有隐性的学科指向。因此，我国学生发展核心素养既具有学科性也具有超学科性，但是绝不能去学科。学生核心素养的发展离开了学科、离开了课堂教学就成了无源之水，无本之木。

由于我国学生发展核心素养是针对所有学段、所有年龄层次的学生，因此具有较高的综合性，而缺少异质性，对于中职学生这一类型教育的群体，其核心素养与其他学段具有一定的差异性。目前关于中职学生核心素养的研究比较少，更多的学者把研究的重点放在了职业素养方面，这也从另一个侧面反映出"职业性"是中职学生核心素养的重要内容。

"职业人"是职业教育的出发点和落脚点，发展职场核心素养是中职学生在职场生存和发展的重要条件。美国于21世纪初提出了大力发展职场核心素养以满足知识经济高速发展对高素质产业人才的迫切需求。德国早在20世纪80年代就重点培养学生的职场核心素养以应变经济社会和劳动岗位的变动。我国的《国家技能振兴战略》也提出了大力发展职业核心素养的观念，并确定了创新改革、自我学习、信息处理等八项关键能力。

楼飞燕博士认为，中职学生的核心素养主要包括创新力、竞争力和学习力；程江平教授利用访谈和因素分析等多种研究方法，对中职学生核心素养展开实证研究，得出了其内容包括职业道德、职业担当、职业抱负、职业操守、人际表现和专业能力等六大维度30个项目。笔者于2019年3月在一定范围内通过问卷调查和访谈等形式对中西部地区20多所中职学校的610多名教师、50多家企业的人事主管和车间主任开展了中职学生现状及素养的调查。调查显示：中职学生中单亲和留守学生占42%，西部地区比东部地区高；部分学生由于缺少家长的陪伴、监督等原因，学习信心不足，学习习惯偏差，学习专注力、持久力偏低；部分学生存在自卑感，心理闭塞，不善沟通交流，对别人缺乏信任，缺乏合作能力和合作意识；企业认为，部分中职学生缺少职业认同，存在眼高手低的现象，没有职业道德和职业精神，频繁跳槽，对企业文化认可度低，难以胜任企业岗位的变化和产业升级对高素质人才的需求等。结合调研以及程江平教授的研究成果，认为中职学生核心素养的内容包括职业道德、工匠精神、学会学习、健康人际、实践创新五个维度。

二、基于核心素养培育的中职课堂教学变革之动因

21 世纪是一个知识爆炸式发展的时代，是经济国际化、全球化和信息技术高速发展的时代，这个时代对人们的工作、生活和学习都带来了系列改变。让学生学会追问和质疑，学会合作和探究，学会在数字化、物联网时代学习和生活，接受变化和挑战，关注环境和个人的可持续发展，帮助学生为适应未来复杂多变的社会做好各种准备。党的十九大报告再次明确了教育优先的强国战略，这就更加坚定要进一步加强职业教育的教学改革，严格教学管理，创新教学方式。《国家职业教育改革实施方案》（职教 20 条）也明确提出要加强职业学校学生的学习力、合作力及创新能力等适应将来社会发展及职业发展所必备的品格和关键能力培养。因此，基于中职学生核心素养培育的课堂教学变革就变得越来越迫切。

钟启泉教授认为，核心素养是学生借助学校教育所形成的解决问题的能力和素养，基于核心素养培育的课堂教学变革的提出符合时代发展的特征，与新时代教育目标发展具有一致性，呼应了"立德树人"背景下"培养什么样的人"和"如何培养人"的社会关注。

三、基于核心素养培育的中职课堂教学变革之策略

（一）教学理念从知识中心走向经验中心

教学理念是指教学主体实施教学活动的理想和信念，是选择教学内容、运用教学方式、实施教学评价的指挥棒。以知识为中心教学是根据知识的性

质，以学科的形式进行呈现，教师把原汁原味的知识传授给学生，学生通过考试把知识原封不动地呈现出来。以知识为中心的教学，通过班级授课制，能在较短的时间内让学生获得大量知识，提高了教学的效率，这种教学理念在非信息化时代为我国培养大量的知识分子做出了贡献。但是由于以知识为中心的教学对情境的要求比较低，过于突出知识的核心地位，忽视了对学生情感、态度、价值观等新时代公民品格的培养，忽视了对学生适应未来社会所必备的关键能力的培养，忽视了"立德树人"教育的根本任务。

当今的信息化时代，不仅要求公民具备基础知识和基本技能，还要具备独立的思考能力、批判的思维能力、有效的沟通能力，要能够适应多变的工作要求，能够进行终身学习。因此，开展以经验为中心的教学本质就是以学生为中心的教学，在教学生基础知识的同时，注重对学生能力的培养，经验的积累，素养的提升，提高在复杂多变的未来社会中解决问题的能力。

案例

在"指数函数图像及性质"一课教学中，多数教师把掌握指数函数的图像和性质作为本节课的重点，以学生掌握指数函数的图像，会利用指数函数性质解决问题为本节课的教学目标。其实本节课作为中职数学研究的第一个函数，为学生积累研究函数性质的一般方法的经验，才是本节课的终极目标。课堂教学中，在得出了指数函数的一般形式后，教师可以通过几个问题追问，学生讨论：在定义了一种新函数后，我们接下来研究什么呢（学生回答，函数性质）；如何研究指数函数的性质呢（学生讨论，回忆初中学习经验，得出通过函数图像可以研究函数性质）；一般情况下，如何得到函数图像呢？有哪些方法？一般研究函数的哪些性质呢？课堂上通过这一系列的问题和讨论，让学生不仅掌握了指数函数的图像和性质，还积累了研究函数的套路和一般方法经验，为后续学生自主研究对数函数等函数图像和性质奠定了坚实基础。

（二）教学目标从分解割裂走向融汇整合

当今课堂教学变革的依据是核心素养的内涵及其本质特征，核心素养的本质是在真实情境中解决问题的综合能力，其具有整体性和综合性的特征，这个特征也对教学目标的设定提出了新的要求。教学目标对学习者的能力发展具有重要的指引作用，也是教学设计的起点。传统教学设计为了保证教学目标的可测量及与教学效果的一致性，一般呈现分解性和精确性的特征。这种设计能保证教学内容、教学过程与教学评价的高度关联，但是其对教学过程中的生成性内容的产生具有抑制作用。三维教学目标理论上在知识与技能、过程与方法以及情感态度与价值观等方面综合发展了学生的学科能力，但是在课堂教学中，由于不同维度目标间的割裂，难以统整而采取恰当的教学方法，尤其对内隐性较强的目标难以实施到位。

基于核心素养培育的教学目标在内容选择上，高度重视学科教学活动的育人功能。中职学生的身心正处于快速发展时期，学习和生活更应和谐发展，会生活才会学习，会做人才会做事；智力和人格应协调发展，健全的人格才会凸显智力发展的意义，才会有价值的人生追求。学科教学有其特有的学科知识、思想方法和解决问题的目标，但是每个学科都存在跨学科的共同价值目标。中职阶段的教学将教学目标设定在学生的生命全面发展和整体发展上，重视学生与同伴的关系、生活与学习的关系、智力与人格的关系、当前需求与未来发展的关系。教学目标的设定应关注学生手、脑等各种官能的开发和协调发展，关注学生在问题的解决中独立思考、合作学习、交流展示能力和习惯的培养。帮助学生建立学习共同体的观念，让学生在与同伴互助中完成对未来社会关系、社会生活的预演，从而对未来社会关系和人格发展的形成产生重要作用。在教学目标设计时要考虑学生所处的情境，把充分促进学生的深度沟通和资源共享作为重点关注的内容。

基于核心素养培育的教学目标在设计策略上，要从注重知识的习得转化为注重情境中知识的运用。知识不是孤立的，单纯的知识累积对核心素养的提升没有太大意义，只有将知识置于整体情境中进行意义的建构，才会在学生头脑中形成复杂结构的心理图式，才会提升学生的素养水平，才会有助于提升学生解决复杂问题的能力。因此，基于核心素养培育的教学目标设计要在分散的知识间建立结构化的认知蓝图，让学生在知识点连接紧密的情境中自由翱翔。"认知图式"理论表明，教学活动应在结构、情境和系统中建构并达成目标，在与情境系统的互动中获取知识，培养学生在整体情境中解决问题的能力。

中职学校在课程设置上要摆脱课时主义的束缚，在学习特定的教学内容时，要把零碎的课时联结成系统的课程单元，为核心素养的培育提供时间上的保障。教师在规划课程周期时整合自主学习、合作学习等多种学习方式，组织同伴互助开展互动与研讨，使学生的认知能力、人格、价值观等方面得到循序渐进的发展。

（三）教学内容从全面覆盖走向深度理解

随着信息技术的快速发展和 5G 时代的到来，人们已经实现了无缝学习，知识的获得已经不是部分人的特权和教育的终极目标。核心素养时代更加关注知识获取的方法、路径及对已获取知识的改造与重组，使之成为自己有效解决问题的经验。基于核心素养培育的中职课堂教学变革不应再关注面面俱到的结论性知识，而是要关注"关键少数"的作用，即通过对关键性知识的研究带动学生综合能力的整体发展。中职学校，无论是公共基础课还是专业课，内容都比较庞杂，但是在课堂教学中，通过对典型内容学习，使学生经历典型的探究过程，尝试典型的研究方法，获得典型的体验，从而实现素养的提升。

中职教育要避免基础教育中重复低效和全覆盖的应试教育学习，教师把学生的学习引导到对典型知识的深度探究，让学生感受到探索知识过程的愉悦、深刻理解知识后的自我效能感。当前职业教育受基础教育的影响，许多教师在课堂教学中仍然习惯于自己发现问题、自己提出问题，这样就在问题探究之初抑制了学生的质疑和提问的能力。同时受"课时主义"的影响，在分析和解决问题的过程中，教师经常迫不及待地抛出预设好的答案，对于学生回答的异质性答案，教师也经常采用"诱导启发""强制说服"等方式，这种漠视和压制式教学方式，导致了花样百出的问题解决过程和高度一致的问题解决结果，学生解决问题的能力却没有得到有效提升。教师还经常在课堂上向学生灌输浅表化答案，即使是学生感兴趣的问题，也往往没有经历材料收集、观点提炼、分析比较和归纳综合等研究过程，使得学生对问题的解决过程未达到深度理解。

"研究思维"是核心素养的重要组成内容。因此，基于核心素养培育的教学要义之一就是"教学即研究"。改变以往的"大规模""粗加工"追求效率、缺乏研究的教学模式，师生、生生合作研究学科知识。教师要引导学生开展问题研究，将问题研究的方法转化为教学与学习方式。

在上述案例中让学生从研究经典内容（指数函数图像和性质），让学生经历探究问题的过程，掌握研究函数性质的一般方法，提升研究问题、解决问题的能力。这种做法可以作为核心素养培育的视角下对典型知识开展深度探究的操作路径。在得出了指数函数的一般形式后，对于后续研究让学生通过问题形式呈现出来，教师和学生一起探讨需要解决问题的探究思路和研究路径。在此过程中，教师跳出了传统的"问题设计"模式，不为解决问题而解决问题，而是通过典型内容的深度探究，让学生获取符合自身经验的探究方法，学生在探究问题的过程中促进了思维的发展、提升了素养。

（四）教学方式从课堂讲授走向合作探究

教学方式是教师在长期的教学实践中形成的一种基本的教学样式，是教学思维和行为方式构成的有机体。随着信息技术的高速发展，社会对个体的综合素养要求不断提高，尤其是职业学校的学生要面向新兴产业、新型岗位不断涌现所带来的挑战，工业化时代人才培养的规格已经难以胜任当今社会。因此，基于核心素养培育，应对日新月异的社会发展，亟须推进教学变革，尤其是促进由课堂讲授向合作探究的教学变革。

传统的课堂讲授式教学方式，是教师通过口头语言向学生讲授知识、解释概念、阐述规律的教学方式，是工业化时代生产力发展和班级授课制下的产物，为工业化时代大规模人才培养做出了贡献。传统课堂讲授至今仍具有强大的生命力，尤其在应试教育教学中备受青睐，但是由于课堂讲授教学方式对学生的语言表达能力、合作交往能力、综合实践能力、批判性思维能力、创新能力及学习的动机等方面培养已经力不从心。尤其在当今高速发展的信息化社会，大数据时代对人才的培养规格和个体的综合素养提出了更高的要求，需要在适当运用课堂讲授的同时，根据不同的学科、内容、情境和教学对象运用合作、探究、展示等新型教学方式。

在职业教育课程改革中，探究式教学、合作式教学、交流展示式教学等新型教学方式成为职教界关注的热点问题，并在教学实践中得到推广。其实，无论哪种教学方式在实践过程中都蕴藏着理解、反思与对话，尤其是在探究式教学和合作式教学中，无法避免师生、生生之间的对话，对问题的理解及对教和学过程与结果的反思。由此可见，成功的课堂教学应是素养型的教师恰当地综合运用多种教学方式的结果。合作、探究教学方式强调师生、生生之间的合作以及学生的自主探究，注重培养学生的创新精神和实践水平。因此，合作、探究教学在培养学生的协作与交往、探究与实践、批判性思维和创新精神方面具有独特的优势。首先，合作教学是在教师的指导下，围绕一定任务采取自主学习、合作学习、探究学习、交流展示等路径完成教学任务的一种教学方式。其主要特点有：一是有明确的目标，它是以具体任务为中心，通过任务导向，围绕具体任务展开整个教学过程，从而使得教学过程紧紧围绕教学主旨；二是突出了学生的主体性，从学习方案的设计、学习材料的准备到合作过程的开展，教师始终扮演着引导者的角色，学生主导并推动学习过程的开展；三是注重合作和协调能力的培养，合作教学的核心是通过师生、生生之间的密切合作从而使得问题解决，教学任务的完成，教学目标的达成。在此过程中，学生合作意识、合作技巧和合作精神都得到了有效的提升和培养。因此，合作教学不仅教给了学生知识，更培育了学生的合作意识、交往能力，促进了学生的核心素养的发展。其次，探究教学是教师在基于学生现有经验和能力的基础上，引导学生创设情境、发现问题、设计方案、获取答案的教学方式。杜威对探究式教学有过一段阐述："第一，要有一个学生感兴趣的真实情境和连续的活动；第二，在这个情境内部有一个能刺激学生思维的真实问题；第三，学生要占有材料，有必要的观察；第四，要有条理性的解决问题的方法；第五，要有检验其观念的机会，并使其观念意义明确。"杜威的阐述蕴含了探究式教学"情境、问题、观念、验证和结论"的五大要素，体现了对学生兴趣的激发、主体性的发挥、实践能力的培养、探究意识和科学精神的培育。这些素养也正是应对未来复杂多变社会的核心素养所在。

（五）教学评价从单一性走向综合型

教学评价是对教学过程的诊断和教学效果的评判、反馈，对教学活动有一定的导向作用，尤其是在应试教育中，教学评价在很大程度上决定了教学手段的采用、教学内容的选择和教学目标的设定。传统教学的教学评价是单一的，具有三个特征：一是评价内容单一，传统的教学评价主要是对学生的考试成绩进行评判，对学生综合素养的关注度不高，也没有具体的评价结果；二是评价主体单一，传统教学评价主体是教师，学生、家长及其他人没有评价的话语权；三是评价的方法单一，传统教学评价主要对教学结果，考试成绩进行评价，是一种终结性评价，缺少教学过程、课堂表现、参与程度等方面的考量。

在信息化时代，培育学生核心素养，需要教学变革，教学评价也需要从单一性向多元、多主体、多维度、多层次的综合型评价转变。首先，综合型评价的内容是通过不仅关注学生基础知识和基本技能的掌握，更关注学生交往能力、协作能力、实践能力、创新精神、批判性思维及人格品质等核心素养的诊断。其次，综合型评价的主体不再仅仅是教师，而是教育行政部门、社会评估机构、学生、家长等，通过学生自评、同伴互评、家长和教师点评等方式促进学生"自我反思"利于学生培养问题意识，综合型也不仅是对学生考试成绩的判定，还对学生的综合素养及教师的教学能力等方面进行评判和反馈。再次，综合型评价方法注重对学生学习过程中的沟通能力、思考能力、协作能力、实践能力以及道德品质和情感水平等素养的监测和诊断，综合型评价是关注整个教学过程和学生核心素养发展的整体性评价。最后，综合型评价还强化"适度优先的教学评价",就是教师在课前教学设计时就将学科的知识点、思维点和方法点等相关问题选择好教学评价的观测点,这种"适度优先的教学评价"有利于持续改进教学过程中的规范性,提升教学的质量,有利于通过问题发展学生的核心素养。

第七节 学生发展核心素养中"学会学习"的内涵及培养策略

"学会学习"这一概念最初是由联合国教科文组织在《教育—财富蕴藏其中》报告中提出的,把"学会学习"作为 21 世纪教育的四大支柱之一,随后欧盟等国纷纷开始研究"学会学习"并将其纳入本国学生的核心素养,我国于 2016 年也将"学会学习"作为学生发展六大核心素养之一,"学会学习"越来越受到我国教育研究者和实践者的关注。如何科学而有效地评价"学会学习",首先要搞清楚"学会学习"的内涵,制定符合我国学生实际的科学的评价体系和评价工具,研究培养策略,将学生核心素养的发展落到实处。

一、核心素养中学生"学会学习"的内涵

"学会学习"的内涵,是科学评价学会学习和构建学会学习有效策略的前提和基础。许多研究学者基于不同的视角来界定学会学习:一是以学习者的学习结果来界定学会学习,即学到了哪些知识、技能和策略;二是以学习者的学习过程来界定学会学习,即学习者在学习过程中是否能够通过有效收集信息并加工、提取出有用的信息,从而建构新的知识;三是从学习者的视角界定,即关注学习者学习的动机、情感、意志、态度和信念等在学习过程中的作用;四是从学习环境的视角来界定,即认为情境不仅是学习的影响因素更是学习的重要组成部分,学习是镶嵌于情境中,并与情境互动并发展学习能力。这四种视角有着各自不同的研究背景和目的,在实际应用过程中也各有优劣。

部分发达国家认为"学会学习"是一种针对学习时间和信息而开展自我

学习的能力，是对学习的一种信念和激情，是对学习信息收集、提取和新知建构的能力，也是对学习追求和坚持的能力。这种对学会学习整合的视角观认为，学会学习有四个基本内涵：

（1）主体性。学会学习认为学习是一种"责任"和"需要"，而不是"负担"和"义务"，强调学习是与自己的生活和工作密切联系的，强调学习者在学习中的主体性、主动性和创造性。

（2）延展性。在时间上，学会学习与终身学习相联系，强调学习不再仅仅是在学校的"特权"而是包含岗前培训、在职培训、继续教育的多种联系不断的教育；在空间上，学会学习与无缝学习相联系，随着物联网和5G的实现，学习已经没有场所的限制，学习是无所不在的。

（3）整合性。学会学习是一种复杂的整体，是情感、认知、身体、自信心、自控力、意志力等智力因素和非智力因素的统一。

（4）建构性。学会学习是情境化的过程，是一个动态的建构过程。是学习者基于自己已有的知识、经验在与多样化情境的互动过程中重新建构自己的认知过程。

二、核心素养中学生"学会学习"的评价研究

学会学习对个体及社会发展具有相当的重要性，国际社会对学会学习的评价研究比较多，具有代表性的是芬兰、欧盟和经合组织对学会学习的研究。

1. 芬兰对学会学习的研究

1995年，芬兰国家教育委员会将学会学习素养纳入该国评估教育结果框架，认为学会学习能力是跨学科、跨课程的内容，是学校所有课程的共同培育目标。1996年，芬兰将学会学习定义为适应新任务的能力和意愿，将学会学习划分成认知和情感两个成分：（1）认知成分主要考查学生获取知识及运用知识解决新问题的能力，包括基本数学计算、演绎和推理能力、阅读理解能力、形式运算思维能力等基础知识和思维技能。（2）情感成分指激发并维持学生学习的动力因素，包括与自我及情境相关的信念。与自我相关的信念包括学习的动机、学习目标的制定、学习策略的选择、不同学科的学习自我

概念、自我效能感、自我设限、学生对班级的知觉、学生的社会道德观等。与情境相关的信念指学习的支撑性环境，包括同伴、家长和教师等对其学习的支持感知等。该部分由自我评估问卷完成，同时还有教师问卷，从教师的教学方法、对所教学生和班级的评价以及学校的评价。

2. 欧盟对学会学习的研究

2000 年，欧盟将"学会学习"纳入教育质量考评体系，并于 2006 年提出"认知—情感"的"学会学习"二维概念框架，后又于 2014 年修正为"认知—情感—元认知"的三维框架。认知维度包括：命题的识别、规则使用、心智工具的使用、命题和规则的检验。情感维度包括：学习动机、学习策略、学业自我概念和学习环境。元认知包括：元认知监测、元认知准确性和元认知信心。欧盟对学会学习的评价工具是在整合的基础上完成的，其认知维度的评价是基于荷兰和芬兰学会学习项目的研究成果；情感维度的评价是基于芬兰和英国有效终身学习的研究成果；元认知维度的评价是基于西班牙的研究成果。

3. 经合组织的学生国家评估项目

1997 年，经合组织开始启动学生国家评估项目（简称 PISA），开展了基于学生素养的评价，PISA 是以测查学生的数学素养、学生阅读素养、科学素养为目的，PISA 主要由认知评价和问卷调查两个部分组成，认知评价包括数学素养、科学素养、阅读素养、财经素养和认知协助解决能力等；问卷调查的主体包括学生、教师、家长、学校等不同主体，内容涵盖学习动机、学习策略等与学习成就相关度高的变量及其他背景信息。PISA 的研究包含了调查范围的全面性即内容的广度，也包含了调查重点学科内容即调查的针对性、调查的全面性，形成了对调查内容的主次分明和调查范围的全面覆盖。

三、学生发展核心素养中"学会学习"的培养策略

（一）培养元学习能力，教学生学会学习

元学习的概念是由美国心理学家 Flavell 于 1976 年提出的，元学习就是"关于学习的学习"，元学习能力就是学习者能够有意识地运用学习策略，自

觉地对自己的学习过程进行监督、评价和调控，能不断优化自己的学习心理和学习品质，持续学习以达到学习目的的能力。有学者指出，判断未来社会的文盲不是看其已有知识的多少，而是看其是否会学习。因此，元学习能力是学会学习的关键能力之一。

1. 创设适合的学习情境，促进元学习能力的培养

培养学生的元学习能力首先要尊重学生学习的主体性，考虑学生学习的独立意识和自我意识，要从个人、学校、家庭和社会等多个方面，营造适合学生的学习情境和尊重学生的学习氛围，让学生在元学习过程中培养元学习能力。学生自己要依据个人的认知基础、心智特征，收集学习信息和资源，采取相应的学习策略，确定学习目的，同时要积极参与学习实践活动，在实践过程中不断总结自己的学习策略，优化学习方法，提高元学习能力。学校在教学环境上要凸显出学生的学习主体性，要指导学生采用自主学习、小组合作探究等学习方法，要创设出尊重学习的环境。教学目标要符合学生的认知基础、心智发展规律和教学任务的需求，教学内容的选择要利于学生的发展，要能体现学生和学习的特征。社会和家庭要为学生自主学习、无缝学习提供便利条件和环境。

2. 提高学生元认知水平，促进元学习的自我调控

能够不断对自身的学习进行自我评价是元学习能力中的关键能力之一。因此，在培养学生元学习能力的过程中，要加强学生在认知过程中对自我调节、认知结果、自我评价的意识性培养，要培养学生对自身学习活动进行持续而有效的监督、调控和评价，从而提升学生的自我调控能力。自我意识是元学习能力的基础和重要组成要素，教师要从以下几个方面加强对学生意识性培养：（1）学习目的达成意识；（2）学习材料、内容和策略的选择意识；（3）自身学习特征的意识；（4）学习过程自我监督和调控意识；（5）学习结果的自我评价意识。

教师的教学要有助于学生策略性知识的迁移，要通过提高学生的自我意识水平来提高学生的反省能力，从而促进学生认知策略的迁移能力的提高，提高学生的元学习能力。

3. 加强学生非智力因素的培养，促进元学习能力的提高

在学习活动中，记忆力、思维力等智力因素起到直接的作用，而学习兴趣、成就动机、学习意志力、学习焦虑和支配性等非智力因素起着间接性和动力性的作用。有研究认为有十一种非智力因素与智力活动和元学习能力的培养存在密切的关系。

每个学生都希望在学习上获得成功，希望得到教师、家长和同伴的认可。因此，教师要帮助学生设立恰当的学习目标，帮助其强化成就意识，感受成功体验，形成成就动机。教师要指导学生多积累学习经验、优化学习策略、树立长远学习目标，持续地激发自我学习兴趣，提高元学习能力。学生对自身学习能力的非客观评价及学习、生活的压力容易使学生产生学习焦虑，教师应培养学生客观评价自身学习的能力，同时让学生明白非智力因素在学习过程中同样起着非常重要的作用，让学生在保持适度学习焦虑状态的同时，树立正确的学习目的，通过学习过程的体验，增强学习意志力的锻炼。支配性强的学生具有坚定的学习信念和较强的反思意识，因此教师也要培养学生独立思考、独立学习的能力，从而提高学生的元学习能力。

4. 培养学生的反思性思维，促进元学习能力的提高

在培养学生反思性思维时，教师可以从以下几个方面考虑：（1）自己先学会反思。教师只有自己有反思意识、反思精神和反思能力，才会培养出具有反思品格和创新能力的学生，只有反思型的教师才会培养出反思型的学生。（2）培养学生的反思习惯。学生不会反思，是因为学生发现不了问题，教师可以让学生开展自我提问和相互提问，从而培养学生发现问题的能力。学生可以根据自己的兴趣爱好、思维方式、学习内容的性质、学习策略等确定提问的内容，让学生通过提问培养自己的质疑、评价等反思能力。（3）暴露和展现学生的思维过程。思维活动属于学习行为，思考思维是元学习行为。思考能力是元学习能力的重要内容之一，在教学过程中，教师不能仅仅重视知识的结果，更要重视过程，要把知识的形成过程、学生在学习过程中思维的暴露过程、知识的形成规律和问题的解决步骤作为课堂教学的重点。教师要引导学生由重视学习的结果转向重视学习思维的过程，让学生在感知、概

括思想的过程中掌握知识间的联系和问题解决的一般规律。

（二）培育积极情感，促学生学会学习

情感伴随着认知活动的整个过程，并在认知活动的过程中起到重要作用的一种心理活动，是认知主体结构中非常重要的非智力因素。情感对认知活动主体的形式作用影响是复杂和内隐的。

1. 营造氛围，激发情感

著名教育家塔巴说过："学生情感上的参与是有效学习的重要条件。"只有当学生对学习产生积极的情感，才会出现主动的学习过程和深度的学习状态，学生才会在积极、安全和轻松的心理状态中学习。塔巴认为，情绪和认知是相互联系和相互影响的，学生对客观世界的认知都会有着自己特殊知、情、意的烙印。同时，学生的认知观念、学习潜能和自我评价会受到本身和外界的影响，因此，教师作为学生学习的引导者，对学生学习动力有着助推和催化的作用。

教师要用自己艺术性的肢体语言、鼓励性的评价和灵动的教学艺术等营造积极的情感氛围，强化学生的内部动机。在学习过程中当学生的思想和情感得到教师认可、关注和尊重的时候，学生将会向教师敞开自己的心扉，揭示自己的内心世界、暴露自己的思维过程。当教师的教学内容触及学生的兴趣点时，学生的学习过程将由潜在发展成活动的，学习过程实现情感、意志和认知上和谐发展。

2. 自主探究，提升情感

自主探究就是让学生亲历知识的生成和发展的过程，自主探究是学生成长的阶梯和学习情感的培育过程。皮亚杰说："一切真理都应该由学生自己探索或者重新发现，或者重新建构，而不是由教师直接告知。"当教师在教学过程中设置出有效的课堂活动并把传授的内容和生活知识有效地结合起来，让学生感受到知识与自己的生活及未来有着千丝万缕的关系时，学生情感的内驱力将在教与学、知与情、求新知与塑人格这些互动的综合体中起到催化作用，从而激发学生求知的冲动、探索的激情和体验成功的快感。

3. 培养习惯，稳固情感

教学过程就是认知和情感两个因素相互作业的过程，教师在教学过程中培育学生的积极情感有利于满足学生认知的需求和情感的体验。新课程改革后已经将情感作为教学目标之一，将学生的兴趣、习惯和意志等心理素质的培养列为教学目标。在教学过程中，教师不仅要教授学生知识和技能，更要培养学生积极思维的习惯、主动探索的习惯、利用信息技术无缝学习的习惯等，通过对学生良好习惯的培养，发展学生的素养、培育高尚的人格。学习不是一蹴而就的，学习的过程中会遇到各种各样的困难，此时需要教师鼓励和启发学生，当学生学习进展顺利时，需要教师及时肯定学生，并继续给予方向和方法上的指导，让学生在充满自信中继续前行。

4. 实践反思，拓宽情感

著名教育家罗杰斯认为：教育的主要功能是激发学生的学习动机，发展学生的潜能，形成积极的、正向的自我价值观体系。情感具有发散性，教师在教学中要强化学生的实践和反思，使学生的学习情感得到发散和拓展。

无论是新课程中三维教学目标还是如今强调学生核心素养的发展，教学都不能仅仅局限于传统的对学生知识和技能的培养，不能把学习变成机械式的重复的强化训练，否则非常容易使学生产生学习倦怠和厌倦。在教学过程中，教师要注重对学生实践能力的培养，要让学生在知识学习的过程中发展学生的学习情感。如科学家严谨的治学精神，能工巧匠的工匠精神，改革开放四十多年我国劳动人民打破国际上的多个技术壁垒，攻克技术难题的钻研精神、学习能力、创新精神等，让学生在学习的过程中感受知识的力量及情感在学习过程的力量，让学生产生对知识的渴望，体会到成功的快乐等。

教师还应该把教学的内容与生活、与学生的认知结合起来，开放学科的外延，拓宽学生的知识视野，让学生感受到书本知识就在生活中，知识的学习不是为了考试，而是为生活服务，这样学生对学习意义的理解就会有深刻的变化，学生就会对学习产生积极的情感和浓厚的兴趣。

（三）构建学习共同体，让学生在共同学习中学会学习

有研究表明，学生学习成绩不佳，学习效率低下，多数是因为学生的学习方式不合适。而多数学生又非常依赖于原有的学习方式，哪怕是面对低效的、不合适的学习方式，学生也没有调整自己学习方式的意识。这就要求教师要建立学习共同体，通过同伴互助，让优秀的学生成为其他学生模仿的对象和自主尝试时的帮助，让学生通过模仿和有帮助的自主尝试逐步建立新的有效的学习方式。

学习共同体组建的依据：

（1）学习类型。组建学习共同体的目的是让学生在学习方式上互相帮助和互相启发，根据学习方式的主动性、意义性和探究性三个维度在个体上的明显差异，在全班实行异质分组，每个组尽可能包含多个学习类型，确保每个组都有一个意义型、探究型和主动型的学生。

（2）互利和就近原则。为了让每一个学生在组内有所收获、有所贡献，实行"互利"原则。在分组时不仅要考虑学生在学习方式上的互补性，还要综合考虑到学生学科学习成绩和研究性学习专长，这样就保证了在学习方式上有优势的学生在学习内容上也有所收获，从而确保共同体内所有学生都能自动、自愿地为共同体高效运行贡献力量。同时为了便于组员的相互交流和互助，分组时还要从学生位置的"空间距离"和个人"情感距离"上考虑就近原则进行分组。

第八节 "适学课堂"建设的三个必要追问

一、新课堂——适学课堂

适学课堂是在国家将立德树人作为教育根本任务，将学生发展核心素养作为教育的目标的背景下产生的。适学课堂在内涵上有三点：首先，适合学生。适学课堂教学内容、教学活动的组织、教学目标设定都是基于课程标准

及学生的心智发展、认知能力和个性特征。其次，适合学法。适学课堂不仅关注学生"学会"了多少，更加关注学生是否"会学"了，是否学会选择适合的学习方法和开展学习活动。最后，适合学材。依据课程标准和学习目标选择有利于教学活动组织和实施，有利于目标实现的学习材料。适学课堂在本质上是以学生的学习和学生的发展为中心的课堂，适学课堂是为学而教、少教多学、以学定教的课堂。

适学课堂对教师素养的要求：第一，要回答好三个问题（你打算把学生带向哪里？你如何把他带到那里？你怎么确信已经把他带到了那里?）；第二，教师要具备的三种基本教学能力（科学有效设计、实施和评价教学的能力）；第三，做到三个读懂（读懂学生、读懂课标、读懂课堂）；第四，完成五个转变（教师变学伴、教室变学室、教案变学案、教材变学材、教学目标变学习目标）；第五，营造适学课堂生态，重建课堂文化。

适学课堂要求教师要遵循的行动策略：一是"重学"，变"为教而教"为"为学而教"的教学视野转向，变"被动学"为"主动学"的教学驾驭转向，变"重教"为"重学"的教学策略转向，变"求结果"向"强体验"的教学价值转向；二是实施自主学习、合作学习、探究学习和交流展示的多种学习方式；三是利用现代信息教育技术手段，建构"课前、课中、课后"三个时段的大学堂；四是建构具体的学习流程："自学、交流、展示、评价、提升、反馈"；五是课堂评价标准，由为教而评转向为学而评，即看学习状态、学习过程和学习结果。

二、适学课堂建设的三个必要追问

适学课堂教学是一场师生齐参与的智慧之旅，因此，在每一次启航之前，教师都要理性的思考和回答三个问题：第一，你要把学生带向哪里？即明确具体的学习目标和学习内容。第二，你如何将学生带到那里？即采用的教学策略和学习方式。第三，你怎么确信学生已经到了那里？即如何评价学习的效果。

（1）第一个追问：你要把学生带到哪里？回答是：基于课程标准明确学

习目标，将教学目标有效地向学习目标转化。

适学课堂的学习是一种有目标的学习，没有目标的学习就像没有目的地的航行，"学生登上了学习的列车，却不知道自己在哪儿？要往哪儿去？"研究发现：高效的自主学习者，都知道每次学习后自己应该知道什么、理解什么及运用什么。目标的明确化和透明化，使得学生的学习过程更加专注并能够为自己的学习活动负责，学生为了实现学习目标而产生积极的学习情感和动机，能够对自己的学习活动进行自我监督、调节和完善。

只有将"教学目标"转化为合适的"学习目标"，才能指引和促进学生更加深入和高效的学习。因此，从教师、学生和资源三个维度转化目标尤为重要。

①教师维度的转化：目标转译。适学课堂中教师要把课程标准、教学目标分解、转译成学习目标，让学生不仅知道"学什么？学到什么程度"更要建立学习认同感，要不断地向自己提问"这对学习意味着什么"。第一，教师要使用合适的语言表述课程目标，并根据实际情况加以说明和解释。教师切忌将课程标准、课程方案、教学参考资料中的目标照搬给学生，而是要使用适合于学生理解的、更加亲切的语言将目标表达给学生。教师使用学生易于理解和接受的语言表达目标，使得学生的学习更加高效，学习的方向更加明确。教师还需要对目标给出解释，让学生认识到：为什么是这个学习目标？这个学习目标适合我吗？这个目标与我当下的学习及未来的学习有什么关系？从而促进学生建构起近期目标与远期目标的关系，当下与未来的关系，探索学习活动与个人成长的关系。第二，教师可以恰当地呈现实例。对于一些操作性实训课程，教师可以通过展示已有优秀作品让学生知道，通过自己努力后的学习成果应该是什么样的，而不是什么样的。优秀作品的榜样和示范，还让学生随时了解自己处于什么阶段，离目标还有多远。必要的时候教师还可以向学生呈现典型反面例子，提醒学生学习的结果"不是这样的"。"是这样"和"不是这样"的对比，促进学生对目标的深度理解，也有助于学生提炼出成功标准和适合自己的学习路径。第三，教师要精确使用象征物。对于一些难以理解的抽象目标，教师可以通过使用一些象征物帮助学生掌握其要

义。如"意义建构"这一术语，学生理解起来有一定难度，教师可以将其与"雄鹰"联系起来，因为翱翔在高空的雄鹰，能够看见更加完整的图景，能够看清事物之间的关联，因此能够更好地理解世界。意义建构就是要求学生要注重知识之间的横向联系和纵向联系，理解学习到的知识与自身成长的关系。

②学生维度的转化：目标内发。学生能否将教师给定的"学习目标"当成自己的学习方向，这是教学目标能否达成的关键。学习目标能否达成的关键，取决于学生自身的努力程度，取决于学生学习了哪些知识，学到了什么程度。教学目标能否顺利转化成学习目标，并成为学生的"学习追求"，关键要能让学生意识到学习目标通过自己的努力能够实现。同时不能悬置学习目标在学习过程中的指引作用，仅仅将学习目标作为学习结果的静态化理解，忽视学习目标的动态功能。从学习目标的动静态视角看，涵盖了学生现在在哪里（学习的起点）、要到哪里去（学习的终点）、怎样去那里（学习方式），也就是需要将目标进行路径化表达。

学习目标不仅是让学生知道要学什么、学到什么程度，更要让学生知道怎样学习才能达到目标。这样，学习目标就不仅是结果，还意味着、指示着路径和方法。学习目标的路径化表达，使得学生在学习活动开展之前就感觉到，正在通往成功的路上，从而能够有效激发学生学习的积极性，提高学习的意志力，帮助学生建立学习的自我监督、调节、评价和完善的能力。

③资源维度的转化：目标可视。从资源的维度看，师生需要协同将目标"可视化"，利用可视化的目标推动教学目标向学习目标转化，促进学习目标的达成。爱因斯坦曾说过："在思考的过程中对我思维真正起到作用的是一些或隐或现的图像、符号，它们能在头脑中自动地复制和组合。"教育家裴斯泰洛齐认为"正确判断事物的正确方法是视觉理解"。可视化的图像对信息的传达没有语言那么精确，但是对人们的直觉思考具有较大的帮助。这种直觉思考能突破思考的瓶颈、引发顿悟。教师帮助学生在制定学习目标时运用一些直观形象的方法，如将短期学习目标和长期学习目标按照自我意识的紧急性加以排列的"阶梯式"方法，对紧迫的短期目标优先排序为"Ⅰ"级，以此类推，为"Ⅱ""Ⅲ""Ⅳ"目标。

教师还可以指导学生将学习目标打印、手绘出来，张贴在课桌、书房、床头等，这种学习目标全方位地"泛在"于学习环境中，有助于学生强化对目标的认识和理解，明辨学习的重心。利于学生随时对照近期、远期目标，反思学习过程，寻找差距，调整学习行为，最后取得学习的成功。这样的不断对照标准、反思调整的过程有助于行塑自己的思维方式，养成良好的学习习惯，学生能够不依赖老师督促，为自己学习、成长导航，获得成功。

（2）第二个追问：你如何将学生带到那里？回答：开展"教—学—评"一体化教学，进行反向教学设计，注重课堂评价。

泰勒从"学校教育目标的确定""为了实现教育目标所提供的教育经验""教育经验具体实施""如何评价教育目标实现程度"四个核心问题，提出了课程编制原理的四个步骤，即教育目标的确定、教育经验的选择、教育经验的实施和教育结果的评价。其中，教育目标的确定需要从学生、社会和学科专家三个层面统筹考虑；教育经验的选择要有利于学生学习兴趣的激发、社会态度的形成和思维进阶；教育经验的实施要遵循顺序性、连续性和整合性的原则；教育结果的评价要全面考虑学生当前发展状况。Anderson 在泰勒的基础上从有效的课堂教学需要关注学什么、如何教、怎么评及"教—学—评"的目标一致性问题的学、教、评和匹配四个层面统筹考虑策略。

适学课堂是以学生学习为中心和学生发展为第一要务的课堂。适学课堂教学中开展以学生认知能力为基础，为学生提供多样化学习条件，促进学生发展的"教—学—评"一体化教学。启发教师要做到：从课程标准出发，通过有机整合课程内容，把有利于学生学习和学生发展作为课堂教学的出发点和落脚点；要让学生有明确和清晰的学习目标，并给学生提供实现目标的具体路径和方法；要有覆盖学生学习全过程的评价和监控措施，并能指引学生的学习过程；适学课堂不仅要考虑"教什么内容""如何教这些内容"的问题，还要有"为什么要教这些内容"的价值性思考，如果教育的价值出现偏差，即使教学目标实现了，也是低效的甚至是有害的教学。同时教学不能以牺牲学生的身心健康为代价追求"高分"的畸形发展。因此，在适学课堂教学中要做好以下几点：

①反向教学设计。美国教育学家针对传统教学设计的缺陷，提出从教育的目标出发，采用目标导向设计理念的一种新型教学设计模式。即从教育要达成的目标出发，以学生的现有学习能力、情感态度等信息为基础，设计教学活动和评价手段。教学和评价始终围绕目标的达成来设计和开展活动，反馈学习效果，激活教学资源：学生应该掌握哪些知识和技能，学生已经掌握了哪些知识和技能，帮助学生在目标指引下采用什么学习策略（见表3-1）。反向教学设计的科学性、连贯性为有效教学提供了保障。

表3-1　清晰化教师教学设计意图

课程标准			
本节课的学习目标			
活动1	活动主题	活动组织形式	试图达成的目标
活动2			
活动3			
……			

②注重课堂评价。有研究表明，儿童出错有一定的规律，如果将这些错误本质化、类型化，让学生自己去发现、研究和修正将有利于学生的学习改进。

传统课堂多采用固化、机械的终结性评价，而适学课堂更加注重新型课堂评价，并将课堂评价作为教学和学习的重要内容。首先，教师基于学情和课标，科学设计学习目标和对学生的认知水平、学习经验、学习品格和价值观等方面有提升作用，可操作、可检测和可观测教学活动；其次，要设计与教学一致的评价活动，评价要服务于目标，要对目标的实现有指引作用，还要评价教学活动与学习目标的关联性。在开展教学和评价活动时，教师要让学生都能参与到评价活动中，教师依据教学设计实施教学，以问题的有效解决为导向，通过学习活动完成学习目标。在课堂教学中，教师通过观察、提问等多种方式开展互动评价，监测学生的课堂表现，及时反馈学生的课堂表现并为其提供学习的脚手架；在评价活动开展时，为了便于学生开展自评和互评，教师要把活动内容、形式、要求和评价标准告诉学生；适学课堂要求学生不仅要参与评价活动，还要参与评价标准的制定，这样就更加有利于学生监督、调节和完善自己的学习活动，同时还能增强学生的自信心和学习成就感。

（3）第三个追问：你怎么确信学生已经到了那里？回答是，开展以"学习为中心"的课堂教学评价，向评价要证据。

科学的教学评价是教学质量的重要保障，是教学目标实现的重要手段。怎么确信学生已经到了那里？适学课堂坚持"教—学—评"一体化，让评价贯穿教学的整个过程并为教学提供指引作用，构建以"学习为中心"的课堂评价标准。

适学课堂教学评价的设计理念，是基于学生的学习和学生的发展需求，设计理念做到三个坚持：

第一，坚持以"学生的学习为中心"的教育价值取向。教育的价值就决定了评价的目的和评价内容。适学课堂的教育价值是开发人的潜能，把人的终身发展作为第一要务，学生的主体性在课堂上得到充分的尊重，创造性得到有效的培养，课堂教学不是向学生灌输知识，而是让学生在学习中不断建构和生成知识。因此，适学课堂中开展课堂评价有助于促进教学，让教师根据评价对教学设计、教学行为和教学过程开展自主诊断、反思和提升，引导教师从关注"怎么教"到"怎么学"转变。适学课堂的教学评价更加关注学生学习态度、方式和效果的评价。

第二，坚持以学生核心素养发展为指导思想。适学课堂评价关注学生学习的价值性、需求性和情感性，关注学生解决问题的能力和思维进阶等方面。教师把创设学习情境、提供丰富的教学资源、发展多元、个性教学方式作为教学的着力点。

第三，坚持以学习效果为评价导向。适学课堂教学的本质是促进学生的全面、终身发展，课堂评价的根本标准是人的全面发展，通过学生的学习状态和学习效果来评价教师的教，让教师更加关注深度的差异化教学，体现生成性和动态性的教学上。因此，适学课堂评价指标坚持以学习效果为导向，引导教师依据学生的心智特征、学习内容、教师风格，个性化、差异化设计和实施教学。

适学课堂在基于以上评价理念，设计了以问题为导向的设计标准，采用连续追问：课堂上学生学到什么？有没有尊重学生的学习主体地位？在为学生学习条件创设方面，教师做得如何？学生的自主学习、探究学习、合作学习及交流展示等开展得如何？学生的思维有没有得到高阶提升，教师起到了怎样的作用？因此，构建了"六维"课堂教学评价标准。

①学习目标评价。传统课堂很少强调学习目标，适学课堂强调要让学生清楚"我要去哪里"，学生只有学习目标清晰、明确了，学生的学习主动性才会增强，才会真正地开展自主学习。在主动、全面参与到课堂学习中，才会增强学习的自我责任感，在学习过程中开展自我监督、调整、反思和提升。

②学习条件的评价。适学课堂是适"学"的课堂，课堂上尽可能让学生经历知识的创造过程。因此，教师对学习情境的创设非常重要，而且学习内容的产生过程和所创设的情境在逻辑上是相符的。在评价要素上要鼓励教师创设真实情境、利用现代信息技术手段为学生提供替代性经验，供给多种学习资源。研究发现，生成性资源更加有助于学生的学习和学习效果的提高，也体现教师的教学智慧和教学能力。

③学习指导的评价。学习指导是指教师根据学科特点、学习内容、学生个体、学习情境指导学生选择适合自己的学习方法，以及科学分配学习时间，对学生的学习方法及时给予评价等。

④学习活动的评价。不同的学科、课型有着不同功能和价值的课堂互动形式。适学课堂评价关注教师是否把学习条件和逻辑运用到学习活动中，是否依据学习内容、学习目标选择合适的学习活动，考察学生在活动中的参与度及对学生思维、探究、实践、创新创造能力的提升程度。

⑤学习效果的评价。适学课堂关注学习效果与学习目标的一致性，实施的是"教—学—评"一体化教学。对学生的学习效果从两个层次开展评价。第一，学生是否理解学习内容，能否记忆、解释和分析所学知识；第二，学生是否能够利用所学知识、方法和思维解决一些实际问题。学生能否利用学

科问题情境去熟悉生活问题情境及陌生问题情境。适学课堂通过学习效果评价课堂教学的有效性。

⑥特色创新和整体性评价。每一次的教学活动都是一个全新的过程，教师的教学过程是一个创造性的活动，因此教师应学会不断地探索和创新，做学生创新思维的引导者。同时课堂教学是一个有机的整体，课堂教学评价不应该将教学要素的几个结果进行简单的相加，而是要考虑教学的整体性效果，在统筹考虑学习目标、学习条件、学习方法和学习活动等多种因素后进行整体性评价，以发挥课堂教学评价的诊断性和激励性功能。

第四章　导向学科素养的校本课堂建构
——以数学学科为例

第一节　深度教学的数学课堂

一、对数学的理解

（一）课程性质

数学是研究数量关系和空间形式的科学，是其他科学和技术的基础，是现实生活中解决问题的重要工具，是人类文化的重要组成部分。在大数据和人工智能时代，数学在科学研究和社会生产服务中发挥着越来越大的作用，数学素养是现代社会每个人都应具备的基本素养。

数学课程是数学教育的基本形式，是学生获得数学基础知识和基本技能、掌握基本数学思想、积累基本数学活动经验、形成理性思维和科学精神的主要途径。中等职业学校数学课程是中等职业学校各专业学生必修的公共基础课程，承载着落实立德树人的根本任务、发展素质教育的功能，具有基础性、发展性、应用性和职业性等特点。

（二）课程任务

中等职业学校数学课程的任务是使中等职业学校学生获得进一步学习和

职业发展所必需的数学知识、数学技能、数学方法、数学思想和活动经验；具备中等职业学校数学学科核心素养，形成在继续学习和未来工作中运用数学知识和经验发现问题的意识、运用数学的思想方法和工具解决问题的能力；具备一定的科学精神和工匠精神，养成良好的道德品质，增强创新意识，成为德、智、体、美、劳全面发展的高素质劳动者和技术技能人才。

（三）学科核心素养

学科核心素养是学科育人价值的集中体现，是学生通过学科学习与运用而逐步形成的正确价值观念、必备品格和关键能力。

数学学科核心素养是具有数学基本特征的思维品质、关键能力以及情感、态度与价值观的综合体现。中等职业学校数学学科核心素养是中等职业教育人才培养目标的具体体现，是践行社会主义核心价值观，培养学生社会责任意识的重要载体。

中等职业学校数学学科核心素养主要包括数学运算、直观想象、逻辑推理、数学抽象、数据分析和数学建模。这些数学学科核心素养既相对独立，又相互交融，是一个有机的整体。

1. 数学运算

数学运算是指在明确运算对象的基础上，依据数学运算法则与公式对具体对象进行变形的演绎过程，主要包括：识别运算对象，理解和掌握运算法则，探究运算思路，选择运算方法，设计运算程序，求得运算结果等。

数学运算是解决数学问题的基本手段之一，是数学精确性的基本保证。数学运算是一种演绎推理，也是计算机解决问题的基础。

学生通过中等职业学校数学课程的学习，能够学会基本的运算法则和运算方法，发展数学运算的能力；提升借助数学运算分析问题和解决问题的能力，养成一丝不苟、勤于反思的品格。

2. 直观想象

直观想象是指借助几何直观和空间想象感知事物的形态与变化的思维形式，利用图形理解、分析和解决数学问题的心理过程，主要包括：借助空间图形认识事物的位置关系、形态变化与运动规律；利用图形描述和分析数学问题；利用数与形的联系，构建数学问题的直观模型，探索解决问题的思路。

直观想象是发现和提出问题、分析和解决问题的重要手段，是构建抽象模型、进行数学推理和运算、探索形成解题思路和方法的思维基础。学生通过中等职业学校数学课程的学习，能够基本形成基于几何直观的空间想象能力；获取借助直观想象感知与分析事物特征和关系的经验，初步形成运用图形和空间想象分析问题与解决问题的能力和思维品质。

3. 逻辑推理

逻辑推理是指从一些事实和命题出发，依据推理规则获得其他命题的过程，主要包括两类：一类是从特殊到一般的推理，推理形式主要是归纳和类比；另一类是从一般到特殊的推理，推理形式主要是演绎。

逻辑推理是获得数学结论和构建数学体系的重要手段，是数学严谨性的基本保证，是人们在数学活动中进行交流的理性思维品质和能力。

学生通过中等职业学校数学课程的学习，能够基本掌握逻辑推理的一般方法，能通过逻辑推理把握事物之间的基本联系；基本形成条理清楚的思维能力和表达能力，养成敢于质疑、善于思考、严谨求实的品格。

4. 数学抽象

数学抽象是指舍去事物的一切物理属性，提取出数学研究对象的思维过程。数学抽象借助于数量关系和位置关系，在具体情境中抽象出事物的本质特征和规律，形成数学概念和结论，并用数学语言来描述。

数学抽象是数学的基本思想和方法，是形成和发展理性思维的重要基础，反映数学的本质特征，贯穿于数学的产生、发展和应用的全过程中，使得数学成为高度概括、表达准确、结论一般和有序多级的科学体系。

学生通过中等职业学校数学课程的学习，能够在具体情境中抽象出原本的数学概念和命题，积累从具体到抽象的基本活动经验；发展运用数学抽象思考问题和解决问题的基本能力，养成在日常学习和工作中抽象思维的意识和习惯。

5. 数据分析

数据分析是指针对研究对象获取数据，运用统计方法对数据进行整理、分析和推断，形成关于研究对象的知识和规律的过程，主要是通过收集数据、整理数据、提取信息、构建模型、数据计算、分析推断等获得结论。

数据分析是研究随机现象的重要数学手段，是处理大数据的主要数学方法。学生通过中等职业学校数学课程的学习，能够初步掌握数据分析的基本方法和策略，提升处理随机现象和数据的基本能力；基本形成借助数据分析发现规律和解决问题的能力，初步具备求真务实、敢于质疑的品格。

6. 数学建模

数学建模是对现实问题进行数学抽象，用数学语言表达问题、用数学知识与方法构建模型解决问题的过程，主要是从实际情境中的问题出发，抽象出相关的数学模型，求解结论，验证结果，解决问题。

数学建模搭建了数学与现实世界沟通的桥梁，是运用数学知识和数学方法解决实际问题的基本手段，也是推动数学发展的重要原动力。

学生通过中等职业学校数学课程的学习，能够有意识地用数学语言表达现实世界，会模仿学过的数学模型解决简单的实际问题，积累一定的数学实践经验，增强创新意识，初步具备勇于探索、批判质疑、实事求是的品格。

二、课程目标

中等职业学校数学课程的目标是全面贯彻党的教育方针，落实立德树人根本任务。在完成义务教育的基础上，通过中等职业学校数学课程的学习，使学生获得继续学习、未来工作和发展所必需的数学基础知识、基本技能、基本思想和基本活动经验，具备一定的从数学角度发现和提出问题的能力、运用数学知识和思想方法分析和解决问题的能力。

通过中等职业学校数学课程的学习，提高学生学习数学的兴趣，增强学好数学的主动性和自信心，养成理性思维、敢于质疑、善于思考的科学精神和精益求精的工匠精神，加深对数学的科学价值、应用价值、文化价值和审美价值的认识。在数学知识学习和数学能力培养的过程中，使学生逐步提高数学运算、直观想象、逻辑推理、数学抽象、数据分析和数学建模等数学学科核心素养，初步学会用数学眼光观察世界、用数学思维分析世界、用数学语言表达世界。

第二节 数学思想的建立

"数学思想"这一术语是近年来数学教育界议论的热门话题之一，随着课程改革的不断深入，数学思想的渗透在数学教学中的地位愈加凸显。2000 年，美国发布的《学校数学教育的原则和标准》提出：从学前期至十二年级的数学教育应该是所有的学生都能够认识到推理和证明是数学的基础；提出并探讨数学思想；发展和评价数学推理和证明；选择和运用不同的推理和证明方法。同时，使学生能通过交流、组织和巩固他们的数学思维；分析和评价他人的数学思维和策略等。2008 年日本新修订的《中学数学学习指导要领》中对数学思想的要求有：小学阶段培养学生对日常生活中事物进行预见性的、有条理的思考及表达的能力；同时，使学生意识到数学活动的乐趣和数学思想方法的优越性，培养学生在生活和学习中积极地使用数学的态度。我国的《义务教育数学课程标准（2011 年版）》指出：教师要发挥主导作用，处理好讲授与学生自主学习的关系，引导学生独立思考、主动探索、合作交流，使学生理解和掌握基本的数学知识和技能，体会和运用数学思想和方法，获得基本的数学活动经验。其实现了两基到四基的转变。可见，数学思想在国内外数学教学中都非常受重视。然而，在现行的中学数学课堂中，重知识灌输、轻能力发展，重结论本身、轻探究过程的现象还普遍存在，这样的课堂教学不利于数学思想的习得。因此，在教学中帮助学生感悟数学思想，理解数学本质是中学数学教学的重要任务。

一、对数学思想的认识

目前，教育界还未对数学思想形成精确的定义。日本学者米山国藏认为：学生在进入社会以后，如果没有什么机会应用数学，那么作为知识的学科育人—深度教学的行动研究数学，通常在出校门后不到两年就会忘掉，然而不管他们从事什么业务工作，那种铭刻在人脑中的数学精神和数学思想方法，会长期地在他们的生活和工作中发挥重要作用。我国著名数学家史宁中教授认为，数学思想需要满足两个条件：一是数学产生、发展过程中所必须依赖的那些思想；二是学习过数学的人所具有的思维特征。数学大师华罗庚先生说得更简捷明快："数学是一个原则，无数内容，一种方法，到处可用。"由此可见，数学思想是对数学的知识内容和所使用方法的本质的认识，是从某些具体的数学内容和对数学的认识中上升的数学观点，它在认识活动中被反复运用，带有普遍指导意义，是建立数学和用数学解决问题的指导思想，是对数学规律的理性认识，可以归纳为三种基本思想：抽象、推理和模型。通过抽象，把外部世界与数学有关的东西抽象到数学内部，形成数学研究的对象；通过推理，得到数学的命题和计算方法，促进数学内部的发展；通过模型，创造出具有表现力的数学语言，构建了数学与外部世界沟通的桥梁。数学思想具有以下基本特征。

（一）导向性

日本学者米山国藏说："数学精神、思想是创造数学著作，发现新的东西，使数学得以不断地向前发展的根源。"在认知心理学里，思想方法属于元认知范畴，它对认知活动起着监控、调节作用，对培养能力起着决定性的作用。学习数学的目的"就意味着解题"（波利亚语），解题关键在于找到合适的解题思路，数学思想方法就是帮助构建解题思路的指导思想。它往往会让人产生一个好"念头"，一种好"思路"，一种好"猜想"，为解决问题提供一个方向。

（二）概括性

数学是研究数显关系和空间形式的科学，学科本身具有高度的概括性，数学思想是在概括基础上再概括的结果。这种概括表现在数学内部，数学思想是数学知识的精髓，是数学知识的"质"与"核"，是沟通数学各部分、各分支间联系的桥梁和纽带，是构建数学理论的基石，表现在数学外部，是其他一切学科的基础，是对万物之理的一种概括与寻找，是对世界本质与规律的高度、完美、精确的概括。

（三）内隐性

数学教学包括显性知识系统和隐性知识系统两个方面。教材中呈现的例题、结论等都是显性知识系统，而其中蕴含的数学思想是隐性知识系统，常常通过相应的数学概念和原理加以反映，体现在具体的发现问题与解决问题过程之中。它充满着个性的色彩，有时候难以用语言文字进行表述，不是靠教师讲出来的，而是需要学生自己在形式多样的数学活动中悟出来的。

二、数学思想渗透教学的意义

美国心理学家布鲁纳认为，不论我们选教什么学科，务必使学生理解该学科的基本结构。所谓基本结构就是指："基本的、统一的观点，或者是一般的、基本的原理。""学习结构就是学习事物是怎样相互关联的"。数学思想为数学学科的一般原理的重要组成部分，在学生的学习中有着非常重要的意义。

（一）利于理解

心理学认为，由于认知结构中原有的有关观念在包摄和概括水平上高于新学习的知识，因而新知识与旧知识所构成的这种类属关系又可称为下位关系，这种学习便称为下位学习。下位学习所学知识"具有足够的稳定性，有利于牢固地固定新学习的意义"。当学生掌握了一些数学思想，再去学习相关的数学知识，就属于下位学习，这样的学习能更好地帮助产生理解知识。

（二）利于记忆

布鲁纳认为，除非把一件件事情放进构造得好的模型里面，否则很快就会忘记。学习基本原理的目的，就在于保证记忆的丧失不是全部丧失，而遗留下来的东西将使我们在需要的时候得以把一件件事情重新构思起来。高明的理论不仅是现在用以理解现象的工具，而且也是明天用以回忆那个现象的工具。而数学思想就属于这种"现象的工具"，当学生离开学校后，所学的数学知识可能会忘记，而数学思想会刻在学生心中，需要解决相关问题时会随时发生作用。

（三）利于迁移

学习基本原理有利于"原理和态度的迁移"。布鲁纳认为，这种类型的迁移应该是教育过程的核心——用基本的和一般的观念来不断扩大和加深知识。美国心理学家贾德通过实验证明，学习迁移的发生应有一个先决条件，就是学生需先掌握原理，形成类比，才能迁移到具体的类似学习中。学生学习数学思想有利于实现学习迁移，特别是原理和态度的迁移，从而可以较快地提高学习质量和数学能力。

三、数学经验的丰富

2011 年，教育部颁布的《义务教育数学课程标准（2011 年版）》在数学课程总目标中明确提出了"获得适应社会生活和进一步发展所必需的数学的基础知识、基本技能、基本思想、基本活动经验"，把数学教学中的"双基"发展为"四基"，首次将积累数学活动经验放在与掌握数学知识、获得数学技能和感悟数学思想并列的位置上，凸显了数学活动经验在数学课程教学中的重要地位，成为我国义务教育阶段数学课程基本目标之一。因此，澄清数学经验的概念内涵，对于教师帮助学生积累数学经验具有重要的现实意义，能够理解学生通过数学课程的学习应该积累什么样的数学经验，以及采取什么样的教学策略帮助学生获得数学经验的问题。

（一）数学经验的内涵

数学经验是在经验的基础上提出的概念。国内外教育家们十分重视数学经验在数学学习中的作用，并不断丰富着数学经验的内涵。对于数学经验概念的认识，目前还没有一个统一的看法。已有的研究或者从一般的经验概念角度认识数学经验，如王新民等认为数学经验是指学习者在参与数学活动的过程中所形成的感性知识、情绪体验和应用意识；或者从数学经验的数学特性出发，美国数学教育家戴维斯（P. J. Davis）认为，数学经验是建构、理解、运用数学理论的经验，数学经验是在创造与发现数学概念和数学理论的活动中、在理解数学逻辑性的过程中、在解决问题的过程中获得的。还有从数学经验的来源、知识等角度界定数学经验的含义。笔者认为，数学经验是一种缄默性知识。它既包含了学习者对数学学习的情感、态度、价值观以及对数学美的体验，也包含了渗透于活动行为中的数学思考、数学观念、数学精神，还包含在处理数学对象的过程中所表现出来的思维方式、解决问题的策略等。因此，数学经验的获得至少体现在以下三个方面：一是数学目标的引领，即从事的活动必须是以数学学习为前提与目标，与之不相关的经验谈不上数学经验。二是数学思考的参与，即学生经历的活动，必须有与数学学习有关的观察、实验、操作、想象等数学活动，并在此过程中要时刻伴有数学的思考。三是数学经验的增长，即学生在数学目标的引领下，通过新的数学活动实践，得到新的数学体验，获得新的数学经验，使数学经验得到螺旋式上升。

（二）数学经验的意义

所谓经验，《现代汉语词典》是这样解释的："经验"有两种词性，作为名词，指由实践得来的知识或技能；作为动词，指经历，体验。"经验"一词属于哲学范畴，是西方哲学史中的一个重要概念，被许多哲学家广泛使用和研究。亚里士多德用感觉论取代其师柏拉图的先天论，他认为人的知识源于对事物的感觉。在本质上，亚里士多德是一个经验论者。英国哲学家经验主义代表之一约翰·洛克（John Locke）认为，每一个观念必定或者是直接来源于感觉经验，或者是由这样起源的观念组成。经验是对外的感觉活动和对内的反省活动。洛克认为，经验是一种活动。我国哲学博士殷鼎在《理解的命运》中谈道："经验对人生有一种持久的意义，它不仅通过记忆和体验保存下来人生的价值和意义，也随着记忆进入人对生活的理解，随时影响个人对人生的认识。"他将经验提升到生命成长的高度。

由此可见，经验至少包括两重含义：一是经验的事物，由实践得来的知识或技能；二是经验的过程，即经历、体验。"经验"一词一直也是教育学、学习心理学等领域探讨的重要概念。杜威曾给教育下过一个定义："教育就是经验的改造或改组。这种改造或改组，既能增加经验的意义，又能提高指导后来经验进程的能力。"这里的"经验"概念包括经验事物和经验的过程两重含义，是活动与过程的统一。杜威基于其哲学认识论和教育实践，对以往的学校教育教学方式，即灌输式的教学和学生被动吸收式的学习方式进行了深知反思，倡导"经验课程"，主张学生从经验中学习。在杜威看来，学生不是知识的旁观者，经验对于学生的学习具有重要的价值。

我国南京师范大学道德教育研究所所长金生鈜教授认为，课程就是学生经验增长、意义建构和精神发展的基础。课程在进行的过程中，为学生展开了一个丰富的生活世界，学生在其中自由想象、创造、学习、理解、交流、游戏、活动等。伴随着课程的运行，学生的经验不断得到增长，学生的精神不断地扩展和升华。在这里，课程的经验价值再次被强调。

《义务教育数学课程标准（2011年版）》指出："教师教学应该以学生的认知发展水平和已有的经验为基础，面向全体学生，注重启发式和因材施教。""在呈现作为知识与技能的数学结果的同时，重视学生的已有经验，使学生体验从实际背景中抽象出数学问题、构建数学模型、寻求结果、解决问题的过程"。可以看出，学生数学经验的多少，将直接影响他们对新的数学知识的学习效果。因此，教学中，教师应在把准学生已有经验的基础上，带领学生经历丰富的数学活动，使学生在不断的观察、操作、思考、想象、反思等活动中，对学生既有的经验进行筛选、整理和优化，实现经验的改造或重组，使他们的经验不断扩展和提升，从而生成新的经验，促进他们的经验不断上升到更高水平。

（三）数学经验的特征

1. 内隐性

相对于显性知识而言，数学经验具有内隐性。它存在于学习者的意识中，往往只可意会不可言传，在进行数学学习活动中学习者会自然联想却很难清晰表达，也很少能通过语言文字或符号的形式予以直接传递。认知心理学认为，在不知不觉中获得某种知识，学习了某种规则，叫作内隐学习。数学经验则就是学习者在进行数学活动中，经历体验、探究、反思等活动，逐渐感悟和积累的缄默性知识。它内潜于学习者的认知模式，更多地强调学习者个体的体验，它和外显的知识共同构成了个体完整的知识体系。这种缄默性知识往往不易被人发现，但在数学学习中起到至关重要的作用，随着学习活动的深入，这种缄默性知识会越发凸显，它将是个体获得显性知识的向导和背景，直接支配人的思维方式与学习策略的选择。

2. 个体性

数学经验具有鲜明的个体性。相对于显性的数学知识而言，数学经验是学习者亲历特定的数学活动场景时的特定心理体验，渗透着那些不可言喻的、下意识的或潜意识的个人感受，对数学学习者而言是发自内心的、有生命力和生成力的，建构主义认为：认知的过程乃是个体内部认知结构的变化，是学习者主动对外部的信息和刺激予以吸收、加工和赋予意义的过程。根据建构主义知识观的立场，尽管世界是客观存在的，但知识仍是基于个体自身已有经验与认知所主动建构而成的产物，而非独立于个体之外的客观存在物。学生在获得数学经验时，是根据自己个体原有的经验基础、个体的思维方式来进行独立的信息编码和自我认识，获得的是自我的改变，属于学习者特定的自己。不同的个体面对相同的数学情境，启用的思维模式、建构方式是不同的，这就决定了数学经验的个体性。

3. 发展性

就学习的过程而言，数学经验还具有发展性。有效的数学学习都是以前经验为基础，在新问题情境下链接已有的知识经验来成功处理新信息、新问题，在此过程中，学生得以进一步领悟经验、反思经验、改造经验、丰富经验。数学经验增长的过程是一个由低级到高级、由浅层到深层的螺旋式上升的过程。如果说第一次数学活动中获得的是原初经验；第二次遇到相同情境时，经验再现，一般称为再生经验；再次遇到类似情境时，迁移运用先前经验，产生再认性经验；在形式不同、本质一样的新情况下，按照"模式"重复运用这种经验时，这种经验成为概括性经验；概括性经验在多次被调用、反思后，内化为经验图式。这样递进式的发展，促进了学生数学经验的逐步生长。

（四）促进数学经验生长的教学策略

1. 对生活经验进行结构化改造，使之上升为数学经验

生活经验是指学生在生活中通过亲身经历、体验而获得的对事物的认识和反映。受认识环境与认识水平的限制，小学生的生活经验在很大程度上是原始的、粗浅的、局部的、零散的，甚至是不准确的、不科学的。生活经验不等同于数学经验，比如"平均分"经验，在学生未入学时就有分东西的经历，吃东西时会碰到分，做游线时会碰到分，但这样的经验还只是一种日常生活经验，还未上升到数学经验。生活经验是学生数学经验形成的重要方面，学生的经验大多来自他们的生活经历，他们在生活中已经积累了一些关于数学的原始、初步的经验，这些最初的经验成为他们理解自我知识的最初的内在图式，是上升为数学经验的支撑点。皮亚杰的知识建构理论也指出，学生是在自己的生活经验基础上，在主动的活动中建构自己的知识，学习者通过新经验与原有生活知识经验的相互作用，来充实、丰富和改造自己的知识经验。因此，教师要重视对生活经验的数学改造，以生活经验作为生长点，开展与数学经验的连接、发生与发展，促使学生从感性认识上升到理性认识。

首先，要赋予生活素材数学化的含义。所选取的生活素材必须有成为促进数学认知的可能，要赋予数学化的内涵，如同样是折纸活动，在手工课上可能就是一个技能训练或是美学欣赏，而在数学课上的折纸活动就是数学操作，它是为完成某一项数学理解服务的。

其次，对生活化的素材要进行结构化的整合。认知某项数学概念时，可能会用到多种不同的生活素材，但这些素材是形散而神不散的一种框架，每一个生活素材都是为理解某一个小知识点服务的，因此这些素材之间的关系是以一个主题引领下的递进式的情境串，当学生把原有的不相干的生活经验

以一个数学主题串联起来，对某一个数学知识进行系统理解时，就完成了对生活经验的改造，生活经验就基本上升为数学经验，并且思维活动的材料越是丰富、全面、贴近学生的经验，学生的认知活动、思维过程会越顺畅、深刻，数学经验生长会更快。

2. 对原初经验进行层级化扩展，使数学经验不断走向深层次

原初经验是指学生在数学学习活动中获得的较为粗浅的较低级的经验，它往往是模糊的、零散的，并且不易被学生直接感受，帮助学生将这些模糊的、零散的经验清晰化、条理化、系统化，并逐渐内化为学生的经验图式，是教学的关键。数学经验的积累是一个循序渐进、层层递进的过程，在这个递进的过程中，学生以已有知识经验为基础，将前期积累的数学经验主动运用到新的数学情境中，在新的数学活动中进行经验改造或重新改组，并经历多次这样的调用和加工，原初经验被学生得以更加理性地领悟，逐渐内化为概括性更强、迁移运用性更高的高层次经验。

首先，让数学经验在触及数学本质中生长。从数学的内在的知识本身的特点来看，数学是具有高度抽象和概括的一门科学。任何一个简单地数学问题、数学对象，都是前人抽象概括的结果。数学学习不是简单的习得某个显性的数学知识，而是要深层经历数学知识发生、发展的过程，经历数学建模的过程，理解数学概念的意义及其蕴含的实质思想，数学经验也在这样的过程中逐渐生长。因此，数学教学不能停留在知识符号表层，而是以学生深度理解数学知识为目标，教师要学会对知识进行深层加工，把准知识的核心内涵，在连接学生原有经验的基础上，引导学生独立思考、动手实践、自主探索、合作交流，提倡"做中学"，放大知识形成过程的时间和空间，让学生多一份感知，多一份实践，多一点辨析，由表及里，逐层建构，逐步领悟知识的结构、原理，逐步理解知识的本质。使学生原有经验在探索过程中不断得到冲击与碰撞，在一步步寻求数学本质的过程中逐步修正、改造和重组，促使那些原先存在于学生头脑中的不正规的数学经验不断转化发展成为更科学的经验。

其次，让数学经验在反复运用中生长。"一个人从自己的经验之上出发，深掘开去，直达普遍真理之流"。朱德全教授认为："应用意识的产生便是知识经验形成的标志。"数学经验不是一蹴而就的，逐步积累是数学经验生长的关键，不能指望由一两次活动、一两次探索经历学生就能形成丰富数学经验。要在教学过程中不断地为学生提供实践的机会，通过变换情境、变换活动，使学生对原初经验进行反复的再生、再认。这样的实践运用的载体可以是在同一类数学内容下的不断递进，也可以在不同数学内容下的类比迁移，这种递进发展和类比迁移都能使学生经验不断走向丰富、成熟。如用转化的经验进行知识的学习，在小学数学学习中是一种非常有效的经验，当经验积累到一定程度就会形成转化的数学思想，而这和数学思想对更高层次的学习有着非常大的作用。因此，教师就要重视在教学中帮助学生逐步积累这方面的经验。如学习平行四边形面积计算时，会初步用到转化的思想对图形进行剪拼移，而这是第一次运用，教师要帮助学生提炼小结，形成原初经验。在三角形面积教学时，教师就要帮助学生再现经验，并创设活动加深这种经验。在后面的梯形面积计算及圆面积计算时，学生就会主动运用这种经验，此时，经验就到达外显及内化的层次。只有经历丰富的、有层次的数学学习活动，原初经验才得以足够丰富与扩展，才能形成学生内在的深层次的数学经验，才能自觉主动地将这些经验迁移运用到后续的数学学习中。

最后，让数学经验在不断反思中生长。荷兰著名数学家费赖登塔尔教授指出："反思是数学思维活动的核心和动力，"教学中引导学生反思，可以促使学生对自己认知过程、认知结果进行及时的监控和调整。当一个知识点的学习结束后，不及时进行回顾与反思，学生的认知就停留在知识的本身，没办法与自身已有的认知结构连接，数学经验也停留在原有的基础之上，得不到较好的发展，往往事倍功半。学生的数学学习是一个思考过程，也是对自己的思维活动和经验的反思过程。学习活动中注重数学思推的介入，使学生在习得某个数学知识点后能对学习过程进行及时的反思和自我评价，或回顾概念的形成历程，或回想公式的推导过程，或总结探索的成功之处，或反思错误的原因何在，使得学生原有的经验在更高的层次上选行再概括，逐渐上升到理性水平。长期这样的过程学生便积累了"数学地思考"的经验，使自己的思维变得条理化、清晰化、精确化、概括化，数学经验也上升到更高级的水平。

3. 排除负效经验的干扰，使数学经验向正向发展

杜威指出："每一种经验就是一种推动力。经验的价值只能由它所推动的方向来评判。"从教学实践可以看出，智力和经验两者对学生的学习的影响程度来看，经验的影响作用更大。学生的学习心理往往不是按照既定的定义方式来理解知识的，而是根据自己已有的经验作出判断，经验对一个人的学习起着至关重要的作用。正效的经验能较好地促进学生的进一步学习，反之，负效的经验则会抑制甚至阻碍学生新知识的学习。因此，排除负效经验的干扰也值得教学的重视。

首先，要排除学生个体已有的负效经验。例如，学生在日常生活中包括以往的学习中对某些数学知识产生了错误的认识或者偏差性的认识，这种经验往往是个体的，教学中教师要善于发现，及时排除，必要的时候可以采取对学生的已有经验做一个前测。充分了解学生的前认知基础，教学时可以因材施教，针对性辅导，避免学生个体负经验长期停留甚至继续向负方向发展。

其次，要排除教学偏差引起的负效经验。因对教学重难点把握不够，对一些数学知识的本质属性理解不到位而采用的偏颇性的教学手段，使学生产生负效经验，这种负效经验往往是群体性的，对学生的影响巨大。如小学数学中经典的例子，理解三角形的稳定性。一些教师会制作三角形和平行四边形的两个教具，让学生来拉一拉，在对比中体验三角形的稳定性。学生就会形成"拉不动就具有稳定性，拉得动就具有不稳定性"这种经验，这显然是负效经验。教学中要避免这种负效经验的产生，必须对数学教材进行深刻解读，对数学知识背后隐藏的数学本质必须理解到位，这样才能真正排除负效经验的干扰，使得学生的经验向正向发展。

总之，数学经验在数学学习中有着较大的作用，教师要因时制宜地采取各种教学手段，帮助学生习得、扩展及丰富数学经验，使之成为促进数学学习的助动力。

第三节　数学精神的培养

一、数学精神的内涵

数学精神是几千年来人们在数学探索过程中积累的精神财富，其存在于数学哲学、数学史和数学本身之中。是人类在数学研究中的行为、思维、价值取向等意向性心理的集中表征，也是人类对数学知识、方法、经验、思想、意识和观念等不断概括和内化的产物。M.克莱因认为，数学是现代文化的重要因素和形成力量，数学不仅是一种方法、一门语言和艺术，更是一门具有丰富内容的知识体系。数学对社会科学、自然科学、逻辑学、哲学和艺术等学科的发展具有重要作用。王健吾教授认为，数学的推理手段，是获得对世界逻辑本质理解的真谛，数学精神是人类精准、客观地探寻世界逻辑关系的精神。

二、数学精神的教育价值

教育价值是指教育对社会和个人等主体的存在和发展所具有的意义。数学精神的教育价值，包括个人性价值、社会性价值和教育性价值三个方面。

（一）数学精神的个人性价值

数学精神具有以意向性为特征的人文形态的数学精神和以研究性为特征的科学形态的数学精神。人文形态的主要表现为人的情感、意志等非认知性因素，科学形态的主要表现为思维方式和策略等认知心理因素。从系统论的观点看，人文形态是数学精神的动力系统，科学形态则是其操作系统，二者的合力是数学精神产生"元学习"的动力源泉。元学习能力对于学习活动具有监控、调节和完善的作用，对于学习能力的提升和学习方法的完善具有促进作用，对于非智力因素向智力因素的转变具有积极的作用。

我国学生发展核心素养中涵盖有健全的人格、劳动意识、科学精神等素养，学生发展核心素养就是培养未来社会公民应具有的职业品格和职业能力。数学精神中的人文性蕴藏着自我激励、求实创新、唯物辩证和团结协助等丰富精神，这些精神正是职业品格的核心内容。因此，职业品格需要数学精神。

首先，数学的理性精神有助于形成坚持不懈的职业品格。理性认识是通过思维能力对感性事物进行概括和抽象、综合与分析，形成概念、推理和判断。理性精神是一种对真理追求的信念，是以坚持理性为基准的思维方式作为判断是非、真假的标准。理性精神是数学对人类文明的最大贡献。理性精神的教育有助于增强学生利用理想思维获取成功的信念和面对失败的承受力。

其次，数学的求真精神有助于形成开拓进取和完善自我的职业品格。求真精神是人类在探索世界的过程中形成的优良品质，是一种追求真理的精神，人类只有掌握了真理才能与自然世界和谐共生。求真精神有足以增强人们坚持真理的信心和勇气，养成客观清醒地看待一切，不迷信权威，能够独立思考问题和解决问题的习惯。

最后，数学的创新精神有助于形成求变创新的职业品格。当整数解决不了实际问题时，数学家们发明了分数、无理数……数学的发展史就是一部创新的科学发展史。当下的信息化时代，也是知识爆炸的时代，创新能力不足的企业纷纷被市场淘汰，只有保持创新才能跟上时代步伐，推动企业发展。

（二）数学精神的社会性价值

数学精神是一种"看不见的数学"，其不仅对于数学本身具有进化和发展的科学价值，对人类进步也具有至关重要的社会价值。党的十九大报告把优先发展教育上升为国家的战略，科教强国再次达成共识。"强国"需要科学和科学精神，科学精神是一切精神的力量。

价值观念是民族文化传统的核心，我国五千年封建文化价值观根深蒂固地影响着国人的价值观念，"实用主义"和"伦理至上"的价值观，重修身轻求真的思想在很大程度上导致我国教育的文化功能落后。中国传统文化价值观存在三个明显的特点：在道义上重忠恕和仁义；在评价上重功名和利禄；在认知上重权威和传统，中华民族独特的教育精神也深受此价值观的影响。

（三）数学精神的教育性价值

数学精神的教育价值不仅存在于教育系统，对于教育本身也具有重大意义。认识和理解数学精神，有助于在数学教育做好：智力和非智力协调发展、"数学属性"和"精神属性"相互渗透、数学素养和人文素养有机整合的新数学教育观念。研究和弘扬数学精神，有助于增强数学的活力，将数学意识、数学思想、数学观念等数学精神纳入数学教学标准，融入数学课堂，成为数学教育发展的新方向。

1. 数学理性精神的教育功能

理性精神是数学对人类的最大贡献，数学家齐民友认为数学理性精神对人类发展有三点贡献：第一，完全准确和确定的知识是数学理性精神的追求之一。第二，数学的理性精神不断追求最简单和最深层次的，人类感官所无法触及的宇宙之根本。第三，数学的理性精神不仅研究宇宙也研究它自己。它在研究其他对象的同时不断研究自己、反思自己、批判自己并以此为前进的动力。在研究的同时，要考虑研究对象的存在性及存在的状态，研究"可能性"和"不可能性"，在构建公理系统的同时追问它的独立性、完备性和相容性……以至数学考虑自身的整体性，考虑自身力量的界限，因此，数学一直追求统一性。

弘扬数学精神，提高人们的精神水平，有助于人类成为更加丰富和有力量的人，数学的理性精神使人们看到理性的力量，提高思维的概括性、深刻性和探索性，有助于人们变得行为更加理智、头脑更加清醒、抗挫能力更强。

2. 数学求真精神的教育功能

数学的求真精神有助于增强人类坚持真理的信心和勇气，养成客观地评判事物而不迷信权威和书本的精神，能够独立地发现、思考、分析和解决问题。

3. 数学创新精神的教育功能

创新是社会前进的动力，是科学的本质。在数学的历史中，创新的案例非常多，且创新教育对外界条件的要求不多，容易展示，因此，通过数学培养学生的创新精神是一种较好的手段，数学创新精神有利于学生破除唯书本、唯教师、唯权威的陋习，有助于增强学生探索精神、质疑精神，有助于提高学生的思维灵活性、广阔性和创新性。

三、数学教学中数学精神的培养策略

（一）渗透数学史教育，培养学生的数学精神

数学家的奋斗史培养学生的数学精神。数学史就是一部数学家为了追求真理而献身的奋斗史，数学史展示了数学家严谨治学、刻苦钻研和敢于坚持真理的数学精神，展示了数学家的伟大人格和科学品质，凝聚了众多数学家的智慧和心血。阿基米德因痴心数学、坚持真理而被杀害；欧拉在 31 岁时右眼失明，晚年双目失明，即使如此，他仍然保持顽强的战斗力，出版和发表多部著作和论文，其遗留的手稿，一直持续近半个世纪丰富着圣彼得堡科学院学报。我国数学家华罗庚因家庭贫困只读了一年半的职业中学就辍学，但他凭着顽强的毅力和刻苦钻研的精神，破格成为清华大学的教授，并成为世界级数学家，培养了陈景润等一批数学大师。数学家的奋斗史和生平事迹，以及数学家发现问题、研究问题的思维方式都对学生的思维发展具有启迪作用，数学家锲而不舍的钻研精神、攻坚克难的顽强意志和实事求是的科学态度都对学生的核心素养发展具有重要作用。

（二）数学文化融入课堂教学，培养学生的数学精神

教学中融入数学文化培养学生的数学精神。数学本身就是历史的记载，是一个逐步累积的科学，数学本身就是一种文化，其本质就是数学的一部分，数学精神通过丰富多彩的事例得到体现。在数学的发展历史中出现过三次数学危机，这也正是数学求真精神的具体体现，人类通过对已有的理论不断修正，通过创立新的理论来完善已有理论，从而解决数学危机。在复数部分讲解时，可以将此作为导言，这样可以将数学思想有机地融入数学理论曲折的发展历史进程中，对学生的发展具有潜移默化的作用。再如通过在概念教学

中融入数学文化培养数学精神。案例：验证整式乘法公式内容，教材中通过几何图形的割补来表示完全平方公式，古代人喜欢用线段表示数，平方和立方分别用正方形和正方体来表示。他们喜欢用面积或体积的割补来表达公式，这种表达有助于加深学生对公式内涵的理解。教师还可以进一步拓展内容，如在一个大正方形的一角割去一个小正方形得到一个 L 形，再通过面积割补来验证平方差公式。文艺复兴时期的卡尔达诺就是用正方体体积割补的方法验证了 $(a+b)^3$ 和 $(a-b)^3$ 这两个公式，之后再利用此公式求解三次方程，教学中通过割补法的介绍，让学生理解数学与自然以及数学各部分之间的和谐统一美。

（三）转变课堂教学方式，培养学生的数学精神

在数学知识教学的过程中通过转变课堂教学方式，实现数学知识学习和数学精神培养的有效结合。

1. "做"数学

这里的"做"不是简单地做作业，而是"做学教"中的做，通过做数学有利于培养学生学习数学的兴趣，通过亲自体验做的过程，深层次理解数学，培养数学精神。例如，讨论如何计算随机事件出现的概率时，可以让学生通过投掷一枚质地均匀的硬币 10 次、20 次、50 次、100 次，记录国徽朝上的次数，能得出什么结论？

2. 独立的学习时间和空间

当今社会信息获取的渠道非常多，但是现在的学生在面对繁杂的信息时显得难以取舍，表现得非常烦躁和迷茫，这正是学生缺乏独立和理性思考的表现。出现这种现象的原因主要有：一方面，如今的孩子多是独生子女，从小的生活就习惯于依赖，缺乏独立的空间；另一方面，由于年龄的原因，在感性和理性中，他们往往选择感性。

独立和理性是共生的，理性精神能保证独立思考，同时独立思考的能力也是理性选择的保障。人们只有客观、全面地了解事物，才能达到"感性具体—理性抽象—理性具体"的否定之否定的过程，这一过程更多的是需要在

独立思考中完成的。

　　数学知识的学习只是数学学习的一部分而非全部内容，数学知识只是人的发展的一个基本条件，但是要适应未来社会发展所具有的关键能力和必备品格，还需要在学好知识的同时，学会如何学习、如何思考、如何生活，在接触到大量信息时如何选择。在工作的过程中如何"求真"等，这些能力的培养需要给学生一定的时间和空间，培养他们独立思维和数学精神。独立的思考时间和空间不仅让学生学会思考、反思和完善，还给学生实践、检验的机会，使得学生能够不断拓展思维、提升思维的品质；独立的时间和空间还有利于培养学生探索研究的习惯，培养学生的批判思维，从而培养学生的探索精神、批判精神和创新精神。

第四节　数学教育中人文性渗透

　　传统观念认为，数学是一门工具性科学，它刻画了客观世界的空间形式和数量关系，数学教育的发展提高了人类认识自然和改造自然的能力。但是随着科技的进步和社会的发展，人们深化了对数学的功能和地位认识，新的数学课程标准指出：数学不仅是运算和推理的工具，还是交流和表达的语言。数学承载着思想和文化，数学教育是落实立德树人根本任务的有效载体，其帮助学生掌握必备的数学知识技能和思想方法，引导学生会用数学的眼光、思维和语言去观察、思考、表达世界；数学教育在促进学生思维能力、探究能力、创新意识发展方面发挥独特的作用，为学生可持续发展和终身学习创造条件。

一、数学教育中的人文魅力

　　著名数学家萨顿于20世纪30年代发出将科学及科学教育"人性化"的呼吁，要赞美"科学所蕴藏着的人性价值"，要打破科学与人性学科割裂与对立的传统，要实现科学与人文主义的统一。数学"天生"具有人文品性，数学教育活动中要充分挖掘数学的人文精神并使之内化为学生的个性品行、使之成为影响学生今后人生的行为规范和价值取向。

（一）数学的精神魅力

"数学在丰富人类的物质财富和精神世界的同时，还为人类提供了真、善、美"。数学在漫长的发展历程中，散发着强大的精神魅力，积累了丰富的精神资源。数学的精神魅力有两种表征：一种是科学形态的数学精神，另一种是人文形态的数学精神。

科学形态的数学精神主要指数学的理性精神。数学家 M.克莱说"数学的理性精神，在鼓舞、激发和促进着人类思维的完善发展；努力回答存在于人类自身的问题；试图去控制和理解自然"，人类最深刻、有效和纯粹的思维活动就是数学推理。因此，数学理性精神是人类真理的源泉，学习数学的过程就是探索真理的活动。人文形态的数学精神主要以意向性为主要特征，是人的情感、意志等非认知逻辑品质，是数学家敢于质疑批判、坚持真理和勇于创新等精神魅力。

数学精神魅力的内涵预示着在数学教育中不能仅仅关注数学知识和技能的教育，更应注重在传授数学知识的过程中让学生了解数学的发展历程、感悟数学的精神魅力和数学家伟大的人格魅力、感受数学的精神品质和时代内涵、塑造学生的科学精神和人文精神。

（二）数学的创新魅力

美国数学家哈尔莫斯说过"数学是一门创新的科学，数学家最具有创新品质，因为他们不断地创新着新的概念、新的思维方式和新的思想"。法国著名数学家、哲学家笛卡儿创建了坐标几何思想，从而开启了变量数学和几何代数化的新时代；康托尔系统阐述了无穷集合的性质和实数连续性，创立了集合论这一新的数学分支……这些胜于雄辩的事实充分说明数学的发展是充满着创新之路。

数学的创新魅力，要求数学教育要从提升学生的思维习惯和思维品质入手，要培养学生观察和思考问题的习惯，提高学生的直觉意识。数学教学过程中的猜想、假设、直觉等让数学的创新魅力得到了一览无遗的展现。

二、数学教育中人文性的缺失

受到实用主义、应试教育的影响，在现实的数学教育中，数学的人文性正在被边缘化，数学教育的价值被片面地理解。实用数学，数学的工具性被广泛认可，"无用"数学，数学的人文性被弱化。数学教育中过度关注知识的具体目标、解题的方法和技巧而忽视数学教育中的"思维""品格"和"精神"教育，使得数学变得"冷血"无情。

（一）数学教育理念的功利化

当今数学教育中工具性、实用性的思想占据着主要位置，功利化的教育理念导致数学教育中的各种异常现象。第一，重视解题技巧，轻思维发展。我国当前的中高考数学试卷的容量要求学生在拿到题目后就能条件反射地"思考"出解题的方法，必须快速无误地计算出题目的答案，否则根本来不及应答。当前中高考的数学试卷容量明显偏大，难度偏深，已故著名数学教育家张奠宙先生在对比多个国家中高考试卷的题目容量和答卷时间后，曾多次呼吁，增加我国中高考数学考试时间，以缓解考生对解题技巧的高度关注，加强学生思维层次的发展。鉴于目前的考试规则，以及教师"务实"的教育理念，现实数学教育中教师机械化地训练学生的解题技巧，强调怎么解，而轻视为什么这么解，忽略还可以怎么解。数学教育变成了记忆定理的解题教学，造成了学生思维的低层次发展，在遇到真实问题时束手无策。第二，重视成绩提高，轻素养发展。数学教育的内容包括数学基础知识的传授、数学文化的传承、数学基本思想的培养和数学应用能力的提升等，然而现实的数学教育，由于高考指挥棒的"引力"依然存在，家长、社会和教育主管部门评价学生的标准依然是考试分数，因此高考分数成了唯一追求和衡量标准。所以，课堂教学中，本该由探究得出的结论，变成了告知，学生的好奇心、探究欲被扼杀；本该由合作完成的内容，变成了告知，学生的互动、交流和合作精神被无端地剥夺；本该由独立思考得到的知识，变成了告知，学生低阶思维运行；本该由猜想、辩论、验证得出的结论，变成了告知，学生的质疑、批判和求证的理性精神被忽略。课堂教学成了记忆概念，模仿练习，强化训练，刷题巩固的场所。

（二）数学教育知识的碎片化

应试教育、功利主义追求教育的效果立竿见影，追求短、平、快的碎片化知识传授，在这种思潮的影响下，当前的数学教育被学校和教师人为分割成若干个孤立的知识碎片，学生对数学课程的学习异化为对每个知识点的学习，对每个知识点中解题技巧的掌握，学生缺乏对整个知识体系，课程体系的整体性构建，数学教育的短视使得学生的数学学习成了"只见树木不见森林"。数学知识的抽象性和层次性，决定了数学教育对学生抽象思维的培养是一个螺旋式上升的过程，而不是把知识平铺直叙在学生面前，这样的数学教育就缺乏知识的层次性，漠视学生的认知差异性，不利于学生形成正确的数学学习观和高阶思维的培养。

（三）数学教育过程的机械化

数学课堂理应是充满争论、探究、思考、猜测、操作和验证的课堂，是活力四射的课堂。然而现实与理想总是相隔遥远，现实中的数学课堂充满着机械化的色彩。首先，教学过程、教学方法的机械化。为了能在短期内提升学生的考试成绩，为了实现教学效益的最大化，本该充满探究的数学课堂变成了告知、记忆概念、公式，模仿例题的解题方法和技巧，教师将能快速解答习题作为教学的第一目标，将解题的规范性、完整性和正确率作为衡量学习质量的标准。教学过程机械化地重复着记忆、模仿、练习、讲解、再练习，忽略了因材施教、以学定教等教法。其次，数学教育过程中人为地割裂了知识间的整体结构，忽视了新授知识与已有知识的联系，新知识的学习未建立在学生已有知识和已有经验的生长点上，忽视了意义学习和对学生知识的整体建构。最后，数学知识的学习机械化为记忆、练习、再练习，数学教育中忽略了对学生合作、探究等学法的指导，忽视了数学教育本该具有的精神教育和艺术熏陶。

(四) 数学教育评价的狭隘化

无论是中考还是高考，数学作为一门大学科的超级地位无法撼动，所以有人说，拥有了数学就意味着成功。在当今社会还是一张试卷定终身的应试教育环境下，无论是学校、家长还是社会都不得不向应试教育妥协，对学生数学学习的评价变得狭隘。第一，只关注结果，忽视过程的评价。对学生数学学习的评价，只关注学生学习的结果，而对其思维的过程，学习参与的过程不加以关注和评价。第二，只评价对知识内容和解题技巧的掌握，忽视了品质、情感和素养的提升。对学生数学学习的评价，既要关注其数学知识的掌握程度，也要关注其掌握数学的思想和方法，关注其思维水平和数学素养的提升，更要关注其在学习的过程中形成的情感、态度和价值观。

三、数学教育中人文性的回归路径

数学是人类摆脱愚昧走向文明，摆脱无知走向智慧的重要知识力量，数学不仅代表理性和真理，还蕴藏着丰富的人文价值。数学富含的审美价值和文化底蕴，要求数学教育要回归人文魅力，要打破机械的课堂现状、摒弃唯理性主义的技术机制，数学教育要关注人格、人性和人文，要关注学生数学学习的过程感悟、情感体验和素养提升。

(一) 挖掘数学教育中的人文资源

以学生发展为中心的数学教育，无论是数学教材还是数学知识，都富含着人文资源。在数学教育过程中要充分挖掘数学定义、定理、公式中的人文价值，使学生充分感悟到数学的人文精神和文化底蕴。

1. 挖掘数学思想方法

日本数学教育家米山国藏曾说："基础教育的数学知识，由于应用性不高，学生在毕业后几年就会很快忘记这些数学知识，但是，烙在学生头脑中的数学精神、思想方法和解决问题的思维方式会随时随地发生作用，使他们终身受益。"数学思想方法是数学知识与能力转化的立交桥,能有效促进学生认知结构的发展。必备数学思想方法的掌握,就能让学生在较高层次上构建知识,为终身学习奠定坚实的基础,就能提升自己的科学素质和人文素养。然而数学的思想方法是隐蔽和抽象的,需要教师在教学过程中逐步渗透。

2. 挖掘数学文化内涵

数学文化是数学学科在漫长的发展过程中所形成的独特的文化,是人类文化的重要组成部分,其他任何学科都没有形成学科文化,只有数学文化独具特色、魅力无限。数学独特的求真、求善精神和数学的美引导着人们不畏权威、坚持真理,培养学生敬业、理性、担当和锲而不舍的探索精神。

3. 挖掘数学美学因素

挖掘数学美是数学人文教育的组成部分,高中数学课程标准也提出要适度开展数学的美学价值教育。数学具有对称美、统一美、简洁美,数学的美源于客观生活,是自然美的客观反映。数学不仅具有生活美,还具有思想美、理性美。在数学教育过程中不仅要引导学生发现美、欣赏美,还要通过数学美的教育,让学生学会用严谨、对称、统一和简洁审美标准评价事物,简化和深化问题。

(二) 注重数学教育的过程性和创新性

数学教育过程需要动态、灵活、互动和意义创生的文化过程。

1. 突出学生的主体地位

数学学习的结果取决于学生参与的广度和深度,只有肢体参与而没有思维参与的学习活动不是真正的学习活动。因此,在数学教育过程中教师要充分运用创设情境的策略、变式策略、过程性策略等多种教学手段,突出学生的主体地位,发挥学生的主体性,调动学生思维的参与,让学生通过与教材、教师、同学及自己的对话达到对知识的理解,实现主动探索和主动建构知识目的。

2. 凸显数学教学的过程性

数学教学不仅要让学生掌握知识,还要让学生理解知识的本质,要让学生从学习者的角度品味数学知识发展历程中的原味。如在"弧度制"一课的学习中，教师要让学生清楚引入弧度制的必要性，否则学生就会认为弧度制仅仅是角的不同度量单位，而失去对学习弧度制这一新概念必要性理解和学习的激情。角度制已经能够非常好地刻画角的大小，为什么还要引入弧度制呢？历史上数学家引入弧度制的意义是什么呢？学生通过查阅资料、讨论、梳理出结论：角度制是六十进制，不符合函数的定义，从而使得三角函数的概念无法建立，而弧度制是十进制，其单位与实数相同，符合了函数的定义要求，引入弧度制就能够建立起三角函数的概念。

3. 强调思维的创新性

在数学教学过程中既要创设宽松的学习氛围，激发学生的学习兴趣，引导学生积极思维，同时还要教学生思维的方法，展现思维的提升过程。如世界级数学大师陈省身先生在北大的一次讲学中曾语惊四座："三角形的内角和是 $180°$，这是不对的，"看着大家惊愕的表情，陈老给出了精辟的解答，他说："不是说三角形内角和 $180°$ 这个事实不对，而是这种看待问题的方法不对。如果把眼光盯着内角，那就要分四边形内角和 $360°$，五边形内角和 $540°$……n 边形内角和 $(n-2) \times 180°$。如果把眼光转向外角，就会发现三角形外角是 $360°$，且任意 n 边形的外角都是 $360°$。这样就是用一个简单的结论概括了多种情形，这是一种更加一般的规律。数学教育中就是要让学生的思维得到创新，让学生思维由隐性到显性，无意到自觉的生长。

（三）实施多元差异的数学教育评价

数学教育中的科学评价，首先要转变传统评价观念，树立科学评价观。要挖掘数学的文化价值，建立把知识积累与思维发展、学习结果与学习过程、学生外在的学习表现与内在的素养提升并重的立体式评价体系。其次，采用多种评价方式。一张试卷、一个量化的分数很难客观、公正地衡量一个人的数学学习的真实、全面情况。要把数学学习过程中的合作与交流，数学学习过程中的思维过程，数学学习过程中思维的敏锐性、深刻性和广泛性纳入评价视野。因此，采用定量与定性相结合，自评与他评相结合，主观与客观相结合的方式更加有利于对学生数学学习做出全面、客观和个性化的评价，有利于人文精神在数学教育中的发展。

第五节　数学课堂中的生活化教学

"宇宙之大，粒子之微，火箭之速，化工之巧，地球之变，日用之繁，无处不用数学"，"不管数学的任一分支多么抽象，总有一天将应用在这个世界上"。数学教学需要和学生生活联系起来，让学生在生活情境中体验数学，理解数学的建模、抽象、推理和运算等过程，借助生活经验培养学生的数学思维，提高学生利用数学知识解决实际问题的能力。

一、生活数学化与数学生活化

数学教学如何回归生活？存在两种观点：一是数学教学应该密切联系学生的现实生活世界，从现实生活中抽象出数学问题，利用学生的生活经验开展数学教学。简言之，数学教学要回归生活世界。二是数学教学不仅要回归生活，还需超越生活。因为不是所有数学知识都来源于生活。"在每一个数学分支中，那些最初、最老的问题肯定起源于经验……但是，随着数学分支的进步发展……而只是借助于逻辑组合、一般化、特殊化，巧妙地对概念进行分析和综合，提出新的富有成果的问题"。正是这种超越，数学才有了今天的无限发展。再者，现实生活也仅仅是教育存在的前提和基础，需要在人们的教育引导下进行改造、超越，才具备教育的价值。

（一）数学生活化：巧妙借用生活中的素材开展数学教学

抽象性、严谨性和广泛的应用性是数学的三大特征，而数学的抽象程度超过任何一门学科。因此，许多学生对数学学习产生恐惧心理，如果教师在数学教学过程中不注意教学的方法、策略，则会更加加重学生的这一心理，使得数学教和学的效果都会降低。后现代课程观表明，教学要把抽象的数学知识还原成直观、形象的生活实例，利用学生的已有知识和生活经验，提供学生思维的具体起点和路径，降低学生思维的坡度，让学生在生活实例的观察、归纳、分析、类比中获取数学知识学习的内容和方法，发展数学核心素养。

"数学生活化"的提出，是由于传统数学教学过于强调数学的严密性、形式化……而忽视了数学在生活中的应用，这种现象严重导致学生厌学，产生"数学无用论"的思想。为了能让学生感受到数学与现实生活的联系，将数学与现实生活联系起来已经成为数学工作者的共识。

数学来源于生活，生活中数学无处不在，教学的过程中教师可以创设生活情境引入教学，以增强学生的感性认识，激发学生的学习兴趣；创设教学内容，实现数学知识回归现实生活；更新教学方法，以实现教学内容回归现实生活……

（二）生活化数学：充分遵循数学思维解决实际问题

许多数学知识来源于现实生活，许多问题也需要用数学的知识和方法来解决，现实的生活情境既是学生提炼数学知识的素材，同时也成为学生应用数学的场所，因此，寻求数学知识的生活化情境，设计数学化探讨过程就成了数学教学的追求之一。当然，也不是所有数学知识都能在现实生活中找到背景，数学回归生活，只是学习数学的一种方式，从现实生活中抽象提炼数学问题，运用数学的知识解决现实生活问题，有利于积累学生的数学化活动经验，形成数学应用意识，这才是数学教学的目的。

（三）"数学生活化"与"生活数学化"的联系与区别

"数学生活化"与"生活数学化"，两者在思考的方向上有所差异，但它们都是数学与实际生活相联系的形式。数学教学一方面要利用学生的生活经验帮助学生对知识的理解；另一方面也要从生活经验中提炼出数学模式。

"数学生活化"是指教师在教学过程中寻求贴切的实际情境，让数学教学在实际情境中展开。是将抽象的数学对象在生活中具体化，是数学向生活的回归，"数学生活化"强调的是将数学对象化为生活原型，体现了数学在生活中的应用。

"生活数学化"是从生活中的具体实例出发，从学生熟悉的实际生活背景中构建出数学意义，是在具体的问题情境中探索数学事实，是让学生在体验实际问题"数学化"的历程，积累"数学化"经验，学会用"数学化"的方式方法解决实际生活中的问题。

数学教学的完整过程是一个从具体到抽象、再从抽象到具体的历程，归纳和演绎是数学研究的两个重要手段和方法，数学和实际生活之间双向构建使学生能够更好地理解数学意义。因此，"数学生活化"和"生活数学化"有利用促进学生的数学学习与生活经验的联系，促进学生对数学事实的理解，实现了对学生数学抽象、数学建模、逻辑推理、直观想象等数学核心素养的发展。

二、"数学生活化"教学策略

（一）利用生活常识帮助学生理解数学知识

数学高度的抽象性和严密的逻辑性，是许多学生学习数学的障碍，也是数学让人望而生畏的原因。在教学中教师可以利用生活现象、生活常识合理地采用实际事物、直观的教具等方法帮助学生理解数学知识，尤其是在讲授一些抽象度较高的概念、定义时。这样能降低学生理解的难度，促进学生积极思维，利于学生又快又好地掌握知识。

例如，"映射"概念具有较强的抽象性，概念的陈述比较拗口，学生很难理解，但映射是学习函数的基础，如果学生对这一概念理解不透彻、不清晰，那么必然会影响学生函数概念的学习，使得后续学习困难重重。本节课的教学教师不妨把概念放置生活实例中，帮助学生理解，也许生活实例不能完全切合概念，但经过教师合理的处理，对学生轻松理解知识是大有裨益的。再如，周末去体育馆看足球赛，大家先购票，然后拿着票寻找自己的位置坐下来看比赛。已知观众（A），体育馆座位（B），票（F）。

和学生讨论：

（1）A 中的任一个观众在规定时间内进入体育馆后找到多少个属于自己的座位？（学生回答：1 个）

（2）会出现多个人去坐 B 中的同一个座位吗？（学生回答：不可能。除非有人没有按照票上的座位坐）

（3）会出现 A 中的一个观众坐多个座位现象吗？（学生回答：不可能，除非他没有公德）

（4）B 中座位会不会出现没人坐的现象？（学生回答，有可能。若本场次的票没有卖完，就会出现这种情况）

（5）会出现有人买了票，而没有座位的现象吗？（学生回答：买了假票吧？电脑出故障了？……）师生总结：这是张废票，没用的（这不是映射）。

通过把学生已有数学知识与实际生活经验联系起来，这种主动建构的过程帮助了学生对抽象概念的理解，这种理解又快又准又牢，同时还激发了学生学习的兴趣、增强了学生学习数学的信心。

（二）利用生活知识激发学生"追求"数学

爱美之心人皆有之，现在的学生也都很爱美，都想把自己打扮得潇洒、美丽，但是他们的审美能力又不强，往往是跟"潮流"，结果把自己打扮得不伦不类。一次数学课上，笔者对学生说，同学们都爱美但却不懂得美、不会发现美、不会欣赏美。比如说，数学就非常"美"，你们有没有发现数学的美呢？数学有哪些美呢？

课后学生上网查询，发现数学真是美不胜收，数学有语言美、简洁美、和谐美、奇异美、对称美、创新美、统一美、类比美、抽象美、自由美和辩证美等十大美。学生还查到和谐美中的黄金分割比在生活中就广泛存在：如拍照片时，摄像师会让你站在相片的约 2/3 处（面前空出的部门、头顶上面空出的部门分别占相片的长度、宽度的 0.618）。家里建房子，如果将窗户、门设计为黄金矩形（宽度与长度比为 0.618）都会显得更加协调和令人赏心悦目。当气温在 23℃左右时，人感觉比较舒服，是因为气温与人体的稳定比例为 0.618。在绘画、建筑、乐器、形体等方面有"黄金分割比"。通过对数学"美"的探索，激发了学生对数学知识的"追求"。

三、"生活化数学"教学策略

"生活化数学"是从学生熟悉的生活中构建数学关系，形成独立的数学问题，也就是让学生运用数学的语言表达生活问题、运用数学的眼光观察现实世界、用数学的思维分析生活中的问题、用数学的手段解决生活中的问题。学生把实际生活问题抽象成数学模型，运用数学知识解决实际问题的同时既积累了数学化的经验，又形成了数学的问题意识。

（一）让学生用数学的眼光来观察现实世界

在平时教学中要培养学生用数学的眼光来观察现实世界，让学生通过观察、归纳、分析最后实现学习了知识，领悟了数学思想，解决了实际问题。例如，在讲授《球的表面积》一节内容时，教师如果按照教材内容直接推导公式，然后巩固练习，由于公式的推导形式化程度较高，学生不容易理解，即使是理解了公式的"严密"推导过程，若干年后也未必能记住公式更谈不上应用。教师可以对本节课这样设计，先抛出一个问题：生活中有哪些物体的形状是球形的？这个问题非常贴近学生生活，学生回答的热情很高，答案也非常多：西瓜、西红柿……教师接着追问，除了植物，还有其他发现吗？学生讨论后发现寒冷地区大型动物都长得圆乎乎，像个"球"，人的头也是球形的，眼珠也是球形的……教师继续追问，生活中还有哪些现象是球形的呢？露珠，水滴……学生惊讶地发现，原来生活中有这这么多的"球"。教师接着问：同学们有没有想过，生活中为什么有这么多"球形"物体或现象呢？你能用数学知识解释吗？学生经过查找资料发现，原来这些都与球的表面积有关（相同体积物体中球的表面积最小，这样植物的果实有利于减少水分的散失、动物有利于保暖、水滴的表面张力最小），那么球的表面积到底是什么呢？球的表面积如何推导呢？相同体积的物体中球的表面积真的最小吗？为什么最小呢？球的表面积与圆柱、长方体等物体的表面积有怎样的关系呢？

在一个经常有台风的地方建一个超高层的建筑，如果只从安全的角度考虑，你认为应该建成什么形状呢？经过这样的教学设计，学生就学会了用数学的眼光观察生活世界、用数学的观点解释生活现象、用数学的方法解决生活问题。而且这样的教学内容是学生终生难忘的。

（二）让学生用数学的思维来解决生活问题

学习数学的落脚点就是用数学知识解决生活中的实际问题，这也是数学教学的最终归宿。数学教学中，联系生活，呈现生活化的实际问题，让学生在经历数学建模、感受从实际生活经验中提炼出数学知识的过程。学生自主建构数学知识，感悟数学思想，积累数学活动经验。

在把"分段函数"一课讲完后，设计了这样一道题。周末购物中心开展打折促销活动，一件七折、两件六折、三件五折，可乐、开心、笑笑三个女孩儿一起去逛街，她们分别看中了一款 399 元、599 元和 499 元的包，请你帮她们谋划一下，三个人如何购买最省钱？

生：如果三个人都单独购买，每个人都要花七折的价格，这样购买一定不省钱，如果三个人拼单刚好能享受购物中心的所有折扣，这样最省钱。

师：那么怎样拼单最合理呢？三个人平摊合理吗？

如果三个人购买同价格的包，平摊是合理的，如果三个人购买包的价格不同，那么平摊就不合理，不合理的原因是什么呢？

师：（大家可以运用数学知识来比较一下）

生：……

师：怎样付钱最合理呢？

生：……

这样付款才是最省钱、最合理的。

这种把生活中的实际问题抽象成数学问题，利用数学的思维分析问题、解决问题的过程，培养了学生的数学思维和知识的自主建构能力，也积累了学生的数学活动经验，促进了学生探究现实生活中数学问题的经验和能力，学生在数学活动经验的积累过程中得到了数学建模等核心素养的培养。

四、实践反思

把数学教学与学生的个人知识、社会经验和现实世界联系起来，把数学教学建立在生活、经验的基础之上，将数学应用到生活中，再从生活中得到检验，从而让学生真正理解数学、学会应用数学。因此，生活化的数学教学方法有利于拉近数学学科与学生之间的距离，有利于学生学习数学知识，有利于数学学科的应用和实践。这种教育教学方法的积极意义已经取得广泛共识并得到教育界的推崇，成为时下数学教学改革的潮流、方向。然后，生活化数学实践需要掌握分寸尺度，这并不是放之四海而皆准的策略，我们需要审视这种方法的适用范围。

（一）把握好数学回归生活的尺度，切忌过度生活化或泛生活化

数学教学生活化强调在数学教学时从生活中寻找学生熟悉的素材、背景来建构数学意义，有助于学生更好地理解数学概念。但是人类的认知活动往往是在一定环境之下的结果，而非单纯的个人行为。因此，同一个问题在不同的环境下所具有的意义可能是不相同的。因而，将生活中的现实问题引入课堂，需要审视教师的视角与学生的视角的差异，以及不同学生之间的差异。从建构主义角度看，学习活动因学习环境、学习内容和学习个体而有显著差异。从这个意义上来说，创设数学教学生活情境，未必适合所有的学生和所有的教学内容。

数学的应用本身就具有"相对性"。而数学定理的基础是理想状态，而生活中的应用环境不具有这种特殊性，因此结果往往相差很远，所以在数学教学中寻找数学知识在现实生活中的应用原型存在一定的困难。

数学教学应该引导学生从具体的生活情境抽象出数学模型，并通过自己已有的知识和经验，通过数学思维解决问题。但并不是所有的数学问题都需要从学生的实际生活提出，如复数的概念、不等式的基本性质等。所以，常见的数学定义概念、数量关系、规律的总结概括、数学思想的渗透等需要注重学生直觉思维培养的同时，更要注重学生形象思维和逻辑思维的培养，注

重数学的符号化。

（二）适度平衡生活数学的开放性和学科数学的严谨性

数学教学中过分强调数学的抽象性和严密性，导致数学教学与学生日常生活完全割裂，这也是当今数学界提出数学教学生活化的重要原因。但是有时，学生的生活经验具有很大的局限性，学生的生活经验会影响数学概念的正确形成。例如，在讲线线垂直时，许多学生都根据生活经验，认为垂直就是与水平方向的关系，这种生活经验就不利于"相互垂直"概念的形成。

往往简单的低层次数学知识与生活联系得比较密切，随着数学知识的发展，高层次的数学知识渐渐"远离"生活。因此，在数学教学过程中，教师要充分遵循学生的心智规律，从学生已有的实际生活经验出发，让学生在亲身经历中将实际生活问题抽象成数学模型，并在解决问题的过程中，追求在更高层次上用数学的思维理解问题。数学教学既要重视数学的背景和应用，也要注重数学的抽象过程；既要注重现实生活，更要注重逻辑思维；既要注重数学与生活的联系，更要重视数学的内在联系。数学课堂要远离表演和包装，要防止过分生活化，数学教学要平衡好"生活化"和"数学化"，要追求数学教育的本真。

（三）跳出教师认知及生活经验束缚，使数学教学设计基于学生生活

学生的生活经验远没有教师的丰富，学生的心智发展还不成熟，所以在数学教育生活化的过程中，教师的课堂教学设计一定要基于学生的实际生活、要遵循学生的心智发展现状。如平时教学中许多教师喜欢以修路、开渠等为生活背景，这显然不符合新时代学生的实际生活。因此，教师所选取的素材要贴近学生实际生活，要让学生感觉到数学就在身边、就在生活中。同时由于有些生活经验在抽象成数学模型的过程中，还有可能包含了许多不相关的干扰成分，而学生目前的心智还不能有效地去除这些干扰成分，所以教师在进行教学设计时需要考虑到这些因素的存在。

第六节　指向深度教学的数学课堂实践

发展学生核心素养已然成了时下各类教育的热点话题，学生核心素养的发展离不开学科核心素养的落实，学科核心素养的落地生根，需要教学的深度改革。鉴于此，数学核心素养的发展需要深度运用教育基本原理，深刻揭示教与学的关系、深刻领悟数学教学的本质不是知识符号的教学而是知识内在的逻辑形式和意义领域。唯有如此，学生核心素养的发展才能真正得以落地生根并开花结果。

一、深度教学是落实学生核心素养的应然价值追求

随着北京师范大学将我国发展学生核心素养研究内容的公布，《高中数学课程标准（修订稿）》将数学抽象、逻辑推理、数学建模、直观想象、数学运算、数据分析六个方面确定为高中数学核心素养。这六大核心素养将贯穿于高中数学的教与学整个过程，统领着高中数学的教学目标。这六个方面看似独立，却又相互融通、密不可分。高效的数学运算离不开合理的逻辑推理、直观想象离不了数学抽象、数据分析过程也包含了数学建模，因此，在平时的教学过程中数学核心素养的培养是系统的而非独立的。

深度教学不是教师教得越深越好，也不是学生学得越深越佳，深度教学是指教师在深入了解学情的基础上，深刻挖掘教学素材，深刻揭示教学内容的逻辑关系，通过创设深意的教学活动让学生深度参与学习过程，让学生之间、学生与教材之间及学生与已有的生活经验能开展深度对话；教与学的过程不是一个告知与接受的过程，而是一个探寻、质疑、反思的过程，是一个交流合作的过程，是一个发现问题、分析问题、解决问题的过程。

核心素养的提出回答了要"培养什么样的人"的问题，而对于培养的方法、路径则没有标准答案，这也是目前教育界讨论最多的话题。但是可以肯定的是，数学核心素养的培养需要深化课堂教学，需要引领学生进入学科学习的深处，需要突破符号表征学习的浅层教学，因此，开展具有意义建构的

深度教学就成了发展学生核心素养的应然选择。

二、深度教学：核心素养视角下的教学追求

我国基础教育的课堂缺乏力量，已经是公认的事实。进入 21 世纪，课堂教学改革研究异常活跃，各种教学模式、教学策略层出不穷，让人眼花缭乱。深度教学着力于引导学生开展深度学习、深层学习和深刻学习，着力于提升课堂教学的发展性品质和课堂教学的涵养，提升课堂教学的发展性。

（一）进行深层次的学情分析

深度教学需要教师在课前做足功课，教师要多维度、多角度地分析学情。学情分析要突破传统，从学生和教师这两个角度切入。基于教师的角度分析，要从教师自身的原有知识和现在的知识两个维度进行分析，也就是采用"过去+现在"的分析模式。教师原有的知识和经验是教学设计的基础，但是，"互联网+"时代是个性化服务时代，这要求教师要树立"学生"意识，课前要依据教学内容与学生一起进行准备学习，以实现对符号知识的超越。这样教师用"现在知识"和"过去知识"进行学情分析，可以对教学设计的优化起到重要的作用。

基于学生的角度分析，教师通过导学案让学生进行课前预习，同时在学习平台上提供一些教学资源，设计一些问题让学生利用网络进行学习，并利用教学平台的强大统计功能分析学生的学习基础、生活经验、兴趣爱好，有利于教师根据学生的"最近发展区"，进行切合学生实际的教学设计，实现超越表层符号的知识学习。

（二）挖掘深度的教材思想

教材是知识的载体，承载的多是符号表征。教师如果将自己的视野局限于对教材的浅层理解，仅仅是"教教材"而不是"用教材教"，那么教师的教学就不会有所突破。有学者指出："教材是一种素材和资源，机械地依靠教材和教参，其视野和知识会被束缚在教材和教参的框架之中。"

追寻深度的教与学

教材的本真价值就是超越教材的本身，就是要挖掘教材背后的知识和思想，这也是深度教学内在的追求。数学教学中，教师如果仅仅"教教材"，而不注重深挖教材中所隐藏的意义和思想，学生对数学知识的认识就必然是模糊和浅显的，学生就无法触及知识的本质，更无法实现知识的自主构建和知识的内在生长，这样的教学不可能起到对学生思维的训练和数学素养的发展。因此，教师要在分析学情深度的基础上，深度挖掘教材背后所隐藏的丰富的数学思想和问题解决策略，同时教师还要巧妙地把这些思想和策略嵌入教学内容中，从而有效实现学生对知识的深刻理解、能力的培养和数学素养的发展。

如几何概型一节，在讲完例 2 后，教师可以设计这样一道题目：周末，我和朋友约定在晚上 8 点至 9 点见面，先到者等候另一人 20 分钟后可以离开，那么我们两个人能会面的概率是多大呢？教师引导学生这样思考：我们假设到达的时间分别为 8 点 X 分和 8 点 Y 分，那么 X、Y 必须满足大于等于 0 和小于等于 60，而我们两人能会面的充要条件是 X 减 Y 的绝对值小于等于 20，我们以有序实数对（x，y）表示平面上的点的坐标，那么把两个时间段看成直角坐标系 x 轴和 y 轴上的线段（让学生自己画出相应的图形），记两人能会面为事件 C，则事件 C 的概率为阴影部分面积比正方形的面积，通过数形结合的思想轻松地解决了该问题。该问题的解决就是教师在深挖教材中的数学思想，并引导学生利用数学思想解决实际问题，该问题的解决是一个既让学生真实感受到数学思想的伟大同时也发展学生核心素养的典型案例。

（三）开展深度的教学对话

当我们的教学触及学生心灵的深处，才能够触发到学生自身学习的内源力，学生才会真正参与到教学活动中来。唯有如此，各种知识、技能、思想才能在学生的身上相融并转化，学生的智慧才能得以提升、素养才能得到发展。如何才能在教学中触及学生的心灵深处？无论是孔子的"不愤不启，不悱不发"，苏格拉底的"精神助产术"，抑或是杜威的"做中学"，它们都依靠了一个非常基础和重要的教学工具——问题。因为问题是学生心灵的触发器和唤醒者，问题能够有利于学生心灵的不断建构和完善。那么怎样的问题才能触及学生心灵深处呢？怎样的教学样态才能触及学生心灵深处呢？《什么是教育》一书中指出"训练是一种心灵相隔离的活动，教育则是人与人精神相契合，文化得以传递的活动"，在其看来，教育一定是在心灵之间的交流中进行，而触及学生心灵深处的教学必然是对话式的教学。

1. 课堂教学实现与教材的对话

课堂教学中不能把教材看成静态的，要利用学生的疑惑、新奇实现与教材的对话，这样才能触发学生的心灵，学生才能理解教材内容的逻辑性和科学性，才能自主建构知识。

例如，在直线的斜率一课，首先让学生自主学习教材并思考：①直线的斜率是刻画直线的什么性质的？在此之前有没有其他量刻画直线的这一性质呢？②为什么教材还要引入斜率这一概念？③对倾斜角进行代数化时，为什么用正切而不是正弦、余弦呢？这几个问题是教材中没有涉及的，如果在教学中教师只是一味地"教教材"而缺乏引导学生与教材进行"对话"，学生就会"只见树木不见森林"，学得糊里糊涂，这样的教学就不可能触动学生的心灵，学生也不可能进行知识的自主建构。

2. 课堂教学实现与生活的对话

陶行知说"生活即教育"，说明教育和生活是密不可分的，数学教学也是如此。数学教学脱离了生活情境和现实生活是不利于学生学习和发展的，数学教学要把学生的生活经验当成宝贵的教学资源加以利用，学生的生活情感要在课堂教学中得以升华，同时课堂教学中的情感又在生活中再次得到体验。深度教学有效地突破了传统教学中封闭的、静态的和线性的教学内容，关注学生的生活经验和生存处境。数学教学中"生活化"和"数学化"教学意识和教学策略有利于学生对知识的同化和顺应，实现知识意义的自我建构。

3. 课堂教学实现师生的对话

以问题情境为基础，对话教学能实现师生之间的心灵交流、情感交融和思维的碰撞，能不断触发、唤醒和建构学生心灵世界。教学中，教师可以根据教学的实际，引导学生围绕某一个问题展开研讨，从而厘清问题解决的思路，形成解决问题的方案和策略。"互联网+"时代师生的对话不仅仅是在课堂上，而应该是线上线下，课堂内、课堂外、立体式的。在对话过程中教师还要耐心、谨慎倾听学生的心声，把学生对知识的个性理解看成宝贵的教学资源，实现教学价值的深度追求。

（四）组织深意的教学活动

当今的课堂教学中存在表面学习、表层学习和表演学习的现象。课堂教学中存在提问的形式化现象，教师的课堂提问往往没有要领，提出的问题过于简单，缺乏深度，课堂教学中存在为了提问而提问的课堂提问形式化现象，同时在课堂提问中大多数教师追求预设好的答案，对于学生的个性化理解不予评判，缺乏倾听的耐心，甚至存在排斥的心理，教师没有通过真提问激发学生的思维和思想。课堂教学中也存在探究的浅层化现象。首先，探究的内容是封闭的，问题的答案是客观和确定的、这样的问题不利于发散性思维的培养也无法让学生进行深度思考，更无法使学生的思维得到实质性的发展。其次，问题是孤立的，孤立的问题无法与学生的生活经验相联系也就无法激发学生探究问题的兴奋点，无法激发学生思维的火花，因此这样的探究注定是浅显的。最后，问题的答案具有预设性，答案的预设性就导致探究的浅层化和表象化，探究只能局限于符号知识的学习。

杜威认为思维发生在仍在进行之中并且还未完成的情境中。也就是说，思维是在事物还不确定或者还很可疑、还有问题的时候发生的。在教学过程中，教师要注重创设真实、有效的问题情境，活动方式要基于项目或问题，教师还要引导学生积极开展合作式的学习、体验式的学习和建构式的学习，通过有逻辑、有结构的系统学习，让学生的思维方式和探究问题的能力逐步深刻形成。促进学生数学知识和技能的结构化，促进学生的理性思维逐渐成熟。

例如，三角函数章节的教学活动设计，教师首先从学生熟悉的具有周而复始现象的摩天轮、波动等生活常识建构问题的情境，引导学生从"周期变化的现象—匀速的圆周运动—单位圆上的点以单位速率做匀速运动"的过程，探寻周期现象的本质过程，从而构建三角函数模型；在性质的研究部分，要充分引导学生从函数的性质及研究思路和圆的性质入手，探析三角函数的性质；最后教师要注重充分利用潮水的起落、摩天轮的等生活素材让学生经历真实地通过建立三角函数模型来解决实际生活问题的过程。教师创设的系列的数学活动，能够使得学生在复杂的情境中解决问题的品质和能力得以提升，数学建模等核心素养得以落实。

（五）培育深刻的反思质疑能力

"反思总是去寻求那固定的、长住的、自身规定的、统摄特殊的普遍原则。这种普遍原则就是事物的本质的真理，不是感官所能把握的"。因此，深度教学就是深入学科本质的反思性教学。当前的教学形态是许多学生缺乏自觉反思的意识，学生不喜欢反思知识的形成过程和方法途径，而是乐于通过简单的理解去套用解题。因此，教学过程中教师要引导学生反思自己的学习过程和方法，要不断地优化自己的学习过程与方法。

例如，在三角函数一章中有大量的公式，如果教师不及时引导学生对学习的过程和知识进行反思、总结，学生就难以记住和深刻理解知识。通过反思、总结，学生发现三角函数研究的对象是线段比和角的对应关系；正余弦的和角、差角公式其实只需要知道一个，其他的公式都能容易地推导出来；三角函数的诱导公式更是可以利用单位圆的对称性总结为"纵变横不变，符号看象限"的口诀。这样的反思有利于学生对知识纵横联系和深刻理解，有助于提升学生的逻辑推理、直观想象等数学素养。

深度教学是为了学生发展的教学，是突破"符号表征"的教学，深度教学是在深入了解学情、深刻揭示教材中所隐藏的数学思想、让数学教学实现与教材对话，与师生对话，与学生的生活经验及生存处境对话，通过开展深意的数学活动培养学生质疑反思的习惯和能力，实现了超越符号表层的学习，实现对知识的逻辑和意义教学相统一，实现知识教学对核心素养的发展。

第五章　深度教学的评价——表现性评价

评价的指挥棒作用是毋庸置疑的，评价的力量是强大的，评价不仅主导和控制着学校领导的办学思想，也主导和控制着学校里的各种行为。我们要正视评价的导向作用，更要正视评价究竟要将学校的各种办学行为指向何方，究竟要将学生引向何处。如果我们期许评价应该成为学生成长的灯塔，就应该确保评价要指引学生走向未来社会发展需要的方向。然而，现实的学校评价又是怎样的呢？是否评价了学生的核心素养？是否促进了学生的健康成长？是否促进了学生的深度学习？

第一节　为什么需要表现性评价

一、我们追求怎样的教育

我们追求怎样的教育结果，也就是通过教育，培养什么样的人。"学生发展核心素养""课程标准""表现标准"……都是我们对追求教育结果在不同层面的表述。追求怎样的教育结果决定了我们将开展怎样的评价、评价什么、怎么评价。

（一）满足社会发展需求的教育结果共识

在信息技术瞬息万变、经济全球化的脚步越来越快的时代，国家之间的竞争与日俱增。许多国家都把目光转向基础教育，以求通过教育质量来提高国家竞争力。为此，各国都在不断地追问：我们的孩子需要学会什么才不会被未来社会淘汰，国家和民族才能屹立于世界民族之林？经过多年教育实践和理论探讨，世界各国普遍认识到，过多注重事实性知识的做法已不能满足当今社会经济环境的快速变化，以及全球化竞争市场的需要，同样无法满足终身学习、社会参与、公民责任等时代对现代公民的要求。在此背景下，强调实践能力和创新精神已成为教育改革的关键词。学者们也重新界定更有价值的教育结果，如强调"理解""高阶思维能力"等。20世纪90年代开始，一些国家和国际教育组织着手讨论21世纪所必需的技能。2002年，作为教育和经济强国的美国在联邦教育部的主持下成立了"21世纪技能合作组织"（the Partnership for 21st Century Skills，P21）。该组织将21世纪应具备的基本技能进行整合，制订了《21世纪技能框架》，全面、清晰地呈现了各种技能以及它们之间的相互关系，并设计了系统的方案来保障计划的实施。那么，在21世纪成功地工作和生活需要什么技能呢？"21世纪技能合作组织"给出的答案是：学习与创新技能，信息、媒介和技术技能，生活与职业技能。学习与创新技能具体包括批判性思维和问题解决能力、交流与合作能力、创新能力。信息、媒介技术技能指的是能够正确地获取和判断各种信息，了解媒体传达信息的方式、工具等特点，合理使用数码技术、通信工具和网络。生活与职业技能要求能适应不同的角色和职责，展示领导能力并承担责任，表现创造性，进行有效的工作。更重要的是，该组织以合作伙伴的形式将教育界、商业界、社区以及政府领导联合起来，帮助实际技能的培养融入中小学教育，落实为学生可以带得走的能力。

有关调查学生学业成绩和能力的国际评价项目，如PISA和TIMSS等，其考查的内容也同样反映出当前国际上所追求的教育结果。PISA考查的是各国学生对于将来生活必备的知识与技能的掌握程度，其对作为教育结果的数学素养给出了这样的界定：在复杂状况或情境中，能够使用数学提出问题，列式、解决、解释问题的能力。在评价框架的设计中，PISA将主动应对具体问题的能力归纳为组群（集合化、结构化），分为再现群（将经过练习所掌握的知识再现出来）、关联群（解决身边的实际问题）、深度思考群（策划、解决异地的实际问题）等几种类型。TIMSS 把考查的内容分为内容领域和认知领域（学生在学习该内容时所表现出的，以及所被期待的行动）。比如在数学中，内容领域包括数、代数、测量、几何、资料的呈现与分析、概率；认知领域则包括认识事实与顺序（知）、运用概念（用）、解答规则问题（解）、进行推论（推论）。可见，运用知识解决实际问题的能力得到了突出的强调。

教育要培养能适应未来复杂社会、具备解决实际问题等实践能力的人，在这一点上各国已达成了广泛的共识，并且正在紧锣密鼓地通过各种教育政策加以落实。

（二）新时期我国对教育结果的描述

20 世纪末 21 世纪初，我国启动了新一轮的基础教育改革，首先探讨的就是新时期我国所期望的教育结果是什么的问题。在 1999 年召开的第三次全国教育工作会议中，中共中央和国务院做出了关于深化教育改革、全面推进素质教育的决定，明确了素质教育的宗旨、重点和目标，也规定了素质教育所期望培养的学生素质的内涵：以提高国民素质为根本宗旨，以培养学生的创新精神和实践能力为重点，造就有理想、有道德、有文化、有纪律的，德智体美劳全面发展的社会主义事业的建设者和接班人。培养目标重点突出了全面发展和实践能力、创新精神的养成。这体现了我们关于时代对人的素质之要求的认识：传统教育所强调的对事实性知识的记忆不能成为教育的全部或是最重要的部分；相反，获得知识的能力、运用知识解决问题的能力和知识创新的能力则变得更为重要。简而言之，我们期望培养的人是"全人"，而不是片面发展的人。第八轮基础教育课程改革的目的就在于构建符合新时期素质教育要求的新的基础教育课程体系，其中最为关键的是通过各学科课程标准描绘学生应知与能会的教育结果，通过课程的实施落实为学生的素养。很明显，这次课程改革做出了革命性的改变：实现原来注重"双基"——基础知识与基本技能的课程走向"三维目标"的全新建构，强调学生学习的过程与方法，反对忽略学生的学习方式和策略，通过死记硬背与题海训练而获得高分的做法；"强调形成积极主动的学习态度，使获得基础知识与基本技能的过程同时成为学会学习和形成正确的价值观的过程"。这就要求我们的教育结果不只包括事实性知识，也包括如问题解决、批判性思考之类的高层次的认知技能；不仅包括学术性的知识和技能，也包括非学术性的成就，即所强调的知识与技能、过程与方法，情感态度与价值观三大课程目标领域。

三维目标就是我国新时期素质教育所追求的教育结果的具体表述，三者是融为一体、不可分割的。具体而言，第一维目标（知识与技能）意指人类生存所不可或缺的核心知识和基本技能；第二维目标（过程与方法）的过程意指应答性学习环境与交往体验，"方法"指基本学习方式和生活方式；第三维目标（情感态度与价值观）意指学习兴趣，学习态度、人生态度以及个人价值与社会价值的统一。可见，三维目标的具体内涵和当前国际上达成广泛共识的教育结果是一致的，教育所追求的不仅仅是知识和技能，更重要的是运用恰当的方法学会学习和生活的能力，培养全面发展的人。

（三）对教育结果的理解决定着评价实践

评价是基于学生在人为创设的或自然的特定情境中表现来的对学生所知所能进行推断的过程，是如何收集各种证据来支持我们所要做出的关于学生表现的种种推断的过程。在这个过程中，评价必须回答以下问题：（1）我们要对学生做出哪些推断？（2）进行这些推断的目的和价值是什么？（3）进行这些推断需要什么样的证据？（4）学生的哪些表现可以作为进行这些推断的证据？（5）什么样的任务或情境能有效地帮助我们观察到学生的这些表现？（6）我们根据这些证据做出这些推断的可信度如何，适用范围又是什么？在这些问题中，选择所要评价的属性，确定可以用作推断证据的种种表现以及选择和设计合理的任务或情境（以便能观察这些表现）贯穿于所有形式的教育评价中。而评价对学生所做推断的内容以及所寻来的证据主要取决于评价人员对学生学业成就的理解和评价目的这两大主要因素。这里所说的学生学业成就就是上文论述的教育结果。对教育结果的不同规定及其理解直接影响并决定评价人员认为什么样的推断是有价值的，哪些学生的表现可以成为进行推断的证据，以及什么样的任务和情境才是获取和观察学生表现的合理媒介。

由此，倘若要实践与素质教育所追求的教育结果相匹配的评价，必须改变我国现有教育评价实践中的若干理念和做法。按照素质教育所追求的教育结果，评价应当在一定的社会生活情境中，而不是脱离学生的生活和学习实际的抽象的问题情境；考查学生在各种问题解决过程中所表现出来的认知过程和运用问题解决策略的能力，而不单纯是考查学生掌握孤立的、零散学科基础知识和基本技能的数量与质量；不仅关注学科学习成绩，更要关注通过学科学习，是否形成善于合作、敢于负责、勇于创新等素质。

评什么、怎么评的背后实际上就是我们对教育结果的理解问题；反过来，对教育结果的理解，决定着我们怎么评、评什么。对素质教育所追求的教育结果的正确理解，必然促使我们提出变革我国现有评价实践的要求。

二、传统纸笔测验的不足

传统纸笔测验主要是选择性反应题目（选择题、判断正误题、匹配题）和填空题、简答题，要求学生在提供的多个答案里进行选择或者对问题做出简短的回答。这类题目很有用！我们可以利用它们有效地评价学生对事实信息、基本概念和简单技能的掌握情况。因为这类题目通常有一个正确的或者说最贴切的答案，评分者可以根据它来迅速而"客观"地判断学生的回答是对还是错。但是，也正是由于我们过多地考虑考试实施的可操作性和评分的客观性，无论我们期望的学生学习结果是什么，也无论我们的评价目的是什么，传统纸笔测验都占据了霸主的地位，不易于客观评价的内容往往被排斥在外。尽管有各种理论上的批评和实践中的替代性探索，单一的传统纸笔测验的主导地位依然难以改变，这无疑给学生的成长和教育本身的发展造成了巨大的阻碍。具体而言，面对一些重要的教育结果，传统纸笔测验显得无能为力，而这种无能为力又给学生的学习和教师的教学带来了严重的后果。

（一）检测不了更重要的教育结果

从我们追求的教育结果来看，学生要培养的不仅是基础知识和基本技能，还有批评性思维、问题解决能力、交流与合作能力、创新能力，以及正确收集和运用信息、进行有效工作的能力等。因此，我们的评价必须检测学生掌握这些知识能力的程度。然而，传统纸笔测验的致命弱点恰恰在于其检测的主要是与记忆，理解有关的狭隘的领域，而非基于真实情境的"实作"深度学习能力。

传统纸笔测验对检测一些重要教育结果的无能为力是众多学者批判其遭到滥用的一个主要因素。他们认为，传统纸笔测验"强调短期的、复制性的、肤浅的阅读，寻找零碎的信息，填充他人对问题的答案。这种回答必然是快速的、非反思性的，判断、解释和深入的推断都被排斥于测验之外"。"对于测量复杂的问题解决技能、发散性思维、合作和交流技能是无效的"。"在通过教育活动所形成的整体学力中，客观性测验实际上只能测定、评价以与记忆、理解有关的部分为中心的极其狭隘的领域"，美国学校管理者协会（American Association of School Administrators，AASA）也对高度依赖于标准化测验为唯一的或最重要的手段来检测我们的教育做得有多好予以批判。他们认为，大部分标准化成就检测测量了传统的基本技能，但对于测量21世纪十分重要的高级思维并不有效。

传统纸笔测验检测不了更重要的教育结果的一个突出表现，同时也是最重要的原因之一，就是用孤立的、脱离情境的试题来进行测验。在测验中，学生被要求安静地坐在座位上，不能使用任何资料和相关资源，测验的当天才知道试卷题目，而问题的答案又是早有定论的。这样的测验到底能检测出什么东西呢？无非是学生死记硬背的能力和支离破碎的技能。虽说这些也是决定人生有成功表现的必要的智力因素，但它们并不是充分因素（也不是应该优先考虑的因素）。加德纳（H. Gardner）和斯滕伯格（R. Stemnberg）在多元智力理论中已经很清楚地讲明了这一点。

（二）对学生学习与成长的影响

单一的传统纸笔测验导致了强调死记硬背的课程设计以及与之相伴生的应试教育，给学生的学习与成长带来了很多负面的影响。

一是只会考试，不会学习。在一次学术会议上，一位教育厅厅长描述了这样的一种情景：快到高考了，家长们总希望孩子能加把油，进行最后的冲刺。按照惯例，学校在高考前一周放假，让学生自由安排。某一家长催促孩子在这一周再复习复习，争取考个满意的分数，孩子很乖顺地说："拿题来。"做惯了十几年考题的学生，离开了考题，根本不知道自己该复习什么、怎么复习。难怪有人形象地指出，我们的教育培养的是"考生"，而不是"学生"。在整个学习和评价的过程中，学生始终不知道"我要到哪里""我现在在哪里"，更不知道"两者的差距在哪里"和"我如何到那里"。事实上，他们不需要思考这些问题，也没有时间思考这些问题；他们要做的就是试题，并且有做不完的试题——学校里给他们买的试题、老师给他们复印的试题……正如梶田睿一指出的，学生如果不明确自己应该学什么、应该怎样学，以及应该达到怎样的程度，只是盲目地跟着教师的教学跑，那么不仅不能掌握"活的"学力，就连自主性、创造性等主体能力也会受到阻遏。自然，学生管理自己学习的能力也就无处培养了。

二是只会考试，不会思考。被滥用的传统纸笔测验以理解和反思为代价，对死记硬背的学习重视太多，继而给了学生这样的一种误导：对大多数问题来说，只有一个正确的答案。学生被训练成答题的机器——他们能很好地回答试卷上的问题，但缺乏解决实际问题的能力；他们只被要求记住试题的答案，而不是去建构解决复杂问题的知识和能力。质疑、批判、创造等高阶思维能力的培养并不受重视，很多时候，教师仅仅为学生能选出正确答案而教，在教学中关注的只是什么是易于检测的，什么是会检测得到的，而非对学生的学习来说什么是重要的。为了提高考试分数，教师把更多教学的时间用来反复地练习。有时，他们甚至会在告诉学生如何备考时说："不要思考！只要选出正确答案就行。"由此，学校成为工厂，生产出同一的产品；学生在学习中也需要再认，而不是去建构答案和寻找解决方法。

三是只会考试，不会做事。不考虑情境的无休止地考、月考、期中考、期末考……把学生培养成只会解题的"书呆子"；而当面对真实情境的任务时，往往显得慌张而无能为力。阿奇博尔德（D. Arehbald）和纽曼（F. Newmamn）希望通过研究来挑战这样一个假定：在标准化测验中表现好的学生比同伴知道得更多，有更高级的思考技能，遵守纪律。他们指出，尽管标准化成就测验上的表现与学校平均等级分有中度相关，但标准化成就测验中的分数与大学第一年的表现无关，与要求探究、知识整合、处理新的不常见的任务的能力无关。因此，天天为应付试题而忙碌的学生一旦面对不常见的任务，往往不知所措。被我们滥用的传统纸笔测验把学生培养成了只会考试，不会做事的人。

四是只会考试，不会做人。孤立的、非真实情境的试题以及围绕这些试题而选择的课程内容，严重地忽视或弱化、窄化了学科的育人价值。难怪有人把整个基础教育形象地概括为：只要分，不要人。"分，分，分，学生的命根儿"！分数挂帅，一切向分数看齐，学生成了生产分数的机器，成了分数的奴隶；分数成了掌控、主宰人的理智情感和命运的上帝。学生从黎明到夜晚、从身体到心灵无不在为分数而疲于奔波，这就必然导致教育与教学的异化，即由为人的教育、教学异化为分的教育、教学。为分的教育不仅危害了学生的身体健康，也扭曲了学生的心灵与人格，某地一次作文考试，题目叫"母爱"。一些学生为获取高分，突出母爱的"伟大和珍贵"，不惜把自己身体健康的家长说成是"身患绝症"，把自己健在的家长写成与世长辞……这样的作文一定"感天动地"，一定很精彩，但是精彩背后所培养的是具有何等人格的学生呢？邹静之在《女儿的作业》中也描绘了同样的情景，女儿的作文几乎成了一些儿童八股的翻版。曾写过"圆珠笔在纸上快乐地蹭痒"这样句子的女儿，开始为作文编造她的故事。她的作文几乎是假话、假思想、假故事大全。她的同学几乎都写过扶老婆婆过街、给老师送伞、借同学橡皮那类的故事。她们共同编着一样的故事，然后套上时间、地点、人物三要素这样的格式，去到老师那儿领一个好分数。因为考分压力，学生弑母、自杀事件屡见报端。黄玉峰甚至认为，在考试中体现的是一种专制主义："高考指挥棒训练人揣摩出题人的意图，长久训练以后，明知这样答不对，但学生仍要去迎合，这样人格分裂对学生危害很大。"专制主义的教育造成学生主体的缺失，也包括同情心、独立精神、自己的想法等。最终，"人"消失了。

可见，对传统纸笔测验的滥用以及对复杂任务的忽视，都阻碍了我们对学生优异表现和健康成长的索求。

（三）对教学的影响

在当前，传统纸笔测验在评价体系中占有过大比重，甚至成为唯一的评价方法的情况下，评价内容过于强调对基础知识和基本技能的操练，却很难触及学生身心的健康、人格的完善、高品质的思维能力、对未知世界探究的兴趣、高层次的思维。这样的评价体系，又把教学引向了何方呢？

一是考什么、教什么。布卢姆（B. Bloom）等人曾指出："由于传授和评估知识简便易行，知识就通常被作为一个教育目标加以强调，强调的程度大大超出了知识对于个人发展的有用性或相关性。实际上，哪处灯光最亮，学校和教师就看哪处。"对传统纸笔测验的过度运用，使得越来越多的学校为了能在外部测验中得到更为理想的结果，不惜牺牲有助于学生发展的活动，而只将教学与学习限制在狭小范围之内。在升学竞争中，无论教师还是学生都只重视同提高升学考试分数有直接关系的学习，忽视了音乐、图画、手工、技术与家政、体育等科目的学习，在数学、语文、社会、理科、英语等科目中又偏重为客观测验所能把握到的学力领域，即个别知识的理解记忆以及单纯的应用，而忽视了这些科目中的高级认知能力、情意能力的培养。所以，在这种情况下，即使制订了比较均衡的学习计划，实际的教学与学习活动也会在升学考试的压力下失去平衡。长期以来的实验教学就很能说明这个问题：由于对学生实验能力的评价停留在纸笔测验的方式上，考查的重点是学生对实验原理、实验步骤、实验器材和实验现象的识记能力。换句话说，是把实验能力这种涉及知识性、技能性、情感态度等多个目标领域的学习成果只当成了知识性的学习成果。这就导致了这样的现象：很多学校发现考试只考实验知识、不考实验操作，因此平时的教学就是"黑板上画实验""课堂上讲实验""下课后背实验"，这样或许能让学生在考试中得到高分，但是我们期望学生获得的实验操作、科学方法、科学精神学习结果又在何处得到落实呢？

二是怎么考、怎么教。传统纸笔测验产生于一个教给学生既定的知识系统是必要且符合逻辑的时代：许多人相信，当概念和观点被分解成较小的成分时，教和学最为有效。这种想法也符合传统纸笔测验的形式逻辑：每道试题检测的都是一个孤立的知识点，而非需要学生综合应用多种知识来解决真实问题的能力。于是，教师中心、内容驱动的课堂就成为主要的教学模式，新课改倡导的学生中心、探究驱动的课堂始终难以实现。一方面，教师担心学生中心、探究驱动的课堂太花费时间，同时学生学习的又不是考试要考的内容；另一方面，它不像把内容知识体系呈现给学生并希望学生掌握那样简单。因为学生中心的课堂需要转向一种建构性的方式——要求学生自己发现问题的道理和意义，通过自主、合作和探究来完成学习任务。当前的课堂教学虽然打破了原来"满堂灌""教师一讲到底"的局面，但仍更多地停留在教师中心的"点式课堂"上：整个教学过程是以"点对点"的方式推选的。以课堂评价的视角来看，首先，"点式"体现在课堂评价方式上，其评价活动主要要由课堂问答组成。课堂问答是很重要的一种课堂评价方式，问题在于：一则我们滥用了这种方式；再则问题本身质量堪忧，即便有些问题确实指向了课堂的核心，学生却没有足够的时间来深入地思考和完整地回答这个问题。于是，我们不难看到课堂上屡屡出现频繁的、肤浅的"一问一答"。其次，"点式"课堂所评价的目标是零碎的知识点。"一问一答"，以及一问急着要答案的"课堂推进"形式决定了有关学生表现的学习信息只能是指向低层次的零散的知识点。学生在课堂上没有完成一个完整任务的经历，没有经历知识深度建构的过程，也就谈不上有指向高级的复杂的学习目标的表现。最后，是评价主体的"点对点"。教师问一个问题，请一位或几位学生回答，面对的是"一个""一个"学生，而所谓的"好课"，往往就取决于教师与几个"优秀学生"的精彩"对话"，大部分学生由于没有具体的学习任务，游离于课堂学习之外。

三是教学与评价分离。以教师为中心的，且教的主要是传统纸笔测验能考到的那些本来就有定论的内容，导致了课堂上教学和评价的分离。很多教师受传统评价的影响，认为教学就是教师传授给学生知识，而评价就是教学后对学生接受情况的一种检测。对教学与评价关系的这种理解在课堂上主要体现为以下几个方面。第一，在课堂教学中没有为学生提供经历并完成与目标相匹配的表现任务的机会，也就是上述所说的教师中心、内容驱动的课堂。第二，学生有完成任务的机会，但是这个任务并不一定是评价任务，有的可能是为了活跃课堂，有的可能缺乏评价标准。第三，即便教师为学生设置并实施了评价任务，但是并没有及时而又有针对性地收集学生的学习表现数据，没有为学生的表现做出有效的反馈。第四，很少有教师有意识、有策略地基于学生在课堂中的表现信息而做出教学决策，亦即实施"数据驱动"的教学。因此，我们往往以下课铃响时教师是否讲完了课前准备的内容为好课的评判标准，而不是根据学生在课堂上的学习经历及其变化为评判依据。正如查普斯（S. Chappuis）等人指出的："在评价什么、为何评价、怎样评价及如何使用评价结果来支持学习这些问题上，我们并没有达成一致的看法。截至2005年，几乎没有证据表明这六十多年来所使用的标准化测验为教育体系有什么重大的改进作用，这说明了我们在处理评价与教学改进的关系上是失败的。"

早在20世纪30年代，美国教育家泰勒（R. Tyler）就提出了"从测量走向评价"的口号，并且指出，"对于评价来说，不是评价客观不客观的问题，而是教育目标是否实现了的问题。在目标之中，有容易考查的部分，也有难以考查的部分。倘若忽略了难以客观地考查的部分，那么，教育本身也就被扭曲了"。只在驾照理论考试中得高分但未能通过实际路面考试的人如果在道路上行驶，必定是马路杀手；只追求在传统的纸笔测验中得高分，忽视了其他教育目标的培养，危害的不仅是学生的全面发展，甚至是整个国家、整个社会的未来。陶行知先生在谈到考试异化结果时曾说："赶考首先赶走了脸上的血色，赶走了健康，赶走了对父母之关怀，赶走了对民族人类的责任。"想想我们现行的评价，又何尝不是如此？针对本身被扭曲的这一事实，钟启泉教授极力呼吁："面对学生身心健康的问题、一味追求升学率、高分低能甚至高分缺德的问题，我们该痛定思痛了。"

面对现行评价体系的不足，曾出现过一些极端的观点，比如有人提出应试。但如果没有考试，"那么对个人学习努力实施奖赏会更加困难，在教育项目中优秀作为一个目标更不可行，并且难以实现。根据能力和品德得到的教育机会将会更少，而更多地只能依靠家族血统及其影响，社会阶级屏障将会变得更不可逾越。因为缺少可靠的证据，也更难以决定课程和方法等重要问题，而更多地只能依靠运气或者其他有偏见的因素。这些对我们而言都有可能带来更加有害的结果"。因此，问题的关键是，我们如何针对现行评价中的问题，来改进现行评价的不足，达成评价体系自身的完善与平衡，从而促进教与学。

三、对表现性评价的期许

上文所描述的传统纸笔测验的不足本质上并不在于传统纸笔测验本身，而在于我们不假思索地沿用该方法。事实上，传统纸笔测验对教育结果中的某些结果是最有效的评价方法，只是它检测不了应该处于课程核心地位的丰富而复杂的任务和学生深度学习的能力。因此，问题解决之道并不是要取消传统纸笔测验，而是要建立一个平衡的评价体系。其中"平衡"的核心内涵在于评价方法与教育结果之间的匹配程度。也正是为了实现这一平衡，人们积极地探索着超越传统纸笔测验的评价方法。

(一) 超越传统纸笔测验，积极的探索

随着对单一纸笔测验的不足的认识和批判日益加深，教育评价改革受到越多的重视。马道斯（G. Madaus）与得叶（L. Dwyer）在 1999 年指出，过去的 8 年可谓见证了教育评价领域中翻天覆地的变化，标准化多选测验的霸权地位已经摇摇欲坠。新的评价方式试图抓住基准表现所要求的批判性思考和知识整合，要求评价任务本身是技能或学习目标的真实例子，而不是替代物：一方面，期望学生通过思考建构答案，而不是在多个选项中选

出正确答案；另一方面，实践中的探索也如火如荼。下面让我们来看几个实践中的情景。

镜头一：课堂核心问题研讨。W 老师在教学设计的时候，特别关注学生应该知道的内容和在课堂教学过程之中和之后能做的事情，据此明确界定关键学习目标，并设计与之匹配的研讨问题。在课堂上，教学由开放性的研讨问题驱动，并鼓励每位学生都积极参与，这些问题没有"正确的答案"。核心问题研讨促使学生通过积极参与严密的批判性思维活动而进行学习，并在经历反馈和讨论之后举行实践性的活动，从而为学生创造一个共同合作、探究的小组。为了更好地评价学生在研讨中的表现，W 老师亲自开发或与学生一起开发具体的评分规则，同时还将这些规则教给学生或通过各种途径让学生更好地理解评分规则，让他们明确如何更好地参与其中并展开自评和互评，从而促进他们的表现。

镜头二：毕业档案袋评价。在美国纽约市东哈莱姆区的中央公园东方中学（Central Park East Secondary School，CPESS），学校将其对学生的毕业要求用毕业档案袋的形式呈现给学生，并据此对学生进行评定，以确定学生是否达到毕业要求。学校强调，"设计学校水平的档案袋体系是为了创造一种环境，使学生从入学的那一刻起就对他们的学习有非常清醒的意识"。档案袋包含的作业有 14 个要求的领域：毕业后的计划、自传、学校/社区服务、道德和社会、优良的艺术和审美能力、大众传媒、实践技能、地理学、第二语言或双语、科学与技术、数学、文学、历史、身体素质。这些档案袋内容反映了每一个领域中的累积性知识和技巧，以及 CPESS 的具体心智习惯和工作作风。作业主体部分的完成要与档案袋可能的和应有的结果相联系，这些结果是学生在毕业班期间所从事正常学程的课程、研讨、实习和独立研究所可能和应有的结果。学生可以用多种方式完成和展示档案袋，而且具体的档案袋会因个体差异而具备个体风格。委员会成员集中起来，评价学生的作业展示、讨论和答辩。委员会使用的主要标准是：理解的质量和深度、良好地运用心智习惯、展示掌握适合每一特定领域的令人信服的证据的能力。由于每个领域档案的特征在很大程度上反映了该领域的特点，因此每一科目都还设置了特定的评分规则。

镜头三：表现清单。美国俄亥俄州开发了教育标准，并且实施了全州范围的学生评价系统来监测学生在学业成就上所取得的进步。标准化的多项选择题受排斥，因为他们认为这些考试导致了糟糕的教育。他们担心教师会为考试而教，而不是为标准而教。因此，教师委员会、家长和雇主形成合力，建了一个新的评价体系。这一评价系统叫作"Yorksylvania 表现清单"（Yorksylvania Performance Inventory，YPI）。该州每一所学校的学生每年参与一次 YPI 评价。该评价由几个部分组成，通常要求三天完成。评价覆盖课程各个领域的复杂、高层次的任务，在有些任务中，学生单独研究并回答与地理、生物相互关联的问题等；在有些任务中，学生小组合作设计汽车的发动机等。学校提供实践活动和课程指南来鼓励这样的评价活动渗透到学校课程之中。

镜头四：为了提高基础教育质量，美国在 2010 年颁布了相当于国家层面的各州共同核心标准（Common Core State Standards，CCSS）。而后，国家划拨大量资金，由智能平衡评价联盟（Smarter Balanced Assessment Consortium，SBAC）和为就业与升学做准备评价同盟（Partnership for Assessment of Readiness for College Careers，PARCc）开发了与共同核心标准的目标相匹配的评价体系。这两大联盟开发的评价特别注重对学生高级思维能力和深层次的学习能力进行评价，强调学生将他们的知识和技能应用到复杂的真实情境中的能力，而这些能力是传统的评价任务检测不了的。因此，他开发了一个多元的评价体系，尤其突出传统任务测验以外的评价方法的应用。如 SBAC 专门成立了智能平衡表现性任务工作小组（The Smarter Balanced Performance Task Work Group），对传统纸笔测验以外的评价任务进行开发。以英语语言艺术学科为例，每个表现性任务通常由情境、信息加工与成果/表现组成，通过情境激发学生的思维，给学生提供加工与深入思考信息的机会，最后的成果/表现通常是论文，故事、报告或是演讲等形式。每个成果/表现、任务组成部分或是成果特性都设有单独的评分信息。评分信息包括两部分，第一部分是评分规则，对学生回答的各个要素进行评分；第二部分则是样本答案与评分注意事项。

可见，无论是课程实验，还是各个层面的评价实践，都在积极探索着超越传统纸笔测验的有效方法。这种与传统纸笔测验相对的，或说是在整个评价体系中，作为传统纸笔测验补充的评价方法，就是当前在基础教育改革中特别受重视的表现性评价。

（二）表现性评价的潜力

事实上，"表现性评价作为一种评价方法并不是什么新鲜事，而引起人们关注的是在当前的评价改革中对表现性评价的强调，并以此来支持系统的改革目的，从而改变教学与课程、学生的学习。其假设是表现性评价能促进教与学的过程，并能提高学生的学习"。的确，人们积极探索、努力实践表现性评价，也正是认为表现性评价具有这些潜力：能够检测传统纸笔测验难以检测的高级认知能力、情感、态度等重要教育结果；而且，在很多教育者看来，"相对于传统的纸笔测验而言，表现性评价更能对学生的学习和教师的教学构成积极的影响。如果在高利害评价中合理使用表现性评价，教师教学活动的中心将会发生积极的转变"。

1. 检测传统纸笔测验检测不了的教育结果

传统纸笔测验反映不了学生在真实情境中运用已有知识做事的能力以及完成任务的过程表现。而"表现性评价关注的就是学生知道什么和能做什么，通过客观测验以外的行动、作品、表演、展示、操作、写作等更真实的表现来展示学生口头表达能力、文字表达能力、思维能力、创造能力、实践能力及学习成果与过程的测验"。

（1）不仅评价学生"知道什么"，更重要的是评价学生"能做什么"

事实上，表现性评价的这一潜力在音乐、美术、体育等课程的评价中已经得到了很大程度的体现。我们评价一位学生的音乐素养，主要看的是他的音乐表现才能如何，而不是看他是否知道有关音乐的知识。相对于传统的选择式考试，表现性评价是对学生"能做什么"的直接评价。传统的选择式考试是通过学生在纸笔选择考试上的表现来间接地测量他某一方面的能力，它只能测量学生"知道什么"，但不能评价学生"能做什么"。比如，通过多项选择题、完形填空等形式的选择式纸笔考试对一个人使用外语的能力做出测量，而事实上，这个学生在实际生活中运用外语进行表达和交流的能力到底如何却不得而知。正如林（R. Linn）等人指出的，多项选择等纸笔测验的价值主要在于它是其他有价值表现的征兆或相关因素。相反，表现性评价则绕过了作为预测或征兆的中间地带，直接对学生"能做什么"的行为表现进行评价。表现性评价要求学生完成的是我们确实想要评价的行为，而不是看上去像而实际上没有发生的行为。

（2）不仅评价学生行为表现的结果，更重要的是评价学生行为表现的过程

当前，绝大多数学生学业评价都是结果评价，我们关注的只是学生最后取得了多少成绩。而表现性评价则强调学生的实际表现及历程。例如，在评价学生的实验能力时，我们不仅要对学生的实验成果及获得的数据进行评价，更重要的是要对学生在实验过程中对实验的设计、使用仪器和实验技巧等实验过程方面的表现进行评价。因此，典型的表现性评价不但关注（如完成的课题、美术作品、研究报告等）学习结果，而且关注这些学习结果得以产生的整个过程。事实上，有些学习内容没有形成最终的有形产物而只有过程，如演讲、唱歌、跳舞、讨论等，表现性评价既是对这些学习过程的评价，又是对其产物的评价，是全面的评价。

（3）不仅是对某个学习领域、某方面能力的评价，更重要的是对学生综合运用已有知识进行实操与表现能力的评价

表现性评价不仅仅局限于评价学生的记忆、认知能力，它更关注非认知因素，如与人合作的能力，参与社会活动的能力等，突出了情感、态度、价值观因素在学生发展中的重要地位。表现性评价理念下的学生不再只是跟书本、习题、考卷打交道的书虫，他们必须参与操作、实践表现，从而全面地发展能力。他们也必须综合而又灵活地运用所学知识，进行思维加工和判断，进行各种探究活动，有个性地展现自己的才能，从而培养创新能力。

2. 促进学生的学习与成长

当前对表现性评价的强调，除了它具有检测传统纸笔测验检测不了的教育结果的潜力，更重要的是，人们试图通过它来进行系统的改革，促进教与学。表现性评价对促进学生的学习与成长的潜力主要表现在以下几个方面。

（1）更清楚"我要去哪里"

教学的目的在于促使学生有效、高效地学习。要使学生有卓越的学习表现，首先应当让他们知道学习结果，要求他们改进不理想或令人不满意的结果。但事实上，很多"不幸运的学生可能经常在课堂上感到困惑，不知道学业优秀意味着什么。他们的教师对成功的认识也许并不充分或者关注了错误的方面，或者他们想把成功的秘诀保留起来，以保证自己对课堂的权威性和控制力。当他们的学生试图猜测真正的目标而又猜错时，他们在评价中就会失败。在这种情况下，他们的失败不是因为缺乏学习动力，而是根本不知道努力的目标和方向。如果有明晰的目标，这些学生可能本可取得学业上的成功的"。而表现性评价中的评分规则清晰详细地描述了预期的目标，强调可以判断学生表现的指标，从而给学生提供了努力的方向，有助于激发学生的学习动机。

（2）更清楚"我现在在哪里"

表现性评价非常注重在学习过程中向学生提供反馈，以便于学生获取和利用可了解自己表现的各种机会，从而能不断地根据评价目标对自我表现进行自我评价和自我调整，逐步完善自己的表现。反馈是每个完整学习中的一个核心部分，只有持续的单项练习和测验，而没有与此同时进行的反馈，意味着学生的答案与学生在校学习的实际结果、原因和意图是相互脱节的。一个人只有知道了自己是如何表现的，他才能改进或学着改进自己的表现。听起来这好像是基本常识，但在传统的课堂中却并非如此。在表现性评价中，反馈贯穿于评价的整个过程，而不仅是评价后的事情；同时，教师改变了诸如评分、分等和简单的表扬等提供反馈信息的传统形式，而是为学生提供频繁的、持续的、经过证实的、有帮助的、关系到意图的证据，能使学生把当前表现与欲达到的结果（准则）进行比较。这些建设性的评价反馈明确地告知学生学习上的优缺点，用学生能理解的语言描述学生表现的质量。表现性评价中，教师通过评分规则所提供的有效反馈极大地帮助了学生的学习。

（3）更清楚"我是学习的主人"

"教是为了不教"，即是说教学应当发展学生自我学习的能力与责任。传统的测验导致了以教师为中心的评价模式，而表现性评价却旨在培养学生的自我评价的能力，希望学生成为教室的主人，成为评价的主体，在这样的评价中，教师的主要角色是辅助学生使其对他们的学习负责，辅助他们成为熟练的自我评价者。表现性评价中界定的目标图景和能力为学生提供的有效的反馈信息，为学生对自己的学习做出客观的评价提供了可能，它能使学生逐渐习惯把持续性的评价作为所完成任务的一个自然的、有意义的过程来对待。在这一过程中，他们利用评价的指标来了解自己的进步、评判自己的成绩、监控自己的发展，也就清楚了自己要到哪里、现在在哪里、还有多少距离要完成、接下来要做什么……他们逐渐内化评价的标准，明晰自己的弱点和长处，并充分利用所学的知识来改善自己的表现。因此，也就有利于学生对自己的学习负起更多的责任，真正成为学习的主人。

3. 促进"标准—教学—评价"的一体化

在传统纸笔测验主宰教育评价的情况下，人们总是批判教师们"为测验而教"、学生们"为考试而学"。试想，如果我们采用的评价方法能检测多种学习结果，并能为教学决策带来丰富的有用信息，那么考什么、教什么，怎么考、怎么教，又何尝不可呢？在很多教育者看来，相对于传统的纸笔测验而言，表现性评价更能促进标准教学评价的一体化，从而为教师的教学带来积极的影响。

课堂教学中实施的表现性评价任务就是基于传统纸笔测验检测不了的那些目标来设置的，这样的任务也就是检测处于课程标准的核心的目标。这样的任务不是简单地衡量对错或选择是与否，而是需要学生经历高阶思维的建构。因此，学生完成任务的过程同时也就是一个很有价值的学习过程。另外，

追寻深度的教与学

教师为了检测学生表现性评价的任务，事先要为学生提供必要的学习支持并组织相应的学习，而这些学习活动都是指向或为了核心目标的达成。这样，所有教与学的活动为了目标的达成评价任务及其实施就是为了检测目标达成情况。而这里所说的目标就是在这个主题下传统纸笔测验检测不了的目标。这样的教学设计与实施活动，也就更好地实现了"标准—教学—评价"的一体化。当然，其前提是教师要能有效地设计与实施表现性评价，因此我们说，这是表现性评价的潜力所在。

评价促进教学的最关键因素是，在"教学决策链"中，教师根据课堂评价的情况来推论学生达到目标的程度，从而基于数据做出下一步决策，此即为"数据驱动的教学"。在传统的课堂评价中，课堂评价结果更多的是关于对与错或笼统的好与不好的信息，这样的信息对教学决策没有什么意义，因为笼统呈现评价结果无法让教师清楚地了解学生学习的具体情况。而表现性评价却可以提供丰富且完整的关于学生知道什么和能做什么的信息。因为表现性评价根据学习结果所设计的表现性任务和明确规定的评分规则使得教师的推论简单易行，并且可靠有效。教师可以利用这些推论的结果重新审视自己的教学，从而调整教学。可见，课堂中的表现性评价实际上融合了诊断、推论、反馈和评价等多个教学过程，从而为教师的教学决策提供了高质量的信息。

表现性评价镶嵌于课堂教学，从而促进教学。这一点也得到了很多研究者的认同。邦尼（A. Bonnie）就认为，统整的表现性评价不仅能评价学生不断靠近标准的进步过程，而且在天衣无缝的方式中将基于标准的课堂教学与评价实践连接起来，两者不断地相互渗透，从而提高教与学的质量。奥尼尔（O'Neil）也指出，表现性评价给教和学带来较大的进步，给教师、学生和决策者带来许多收获。(1) 对学生的能力的描述将更为完整；(2) 教师将有更多的机会参与到学业评定过程中去，并把它直接与教和学联系起来；(3) 给学生带来取得更好成绩的动力；(4) 将会得到家长的理解和欣赏。当然，表现性评价的这些潜能是基于清晰的评分规则和与课堂教学目标相匹配的评价任务，并且能在课堂中得到有效的实施等为前提的。

第二节　表现性评价的概念

一、表现性评价的含义

表现性评价，有人译为"表现性评定""表现性测验""基于表现的评价""表现为本的评定"，中国台湾学者将其译为"实作评估"或"实作评量"。尽管表现性评价在实践中使用已久，并且近三十年来成为评价改革领域的热点话题，但它至今仍无确切的含义。表现性评价到底是什么呢？

（一）众说纷纭的表现性评价

表现性评价是什么，真可谓众说纷纭。不同的教育者在使用"表现性评价"这个词时，由于侧重点的不同，揭示的往往是不同的内涵。

1. 需要建构反应

持这一观点的人从学生对试题反应的形式来界定，认为需要学生进行"建构反应"形式的作业均属于表现性评价的范畴。例如，美国技术评价办公室（Office of Technology Assessment）搜集了 20 世纪以及之前测验史上最具综合性的测验，深刻审视测验技术进步方面的变化，并于 1992 年 2 月出版了《美国学校中的测验：提出正确问题》（*Testing in American Schools：Asking the Right Questions*）一书。在书中他们将表现性评价界定为："要求学生创造答案或成品展示他们所知和技能。"

瑟洛（M. Thurlow）指出，表现性评价是要求学生去创造一个答案或成品来展示他们的知识或技能。

萨克斯（G. Sax）认为，所有表现性评价的一个普遍特征就是强调被试执行一项任务的能力，而不是回答问题的能力。是非判断、多项选择和论文测验并不适合于所有的测量。举例来说，从事艺术、音乐、体育、语言和理科教学的教师常常需要在学生作画弹奏乐器、打篮球、写信、说英语或者做实验的时候进行观察。这些观察可以通过表现性评价进行。

阿特（Judith Arter）和麦克泰（J. McTighe）把表现性评价界定为，需要学生建构一个答案，创作一项作品，或进行一个论证。既然表现性评价不止有一个唯一正确的答案或解题方法，对学生的作品或表现的评价就要以标准的判断为基础。

2. 检测历程与结果并重的复杂任务

从试题内容与所检测的知识层次来界定，人们认为除了建构反应的要求外，表现性评价评的是复杂与高层次、历程与结果并重的能力。例如：

国际教育成就评价协会把表现性评价定义为：利用综合的实践作业去评价学生的内容知识和程序知识，以及学生运用这些知识进行论证或解决问题的能力。

英属哥伦比亚教育部提出，表现性评价"这个术语用来描述既评定过程又评定结果的学业评定方式"。

萨克斯等人将表现性测验界定为要求被试执行某一任务而不是回答问题的测验。

林和格朗兰德认为，表现性评价包括文章写作、科学实验、语言表达与运用数学解决问题，强调做而不仅是知道，兼顾过程与结果。

斯特朗（R. Strong）认为，表现是探索学生理解的核心。他宣称："表现是评价的基础。评价要求学生做出一个反映，而不是去选择一个反映，要求他们整合新旧知识及相关的技能，主动完成复杂的任务。"

3. 直接检测表现

从评价结果到推论范围的关系的角度出发，有些人认为表现性评价是直接的评价，可以直接测得复杂的认知能力，缩短作业本身与评价结果欲推论的范围之间的距离。例如：

萨克斯和牛顿（J. Newton）将表现性评价界定为：通过直接观察个体在音乐、美术、体育训练、实验科学等方面的行为所进行的评价。

黛安·哈特（Diane Hart）认为，表现性评价是基于学生的表现或表现样本及既定的标准而进行的直接、系统的观察和评价。

在霍华德·加德纳看来，评价要直接针对表现："我们所看重的是表现本身，不管是语言的、逻辑的、艺术的表现，还是社交方面的表现。"

4. 接近真实情境

从习得能力迁移或转换至真实生活的角度出发，人们认为表现性评价应是真实性的评价，其关注的是评价的内容与实际生活的接近程度。例如：

艾拉逊（P. Airasian）、派克（Patrick）、莫里森（Morrison）以及威金斯主张表现性评价要求学生完成一个活动，或制作一个作品以证明其知识与技能，此评量让学生在真实情境中表现其所知与所能。

"表现性评价：教师让学生在真实或模拟的生活情境中，运用先前所获得的知识解决某个新问题或创造某种东西，以考查学生知识与技能的掌握程度，以及实践、问题解决、交流合作和批判性思考等多种复杂能力的发展状况。"《新课程与学生评价改革》一书给出了这样的定义。

钟启泉则认为，所谓"表现"，是指通过姿势动作和语言等媒体表露自己的认识和感受。这是通过学生挑战"真实的课题"，来把握他们借助五官的"表现"所表达的种种学习状态的一种评价方法。这里可以采取种种的表现手法，诸如语言表现、歌唱表现、绘画表现、造型表现、体态表现、动作表现等。具体来说，包括讨论、会话、演说、写作、书法、歌唱、演奏、作曲、描绘、造型、烹饪、裁缝、游戏、舞蹈、体操、演技等。

5. 需要专业判断

从计分方式区别客观纸笔测验与表现性评价，人们认为后者不同于前者之处在于它涉及复杂的专业判断，而非采用对或错的二元计分。例如，艾巴彻（Aschbacher）认为，在教学情境中的实作评量系指教师依据专业判断来评量学生的学习表现，学习表现包括题目反应、作品、学习过程。史维特（D. Swet）指出，表现性评价要求学生去表现一个任务，而不是从已经列好的清单中选择一个答案。比如，一个学生或许会被要求解释一个历史事件，产生一个科学的假设，解决数学问题，用外语交流，或是根据布置的主体开展研究有经验的评分者（或是老师，或是其他经过培训的人员）基于事先设计好的规则判断学生表现任务的质量。

上述归类是为了凸显表现性评价各方面的特点以及便于阅读。事实上，很多定义并非只论及某一点，更多时候，人们在阐述表现性评价的内涵时都会对其进行总体描绘。例如，马扎诺（Marzano）等将表现性评价定义为：①与各种任务情境有关，学生在这些情境中获得机会，表达他们的理解，在各种情境中创造性地运用他们的知识、技能和思维方法。②经常随着实践的推移而进行，会产生切实的结果或可见的成就。③鼓励自我评定和自我改正。④有时包括合作。⑤需要用分数判断。⑥用已经确立的标准来判断熟练度。⑦公开评分标准。波帕姆（J. Popham）认为，表现性评价通过让学生学会完成某一特定任务来测量学生的状态，在这一过程中，要求学生建构一种原创的反应。除此之外，评价人员还要观察这一建构的过程，不仅要观察学生的表现，还要对学生的表现做出评判。

斯蒂金斯认为，表现性评价为测量学习者运用先前所获得的知识解决新异问题或完成具体任务能力的一系列尝试。在表现性评价中，常常运用真实的生活或模拟的评价练习来引发最初的反应，而这些反应可直接由高水平的评价者按照一定的标准进行观察、评判，其形式包括建构反应题、书面报告、作文、演说、操作、实验、资料收集、作品展示。尼克指出，表现性评价要求学生参加一项活动，运用来自多种学习目的的知识和技能解决所呈现的任务，同时运用清晰界定的规则来评估学生的表现有多好。

（二）表现性评价：一个尝试性界定

"performance" 一词经常被理解为 "绩效" "业绩表现" 或 "行为表现"。然而，在学生学业评价领域，"performance" 有着独特的内涵，我们需将它置于教育发展和教育改革的特定背景中来理解。

1. 定义的演进

20 世纪中前期，表现性评价这个术语多数情况下是与不需要书面写作的实践性测验联系在一起的。在教育领域，指的则是检测个体在特定任务情境中的能力，大都运用于职业课程中的实践领域，如工程、打字、音乐、美术等。在校外，诸如此类的实践表现测验被运用于求职面试和相关的培训中，如第二次世界大战期间的士兵培训。在心理学领域，表现性测验更多的是指非文字测验，这些测验检测的是具有语言障碍者的能力倾向。这些"历史遗产"当然仍旧是表现性评价的基本意涵；然而，现在，情况并没有这么简单。

20世纪80年代以来掀起的表现性评价热潮，赋予表现性评价以新的内涵，主要表现在：①在核心学术课程中的运用；②运用评分规则影响与解释表现；③鼓励学生自我评价。现在，学校的学术性科目，如数学、语言和科学等，成为表现性评价的重要内容。对表现性的不断关注，并将其更多地聚焦于学术性科目，是源于滥用多项选择题而引发的不满。它不能检测复杂的表现、高级的思维，并对教学和学习带来了很大的负面影响。当人们寻求一种更合适的评价来实现这些要求时，表现性评价被认为是一种合适的选择。因此，当前，表现性评价中的表现已经增添了特定情境下的意义。李雁冰在她主译的《表现性评定手册》译者前言中写道："对于'performance'一词，开始考虑到传统习惯，我们仍把它译成了'学业成就'（它本身在汉语中也有成绩、成就的意思），但在翻译过程中，我们越来越体会到它与传统'学业成就'（Academic Achievement）一词的区别，因此，我们重新把它改作'表现'，以更好地传达出评定改革的本意。"可见，这里的"表现"是指符合评价改革理念，与传统学业成就评价相区别的特定术语；这不仅与国际视域中的评价改革理念相一致，同时也顺应了我国第八次课程改革中评价改革的要求。

2. 尝试性界定

从表现性评价内涵的兴起及其演进的背景来看，通过与传统客观纸笔测验的比较来理解表现性评价将是一条有效的路径。总结众多的相关研究，表现性评价和传统的客观纸笔测验的区别主要体现在以下几个方面：任务的真实性、复杂性需要的时间和评分的主观性上（见表5-1）。

表 5-1　客观纸笔测验和表现性评价的特点比较

客观纸笔测验		特点	表现性评价	
选择式试题	补充型试题		限制性表现	扩展性表现
低←较低←		任务真实性	→较高→高	
低←较低←		任务复杂性	→较高→高	
短←较短←		需要的时间	→较长→长	
低←较低←		评分主观性	→较高→高	

事实上，各种评价方法是一个连续的存在（见图 5-1），连续体的左边是传统的客观纸笔测验，它只需要学生做出选择反应；而连续体的右边是表现性评价，它需要学生进行建构反应。

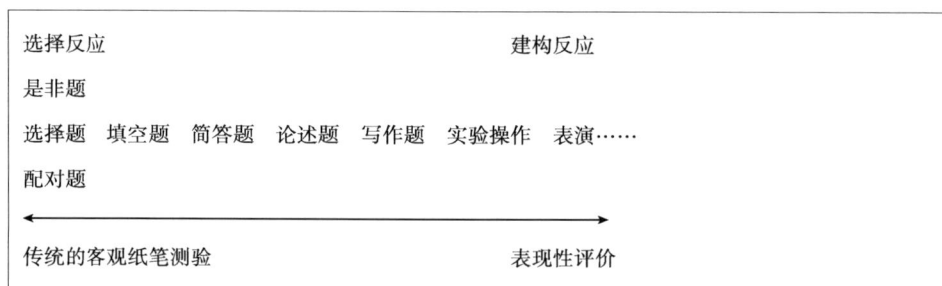

图 5-1　评价方法的连续体

也正是基于这样的理解，陈英豪、吴裕益主张表现性评价处于一般认知结果的纸笔测验和将学习结果应用于未来真实情境的实际活动之间，是模拟一些标准情境的测验，其模拟的程度高于一般纸笔测验。余民宁也认为，表现性评价介于评价认知能力所用的纸笔测验和将学习结果应用于真实情境中的表现二者之间，在模拟各种不同真实程度的测验情境下，提供教师一种系统地评量学生实作表现的方法。举个例子来说，有名教师指导学生用合作的方式解决各种问题，他想评价学生是否习得了合作技能。这里要考查的是每一个学生掌握合作技能的程度。依据评价的结果，教师可以决定某一学生是否需要额外的指导，是否可以开始新的教学任务。实际上，就在这里教师真正感兴趣的是学生能否与其他学生合作，一起找到解决问题的方法。图 5-2 列举了五种用以评价学生合作技能的方法。但你会发现，第1和第2两种方法都是选择—反应评价，它们没有让学生建构任何反应。其他3种（第3、第4和第5）虽然都是建构—反应评价，但所提供的任务与教师教学目标相一致的程度有明显的不同。具体地说，第5种方法与教学目标所要求的行为最接近，而第4种方法与第3种方法相比就更具有表现性评价的意味。

我们再来举一个关于语文口语交际评价的例子来说明这个问题。语文课程标准在总目标中指出，要使学生具有日常口语交际的基本能力，在各种交际活动中，学会倾听、表达与交流，初步学会文明的进行人际沟通和社会交往、发展合作精神。

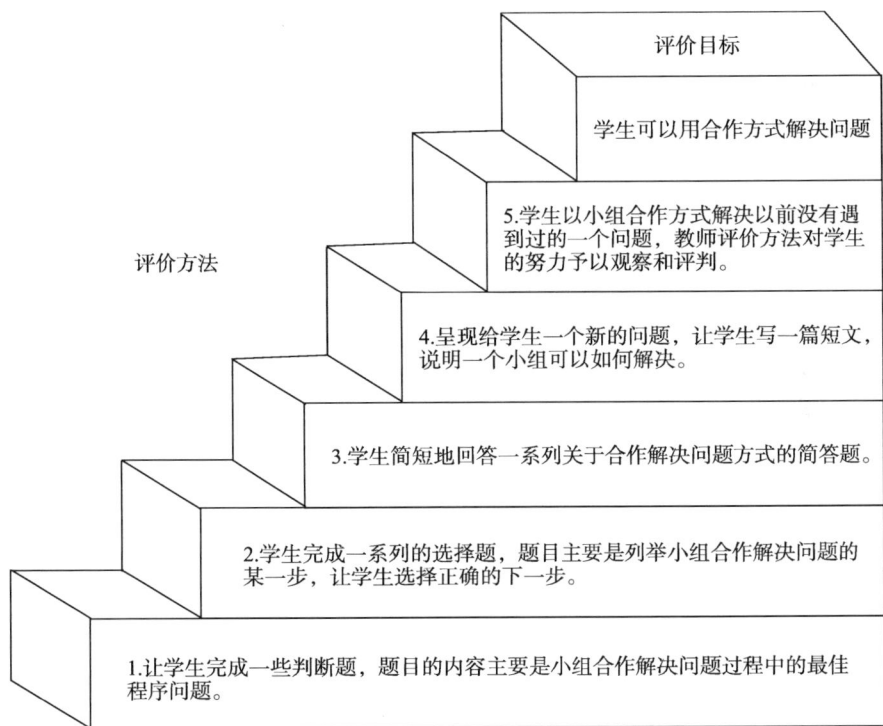

评价目标

学生可以用合作方式解决问题

评价方法

5.学生以小组合作方式解决以前没有遇到过的一个问题，教师评价方法对学生的努力予以观察和评判。

4.呈现给学生一个新的问题，让学生写一篇短文，说明一个小组可以如何解决。

3.学生简短地回答一系列关于合作解决问题方式的简答题。

2.学生完成一系列的选择题，题目主要是列举小组合作解决问题的某一步，让学生选择正确的下一步。

1.让学生完成一些判断题，题目的内容主要是小组合作解决问题过程中的最佳程序问题。

图 5-2 学习任务与评价行为接近程度不同的几种评价方法

因此，培养与评价学生的口语交际能力已成为语文教师的重要任务。在评价学生口语交际能力的时候，教师可以设计和使用各种不同的评价方法，常见的方法有：（1）让学生完成一些判断题，题目的内容主要是关于倾听、表达与交流的基本要求。（2）让学生完成一系列选择题，学生选择在某一特定的口语交际情境下如何表现或如何说话。（3）让学生简短地回答几个关于口语交际要求与技巧的问题。（4）提供一个模拟口语交际情境，要求学生写一篇短文，说明一件事情（如怎样寄包裹）或说服某个人（如选修某门课）。（5）提供一个模拟情境，必要时由教师和学生配合，让学生完成一个模拟口语交际任务（如打119火警电话）。（6）要求学生完成一个比较真实的口语交际任务，如与同学讨论某一主题或向不知情者陈述某个事件。结合表现性评价的特点，我们不难发现，第（6）种方法是典型的表现性评价，在任务真实性、复杂性、所需时间和评分主观性等方面都符合表现性评价的特点。相对而言，第（4）和第（5）种方法也可以算是表现性评价，但第（1）、第（2）和第（3）种就不符合要求了。

上述所举的两个例子，就犹如我们在驾驶执照考试中所遇到的情况那样：理论考试相当于传统的客观纸笔测验，只需要记忆就行了，路考就属于表现性评价，而场地考试界于两者之间，与理论考试相比更具有表现性评价的特点。几年前，《机动车驾驶证申领和使用规定》在"实际道路考试"中新增了"通过人行横道线""通过学校区域""通过公共汽车站""夜间行驶"四项内容，这就使得驾驶执照考试更具有真实性的特点。

至此，我们可以给表现性评价下一个尝试性的定义：在尽量合乎真实的情境中，运用评分规则对学生完成复杂任务的过程表现或/与结果做出判断。

二、表现性评价的结构

从表现性评价自身来看，其构成要素是什么？在"教—学—评"的系统中，表现性评价及其要素与教和学又是什么关系？最后，一个完整的表现性评价概念框架应该是怎样的？

（一）表现性评价的构成要素

表现性评价要求学生生成些什么，而不是选择一个答案，是一种观察学生是否积极地参与到完成某项任务之中的评价，这样的任务经常是一个人在实际现场可能做出的表现或模拟，它代表了学习的目标或标准的成就，而这些成就没有一个标准的答案，需要通过观察，基于评分规则进行判断。可见，实施表现性评价，一要有要求学生执行表现性任务；二要有用以判断结果和表现的评价标准。而表现性任务和评分规则都是依据我们期望学生能表现出来的学习结果来设计—表现性评价的三个核心要素。

1. 居于课程核心的目标

表现性评价不是让学生多做知识简单回忆，而是对学生完成任务的能力的展示。学生必须综合而灵活地运用所学知识，进行思维加工和判断，进行各种探究活动，有个性地展现自己的才能，从而创造性地解决问题。因此，表现性评价要检测的是那些居于课程核心的，需要持久理解的目标。这些目标是学生学习的重要部分，对于它们所指向的内容，学生不仅应当熟悉，还应当能够切实应用，以实现持久的理解。对于具体的课程而言，核心的、需要持久理解的目标，就是那些具有超越课程内容的持久价值的大观念，并且这些目标必须是学生通过自主发现与探究才能达成的，而不是教师教了就会的。这些目标的获得将为学生终身学习能力和心智的养成提供活力。

2. 真实情境中的表现性任务

"真实"，要求我们将评价所测的能力直接与生活中复杂的能力相连接，以提高学生习得的能力迁移至学校学术情境之外的生活中的程度。传统的选择式考试是通过对学生在选择式考试上的表现来间接地测量他某一方面的能力，它只能测量学生"知道什么"，但不能评价学生在实际生活中"能做什么"。比如，通过多项选择题、完形填空题等形式的选择式纸笔考试可以对一个人使用外语的能力做出测量，而事实上，这个学生在实际生活中运用外语进行表达和交流的能力到底如何却不得而知。一个大学英语六级成绩超过520分的学生，却不能进行基本的英语口语交际，是很常见的事。表现性评价旨在改变这种局面，不仅评价某个学习领域、某方面能力，更重要的是评价学生综合运用已有知识进行实作与表现的能力。表现性评价不仅仅局限于评价学生的记忆、认知能力，它更关注非认知因素，如与人合作的能力、参与社会活动的能力等。

因此，不论何种形式的表现性任务均应尽量接近真实生活中的复杂情境，为培养学生"带得走"的能力提供各种各样的机会。

3. 判断学生表现的评分规则

由于表现性评价要求学生建构反应、完成任务、展示能力，而不是选择一个现成的答案；并且表现性评价不仅评价学生行为表现的结果，同时也关注学生行为表现的过程。评价者必须观察学生的实际操作、表现（如学生的口头陈述、表演或舞蹈等在问题解决过程中的外显行为）或记录学业成果（如论文、方案设计等），以此评价学生的能力。因此，真正的表现性评价与选择题的评分不同，它没有一个统一的标准答案，而只有答案的标准，需要评价者根据事先设好的评分规则，依靠自身的经验和智慧来决定学生表现的可接受程度。

案例

本案例来自美国米尔沃基帕布里克学区，它由三个部分组成：第一部分为目标，第二部分为表现性任务和一位学生的作业，第三部分为评价学生问题解决水平的评分规则。

该表现性评价指向于小学数学学科的问题解决。在评价之前，该学区统一制定了问题解决的四个关键要素。

策略的选择：数学中常使用的策略包括画图表、制作模型、猜测和检查、将信息分类、制作清单、将问题划分为几部分、逆向推理和简化问题。评价的重点在于学生是否能够将先前的知识运用到问题中，将知识与恰当的策略选择联系起来，并对策略的恰当性做出回应。

问题的组织：恰当地组织问题有助于对问题的思考。"问题组织"的评价重点在于是否能确定问题中的必要信息，并通过图表等方式阐述相关的信息。用数学交流：在解决问题的过程中，解释和阐述"如何看待数学问题"，可以加深学习者对数学概念的理解，提供解决问题的灵感。因此，是否对其所选择的策略和解决问题的思路提供充分的说明是该指标的评价重点。

问题解决的方案：善于解决问题的人常常会反省自己所做的尝试，分析所采用策略的有效性，检验例外和证实结果。该指标的评价重点为是否通过有效地使用运算、图表和阐述等方式，获得对该问题的正确解决方案，并做出验证。

运用数学：数学能力的增长应该与恰当地运用数学术语及数学推理的能力的增长同步。因此，是否能使用恰当的数学语言进行数学推理和数学运算即是评价的重点。

事实上，上述问题解决的四个要素就是我们期望学生掌握的学习结果，也即要评价的目标。设置表现性任务和评分规则都应当紧紧围绕这四个维度展开。

(二)"教—学—评"系统中的表现性评价

弗彻斯认为，表现性评价的一个主要驱动是重新连接大规模评价与课堂评价，从而积极地影响学习、促进教学的需要。那么，表现性评价到底是在怎样的一种关系与结构中实现这些功能的呢？

1. 表现性评价与课程标准的共生关系

开发和实施表现性评价的过程，就是对课程标准的核心目标进行不断分解细化，进一步清晰界定，并通过表现性任务和评分规则落实目标的过程。首先，适用于表现性评价的目标即课程标准中的核心目标。当然，需要针对具体的内容和特定的学生进行具体化。其次，教师要求学生通过完成表现性任务来实现课程标准中的核心目标。事实上，"标准和表现性任务维系着一种共生的关系，它们彼此互相依赖，分别是综合评价体系的必要组成部分"。最后，评分规则依据内容标准和表现标准而开发，在教学实践、教学评价中，为广大教师提供了一种重要工具，它是对表现标准的描述，也是对内容标准的进一步描述。"不管课程标准、课程结构或教材是如何规定的，评分规则的内容规定了教师和学生借以决定要采取什么措施来获得成功的依据——他们所看到的就是他们需要去做的"。表现性评价与课程标准的共生关系，使得表现性评价成为落实课程标准的有效途径。从这个意义上看，开始和实施表现性评价与基于课程标准的教学与评价两者存在许多相吻合的地方。

2. 表现性评价与教和学的一体化关系

理想的表现性评价同时也是一项有效的教学活动。表现性评价具有教学性成分，学习和评价能同时执行，并能很好地与教学统合在一起。例如，当实施一个舞蹈单元时，学生可以创编一个舞蹈序列，来表明对某些舞蹈概念和原理的理解。当学生编舞时，他们学习关于舞蹈的种类、动作造型、流畅性、水平等内容。然后，通过评分规则来对他们呈现的舞蹈进行评价。因为学生有评分规则，当他们完成任务时，可以进行自我评价或同伴评价；当学生完成任务以后，教师基于评分规则指导学生并向学生说明教师的期望，也能提供具体的描述性反馈。给予学生的评分规则是教师用以评价最终的学习成果的标准。这样，学生的学习任务和评价变得不可分割，不同的教学类型可以和评价融合在一起。

（三）表现性评价的概念框架

基于上述分析，我们可以描绘出表现性评价的概念框架（见图5-3）：表现性评价由目标、表现性任务和评分规则组成；多种不同类型的表现性评价任务的综合运用构成了表现性评价体系；而表现性评价与课程标准的共生关系，以及与教学的统整，将这个系统连接起来，从而促进教与学。

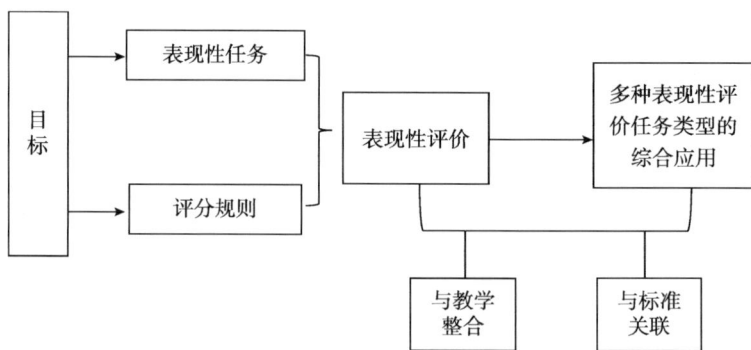

图5-3 表现性评价概念框架

表现性评价的三个核心要素互相关联，互为因果。适用于表现性评价的目标是居于课程核心的目标，这些目标需要通过真实情境中的任务来落实并加以检测，传统的纸笔测验无能为力。反过来，表现性任务必须基于目标，要与目标相匹配，才能实现落实目标和检测目标的使命。正是因为表现性评价的任务是真实世界中的任务，具有情境性、复杂性，评价的是复杂的学习结果，所以学生在完成任务时必须选择建构反应，而不是简单的选择反应。复杂的任务，建构性的反应使得传统的二元对错评分方式无能为力，需要基于评分规则的主观判断。和表现性任务一样，评分规则也必须是源于目标，与目标一致，是目标在内容维度和表现维度上的具体化。

根据目标和课程内容不同，表现性评价任务的类型也多种多样，包括各种跨学科的评价任务和跨时间的评价任务。多种表现性评价任务类型的综合应用，就形成了一个综合的表现性评价体系。在综合表现性评价体系运作的过程中，表现性评价各要素及其相互间的关系又促成了表现性评价与课程标准的紧密关联，以及与教学的统整。

第三节　评价目标的确定

评价目标，也就是"评什么"中的"什么"。这个"什么"，指的就是我们期望的学生学习结果。人们使用各种术语来指代对学生的学习期望。如目标和目的，熟练度和能力，标准和基准。所有这些术语都具有相同的基本含义：我们期望学生应知和能做的。如果没有对学习结果的清晰界定，就不可能设计出良好的评价，也不可能有效地评价它们。我们提倡在学生评价中实施表现性评价，呼吁创建一个平衡的学生评价体系，这也就说明了，每一种评价方法都有适合其评价的对象，同时也具有局限性——不能或不适合检测其他内容，表现性评价当然也不例外。那么，表现性评价适合检测哪些类型的目标？又如何来界定这些评价目标？

一、为目标选择匹配的评价

尺子测量长度，钟表测量时间。针对不同的评价目标，我们该怎么来选择合适的评价方法呢？要想回答这个问题，首先要知道，在学校里，我们期望的学生学习结果都有哪些不同的类型，然后才能根据这些结果自身的特性和习得的认知过程来选择适切的评价。

（一）学习目标的分类

划分学习目标的框架有许多种，但对评价与教学领域影响最深远的可能是布鲁姆的目标分类学和加涅的学习结果分类。

1. 布鲁姆的目标分类学

为了指导对学习结果的评价，布卢姆及其同事创造了一套目标分类体系，帮助教师确认他们期望学生所进行的学习的类型。在其分类体系中，教育目标分为认知、情感和心因动作三大领域。其中，认知领域又细分为知识、领会、应用、分析、综合、评价六级；情感领域分为接受、反应、价值判断、组织和价值与价值体系的个性化；心因动作领域分为知觉、准备、有指导的反应、机械练习、复杂的外显反应、适应和创造。

随着心理学关于认知、学习和知识等重要研究的逐步深化，以及课程与教学理论研究与实践探讨的不断深入，人们日渐意识到修订目标分类学的必要性。安德森（L. Anderson）等人组建团队，经过多年的深入研究，对布卢姆的目标分类学进行了修订，于2001年出版了《学习、教学和评估的分类学（布鲁姆教育目标分类学修订版）》。新修订的目标分类学提供了一个二维的目标分类框架：知识维度和认知过程维度（见表5-2），并将知识维度划分为事实性知识、概念性知识、程序性知识和元认知知识等四种类型。

表 5-2　修订版布鲁姆认知目标分类框架

知识维度	认知过程维度					
	记忆	理解	应用	分析	评价	创造
事实性知识						
概念性知识						

续表

知识维度	认知过程维度					
	记忆	理解	应用	分析	评价	创造
程序性知识						
元认知知识						

新修订的分类框架为我们提供了一个准确描述目标的框架，将目标置于二维目标框架中，更能增进对目标的理解。它不仅适用于指导学生学习和教师的教学活动，同时也适用于对学习结果的评价。在设计评价时，我们首先要明确，希望学生学会的东西在框架中处于哪个位置，然后再来思考，这样的目标需要什么样的评价方法。

2. 加涅的学习结果分类

和布鲁姆等人一样，加涅也试图从学习的基本思维过程出发，编制一套关于学习目标的体系，并按从简单到复杂的顺序对其分类。加涅学习结果分类的提出与形成年代较晚，吸取了现代认知心理学的最新成果。他将学习活动的表现分为五个领域：言语信息、智慧技能、认知策略、态度和动作技能。其中，言语信息又分为符号学习、事实学习和有组织的言语信息学习三类；智慧技能又分为辨别、概念、规则、高级规则四类，而且这四类之间存在一种层次关系。表5-3描述了每类学习结果及其相应的行为表现，这将有助于我们确定相应的评价类型及其范围。

表5-3 加涅的学习结果分类及相应的行为表现

性能	性能动词	举例
智慧技能		
辨别	区分	通过比较来区分法语 u 和 ou 的发音
具体概念	识别	通过说出代表性植物各部分的名称来识别根、茎、叶
定义性概念	分类	运用一个定义将概念族系分类
规则	演示	通过解答口头陈述的例子来演示正负数加法

性能	性能动词	举例
高级规则	生成	通过综合可应用规则，生成一段描述一个处于害怕情境下行为的文章
认知策略	采用	采用想象美国地图的策略，用列表的形式回忆各州州名
言语信息	陈述	口头陈述 1932 年总统竞选的主要事件
动作技能	执行	通过将一辆小轿车倒入行车道来执行一项任务
态度	选择	选择打高尔夫球作为一项休闲活动

布鲁姆等人的目标分类学和加涅的学习结果分类在三个大领域的划分上完全相同，所不同的只是用词上。布卢姆的认知领域与加涅的认知领域所涉及的范围完全一致，只是认知领域内部亚类的划分有所不同。布卢姆讲的情感即加涅讲的态度，布鲁姆的心因动作也就是加涅讲的动作技能。这两大系统对我们理解学习活动包含哪些内容有重要贡献，并且都能支持认知学习理论中确定的一些结果表现。高级思维活动的基础非常重要，而分析、综合和评价水平则代表着认知策略的产生。新修订的目标分类学和加涅的分类与现代的认知学习理论就更为接近了。目标分类学的这些成果帮助我们澄清了学习的内涵及学习结果的分类依据，并发展出检测学生学习结果的有效指标，或为我们设计有效评价的理论前提。

（二）匹配：有效评价的核心

评价是基于证据的推理。其中，前提性的条件是我们需要采用合适的评价方法收集到有效的证据。那么，什么样的评价方法才是合适的呢？泰勒给出了原则性的答案：由于评价涉及获得学生行为变化的证据，所以，获得任何有关教育目标所期望的行为的有效证据，都是一种合适的评价方法。泰勒的这一观点至少包含了两层意思：第一层意思是，我们应该通过许多途径获取有关学生行为变化的证据，当我们考虑评价时，不能局限于某一种评价方法。纸笔测验确实为收集有些学生行为的证据提供了一种切实可行的方法，但许多作为教育目标的其他受期望行为是难以用纸笔测验来评价的。例如，考查习惯和某些操作方面的技能，就需要在实际生活或实践操作中进行观察，获得有效证据；评价学生的绘画技能，就需要观察学生的绘画过程或收集绘画作品，获得有效证据。第二层意思是，使用特定的评价方法所获取的证据必须是有效的，这里的"有效"，主要指的是证据能代表反映目标达成情况的学习信息。这就必然要求所采用的评价方法与所要检测的目标的一致性，也即两者之间的匹配。正如一个人不会愚蠢到"用斧子去剥葡萄皮"或用"用剪刀去除草"一样，我们不会设计一个配对题去检测学生的创造能力，也不会为考查事实性知识而设计写作题。否则，我们获取的证据将是无效的，更不能对评价结果做出正确的解释。

目标与评价的匹配必然涉及以下三个方面的一致性：（1）评价与目标的内容主题是相一致的。我们总不能让学生完成素描作品来检测他们的色彩感。（2）评价与目标的认知类型是相一致的。也就是说，完成评价任务所需的认知要求与目标的要求是一样的。我们不能通过对事实性知识的记忆来考查学生的问题解决能力。（3）评价设定的掌握水平与界定的目标的要求一致。评价结果出来后，评价需要有一个标准来解释和判断学生水平的评价结果，需要确定何种水平才是"可以接受的水平"。这种用以解释和判断评价结果的掌握水平，其设定应当与目标的要求相符合。

（三）目标与评价方法的组合

一方面，目标的类型不同，其自身的特性和学生的习得过程也不一样；另一方面，有效的评价必须建立在评价与目标的一致性上。因此，为不同的目标获取有效的证据，就必须在不同的评价方法中做出恰当的选择。而选择的方法必须能有效地、准确地评价所期望的学习结果，尽可能以最少的题量来最大限度地评价出学生的实际表现水平，用最低的成本获得最大的信息量。

罗德（G. Roid）和哈拉迪（T. Haladyna）提出了一个针对学习结果与评价方法的三维分类模型（见图5-4），三个维度分别是内容维度、任务维度和反应类型维度。其中，内容维度分为事实、概念与原理，反应类型根据试题答案的产生方式分为选择与建构,而任务则分为六种水平:重现、概括、展示、预测、评价与应用。我们可以结合新修订的目标分类学来理解这一模型。内容维度对应于目标分类学中的知识维度,任务维度相对应于认知过程维度。对不同层次的目标来说,评价方法也应该不一样,而且随着认知思维的加深和复杂化,评价方法的选择将更加情景化。低水平的认知思维(记忆/重现、理解/概括)可以通过比较容易的测量和客观评价手段而得到评价,但高水平的认知思维(应用、分析、评价、创造)则需要更加复杂的和真实的评价方法。例如,需要记忆与重现的事实性知识适合以选择反应类型的评价进行检测,而需要创造与应用的程序性与元认知等原理性知识无疑就需要用建构反应类型的评价进行检测。根据需要评价的目标,我们能较容易地在三维模型中找到其相对应的位置,从而设置相匹配的评价。

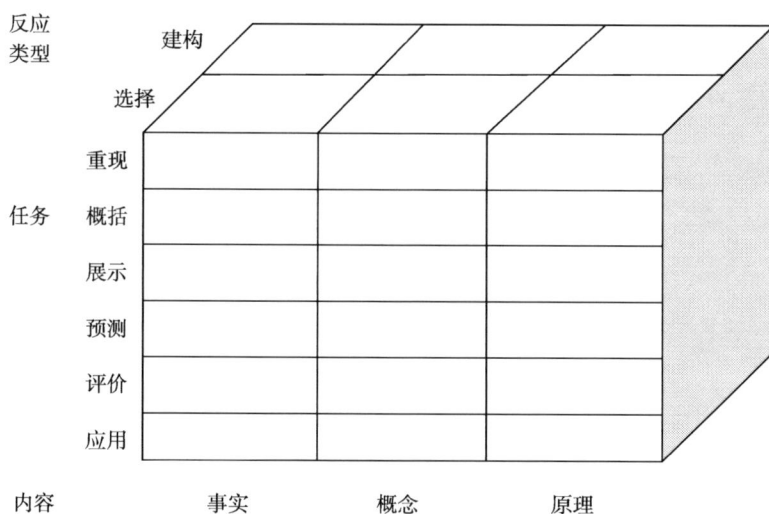

图 5-4　学习结果与评价方法的三维分类模型

我国学者皮连生则以加涅的学习结果分类为依据,探讨了针对每一类结果类型的评价方法。言语信息主要是通过回忆提取的知识,它以命题、表象等形式存储在人脑中。若学生能用自己的话陈述出某类信息或再现某类信息,那么证明学生已经掌握了该类知识,因此适宜用填空题、选择题和概念图等评价方式进行。对辨别和具体概念应该采用选择题、是非题、判断题和解释题，而定义性概念和规则应采用问答题和应用题，高级规则的测评必须是开放性和真实性较强的问题。可以通过口语报告或从学生解决问题和完成其他任务的情况对认知策略进行推测。情感领域以自我陈述问卷、投射测验、逸事记录法和评定量表法进行评价。动作技能通过直接观察进行评价。

美国评价专家斯蒂金斯更直接地从目标与评价方法的匹配程度对两者进行组合（见表5-4）。他认为，我们要根据特定的目的和学业目标来选择合适的评价方法，这是合理评价的效度指标问题。比如，对乐器演奏水平的评价和对理科知识理解的评价就是截然不同的。在前一种情况下，评价者要先倾听然后做出自己的判断；而在后一种情况下，一般是通过对一系列试题判断正误来给出一分数，这个分数就代表了学生的理解程度，因此目标不同时，使用的评价方法也不同。

表 5-4　学习目标与评价方法的组合

评价方法 / 学习目标	选择式反应评价	论述式评价	表现性评价	交流式评价
知识和观点	选择题，正误判断题，匹配题和填空题能够考查对知识点的掌握程度	可以测量学生对各个知识点之间的关系的理解	不适用于评价这种学院目标——优先考虑其他三种方法	可以提问，评价回答，并推断其掌握程度，但是很费时间
推理能力	可以评价某些推理形式的应用	对复杂问题解决的书面描述，可以考查推理能力	可以观察学生解决某些问题或通过成果推断其推理能力	可以要求学生"出声思考"或者通过讨论问题来评价推理能力
表现性技能	可以评价对表现性技能的理解，但不能评价技能本身	可以评价对表现性技能的理解，但不能评价技能本身	可以观察和评估这些技能	非常适于评价口头演讲能力；还可以评价学生对技能表现的基础知识的掌握

续表

评价方法\\学习目标	选择式反应评价	论述式评价	表现性评价	交流式评价
产生成果的能力	只能评价对创作高质量产品的能力的认识和理解	可以评价对产品创作的背景知识的掌握情况，简短的论文可以评价写作能力	可以评价创作产品的步骤是否清楚，产品本身的特性	可以评价程序性知识和关于合格作品的特点知识，但不能评价作品的质量
情感倾向	选择式反应问卷可以探测学生的情绪情感	开放式问卷可以探测学生的情绪情感	可以根据行为和产品推断学生的情感倾向	可以跟学生交谈，了解他们的情绪情感

上述这些已有的研究成果为我们思考如何为目标选择匹配的评价方法提供了很好的参考。的确，不同的目标具有不同的学习过程和条件，评价它们的内容标准和方法也应当不同。对陈述性知识的评价主要看学生能否正确回答"是什么"的问题，当然并不是让学生机械复述书本上的概念或定义，而是要求学生陈述符号或词表达的意义。选择类型的题目（如是非题、多项选择题、匹配题等）可以评价学生对概念的辨别和理解，可以评价学生能否在各种变式下运用规则。简单建构反应题（如简答题、填空题）适合评价学生运用几个规则创造一个新规则的能力。对程序性知识的评价，不在于检测学生是否正确复述，而在于考查学生面对各种必须应用学过的概念与规则的情境时，能否顺利进行运用和操作。程序性知识和认知策略针对的是"怎么做"和"为什么这样做"的问题，因此，对它们的检测应当在一些具体的情境中进行。总之，不同类型的目标各自的特性不一样，在选择评价方法时需要依考查的类型不同而定。

二、适合表现性评价的目标

表现性评价强调真实情境中知识和技能的运用；要求学生必须自己创造出问题解决方法（答案）或通过自己的行为表现来证明自己的学习过程和结果。因此，与表现性评价相匹配的目标也必然是那些具有情境性、复杂性的高级的目标。

（一）复杂的学习目标

表现性评价的一个主要优势是其能对涉及校内外自然情境中复杂表现的教学目标的实现情况进行评价。它可以检测传统纸笔测验检测不了的复杂的学习结果。艾拉逊用归纳的方法概括了多年来表现性评价所涉及的学习领域（见表5-5）。

表5-5 运用表现性评价的五个学习领域及其范例

学习领域	范例
沟通技能	论文写作，演讲，外国语的应用，听从口头提示
操作技能	握笔，实验室仪器设备的安装，使用显微镜，解剖青蛙
运动技能	射击，接球，单脚跳，游泳
概念获取	构建开闭合电路，为任务选择适当的工具、解决办法，辨认不知名的化学物质，对实验数据资料进行归纳
情意技能	与别人分享用具，在合作小组里一起工作，服从学校规章制度，保持自制

在沟通、操作、运动、概念获取和情意技能等领域，表现性评价成为收集、评价学生学习信息最重要的方法。所有的学校都期望学生去展示沟通技能，因此阅读、写作、说话等技能是表现性评价涉及的最普遍的领域。同样，操作技能，如更为复杂的实验室仪器设备的安装也是学习生活的重要组成部分。另外还有运动技能、概念的获取和情意技能等，同样是表现性评价运用非常普遍的领域。这五个领域的目标都需要学生通过建构知识或展示技能——不是"是什么"的陈述性知识，而是要在具体的情境中运用的复杂知识。如沟通技能，知道或记住良好沟通的方法和原则并不能达到这类目标的学习要求，而在真实的情境中运用这些方法和原则实现一定的沟通意图才是最终目标。因此，客观纸笔测验就显得力有不逮，需要能检测复杂学习目标的表现性评价。

与艾拉逊的研究方法不同，绝大多数学者用演绎的方法来阐述适合表现性评价的复杂的目标。其中，上文提及的斯蒂金斯关于目标与方法的匹配的观点，比较具有代表性。为了突出说明表现性评价所适合的目标，表5-6将它们的匹配结果单独呈现出来。在斯蒂金斯看来，知识和观点不适宜用表现性评价来评价，但是其他一些更复杂的学习目标就需要通过表现性评价去评价。更进一步，他将这些复杂的学习目标与具体的学科相结合，罗列了一些需要运用表现性评价的目标样例（见表5-7）。这些样例都是技能或成果目标的运用，需要复杂的高级的任务去实现。

表5-6 表现性评价：对学业目标的评价

要评价的目标	表现性评价
知识和观点	不太适合评价这种目标——其他评价方法更好
推理能力	可以通过观察学生解决一些问题的过程，或者通过审视他们的成果来推断他们的推理能力
表现性技能	在学生实际操作的同时观察和评估他们的技能
创建成果的能力	可以评价执行某种成果创建过程的能力和成果本身的特点
情感倾向	可以通过行为和成果推断学生的情感倾向

表5-7 适合表现性评价的学习目标

评价内容	程序或技能目标	成果目标
阅读	口头阅读的流畅性	
写作	书写技能，敲键盘的熟练度	写出的文章
数学	移动物体，编写数学题	描述数学原理的模型
理科	安全的实验操作	实验研究报告
社会学	辩论	学期论文
外语	口语能力	写作样例
艺术	材料运用	艺术作品
体育	运动技能	
技术教育	计算机操作	设计出的软件程序
职业教育	执行指定的程序	把机器修理好
团体合作	每个成员的贡献	
儿童早期	社会交往技能	艺术作品

可见，能够并需要使用表现性评价的学习结果都是一些不能用简单的客观纸笔测验进行检测的复杂学习结果。例如，沟通能力、情感倾向和创建成果的能力等。这些复杂的学习目标只有通过表现性评价才能取得学生表现的有效证据。

（二）需要持久理解的目标

在众多的学习目标中，由于目标层次的不同，有的目标所指向的知识内容只需要学生熟悉，而有的则需要持久理解。"持久理解"中的"持久"，不是局限在课堂中，也不仅仅局限在学校生活中，而是延伸到整个社会生活，延伸到每位学生终身学习。相应地，"持久理解"中的"理解"，即学生拥有超越教科书知识与技能的某种东西，那就是学生真正得到的，它是指一种在具体环境中灵活运用知识和技能的能力，而不是像在考试中以一种照本宣科的方式输出知识"。

需要持久理解的目标往往是那些居于课程核心的目标（见图5-5）。它是学生学习的重点部分，对于这些内容，我们不仅应当熟悉，还应当能够切实应用；学生必须实现持久的理解。在实践中，如果我们把注意力集中于学生的持久理解上，课程内容的安排就不能只停留在简单的记记、背背上，而是需要经历实践性任务实现，即通过表现性任务来反映学生对课程内容的掌握情况。因为，这种评价方法可以证明，学生是否能够灵活地运用所学的知识，这是评价持久理解最为重要的依据。传统的评价方法（比如客观纸笔考试）却常常致力于基础知识或基本技能的评价，此时，作为实践能力基础的知识和基本技能与实践能力本身被混为一谈。图5-5中间的那个圆代表的是通过我们的选择而确定的，需着重知道和理解的知识（事实、概念、原则）与技能（过程、策略、方法）。而最大的圆涵盖的是学生应当宽泛了解的知识，对于这部分的内容，我们并不要求学生利用种种手段进行细致深入的掌握，只要求他们能够大致了解一下，因此这种程度的掌握完全可以通过传统的填空或简答等评价方法进行证明。

那么，我们怎么确定哪些具体的目标是值得学生去持久理解，需要通过

评价方法　　　　　　　　　　　　　目标层次

传统的考试或考查

　■ 纸/铅笔

　　□ 选择性回答

　　□ 建构性回答

值得熟悉的

着重知道和理解

通过实践运用加以评定

　■ 开放性

　■ 复杂性

　■ 权威性

持久理解的

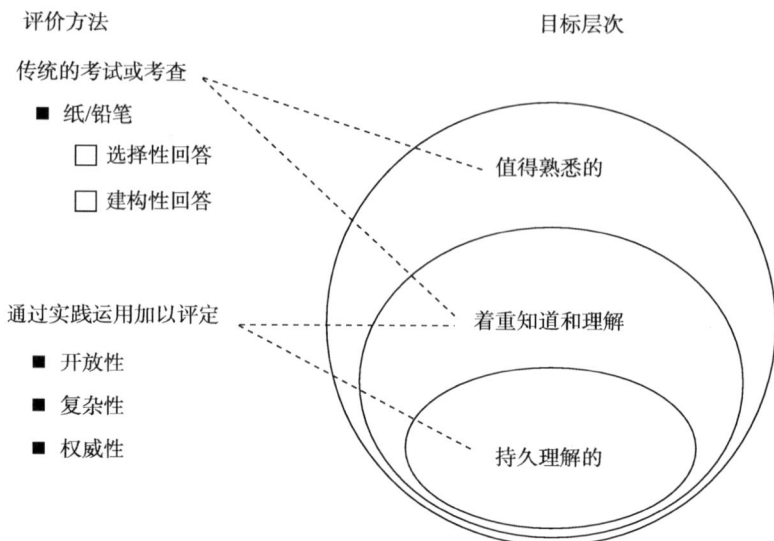

图 5-5　目标层次与评价方法关系示意图

设置表现性任务去验证学生是否真正达到要求的？从事课程教学、评价的理论研究者与实践工作者都必须回答这个问题。因为对这个问题的回答，关涉课程核心内容的选择、教学组织的安排以及我们这里重点阐述的评价方法的确定。不同的视角、不同的侧重点，给出答案的表述方式往往也不一样。笔者比较喜欢的是威金斯的回答。他认为，符合以下四个方面的目标是值得学生持久理解的：第一，"大观念"，此观念具有超越课程内容的持久价值；第二，居于课程的核心地位；第三，应当通过学生自主发现的；第四，能为学生提供活力。

　　具体到我们平时的教学和评价活动，当决定选择什么评价方法来检测学生学习情况时，我们应当问三个一般性的问题：第一，对学生理解学科材料来说，什么知识或内容（如事实、原理、规则）是最重要的？第二，对学生来说，使用这种知识或内容所必需的智力技能是什么？第三，学生要成功地表现这种知识或内容，哪些心理习惯和态度是重要的？源于回答第一个问题的目标通常以传统评价方法的纸笔测验进行测量，由回答第二和第三个问题而来的目标，尽管我们常常通过客观题或论述题进行测量，但是它们能更真实地用表现性评价来测量。这样综合起来，我们设计的某单元评价方案中既有传统纸笔测验对内容的掌握测量，又有表现性评价对核心技能和关键态度的测评。

（三）整合多种智能的目标

我们曾多次强调，每一种评价方法都有自己的特征和特定的内容，从多元智能理论的角度看也是如此。传统的纸笔测验主要针对的是语言智能、数理逻辑智能的一部分，有时也会涉及视觉空间智能。反过来，真实情境中的任务是复杂多样的，仅凭语言智能和数理逻辑智能是完成不了的。表现性评价关注的是对学生表现的直接观察，并且在任务中表现出来的能力是能迁移到校外生活中去的。因此，旨在实现学生的能力迁移的表现性评价，不仅涉及语言智能、数理逻辑智能，有时也涉及视觉空间智能、身体运动智能、音乐智能和人际交往智能，并且后面几种智能在表现性评价中得到更充分的表现。多元智能和评价方法的具体组合见表5-8。

表5-8　多元智能和评价方法组合的三维评价模式

三维评价模式			
多元智能	评价	目的	特征
语言智能 数理逻辑智能 视觉空间智能	传统评价	分数和等级	课堂练习 家庭作业 准则参照测验 常模参照测验
语言智能 数理逻辑智能 视觉空间智能 自我认识智能 人际交往智能	档案袋评价	成长和发展	收集 选择 反思 检查
语言智能 数理逻辑智能 视觉空间智能 人际交往智能 身体运动智能 音乐智能	表现性评价	适当和迁移	评分规则 标准 准则 指标

也正是由于表现性评价自身的特点，它能够有效地评价多种智能，因此，在探讨多元智能与学习的文章或论著中，都特别强调采用表现性评价来检测学生的学习，促进学生的学习。席尔瓦（H. Silver）、斯特朗（R. Strong）和佩里尼（M. Perini）认为，表现性评价、学习风格和多元智能三者之间的交会点在于：我们希望学生能够发现自己的才能、能力和兴趣所在，并在课堂外的客观世界中学会如何应用这些才能。他们指出，在表现性评价的哲学观中，学生物就应该像生物学家那样思考、行动和表现——进行探索、检验想法、形成论点、分析资料、比较和对比有机体，等等，这些活动要比背诵原生物的种类来应付考试要深广得多。基于这样的理解，他们深入探讨了表现性评价及其与学习风格、多元智能的关系，并对其进行整合，形成了一套真实的基于表现性评价的任务菜单。针对多元智能的评价，学者们突出强调了表现性评价的适用性及其功能，但并不是要把传统的评价从学校中彻底取消，而是要创造一种整合的评价。整合的评价致力于为现有的评价带来一个平衡的体系，这样，我们不仅可以通过学生的日常表现来评价学生，也能够对学生的技能、知识面等有更全面的了解。也只有这样，才能实现多元智能本身的诉求。

上述三点从不同的方面阐述了适合于表现性评价的目标类型和特质，三者之间相互关联、互为补充。我们可以看到，适合于表现性评价的目标分布在认知、情感动作各个目标领域。当然是各个领域中比较复杂的那些目标，比如复杂认知过程中的获取，组织、运用信息的能力和创作诗文，绘画和展品的能力等；情感目标领域的心理习惯、合作等；动作目标领域的舞蹈、体操等。从课程的视角看，适合于表现性评价的目标是居于课程核心的，需要持久理解的那些目标。明确了这点，我们也就明确了重点要教的是什么，而这个"什么"正是需要通过表现性任务来实现的。这些不同的视角可以在我们为特定的目标选择评价方法时提供有益的帮助与参考。同时，我们也看到，上述三种回答虽然角度不同，但是它们却有一个明显的共同点：在创建一个平衡评价体系的前提下来思考到底什么样的目标更适合表现性评价。

三、明确界定评价目标

表现性评价应该也可以评价复杂的、需要持久理解的、整合多种智能的目标。那么，在具体的评价实践中，我们又该如何来确定表现性评价目标呢？一般而言，评价的目的是什么？如何分解内容标准，使其成为具体化的评价目标？学习的证据是什么？

（一）确定评价目的

任何合理的高质量的评价必须首先要有一个明确的目的。在着手设计具体的评价之前，我们必须知道为什么要实施这个评价，谁将使用这个评价，以及如何使用。因此，我们要考虑两方面的问题，一是评价信息的使用者；二是评价的用途，当然，这两者往往是紧密捆绑在一起的。

不同的使用者在不同时期需要不同形式、不同类型的评价信息，以满足他们的需要或完成他们的工作。也就是说，每个评价都必须满足特定评价使用者的需要。有时候，评价信息的使用者就是学生自己，他们想确定自己是否向目标靠近，他们想明白下一步需要怎么做，他们想知道自己为学习所付出的努力和汗水是否值得，等等。有时候，评价信息的使用者是教师，他们想了解学生是否在不断进步，是否需要什么帮助，他们想收集在家长会/教师会上要发表的关于学生学习的信息，他们想评定学生报告卡上的等级，等等。有时候，评价信息的使用者是家长、校长、其他的教育行政管理者，等等。总之，不同的评价信息使用者对评价有着不同的信息需求。

和评价信息使用者紧密相关的是评价的用途，也即评价是要促进学生的学习还是要对学生的学习进行评价，或者二者兼而有之。如果是为了报告学生学业成就的目的（如在期末获取学生分数或等级），或为了问责的目的（如交流学生学业成就的水平），那么就需要考虑任务的使用是为了获得结果，也就是对学生的学习进行评价。促进学生学习的评价则可能表现于以下方面：教学前分析学生的学习需求或确定如何对学生进行分组；确定学生已经掌握了什么，从而明确是否需要采取复习或分层教学。因此，教师经常会问自己：我的学生需要什么帮助？我的教学策略有效吗？我的教学进度是过快还是过慢，教学内容是太难还是太容易？特别值得强调的是，在促进学生学习的评价背景下，学生同样使用信息来明确自己掌握了什么，以及自己还需要在哪些方面继续努力，从而学会自我控制，并对自己的学习负责。我们想收集关于单个学生对特定知识的掌握情况的连续性信息，还是定期收集用于成绩比较的信息；想收集服务于学生和教师的教与学的信息，还是为学校学区和教育行政部门做决策的信息，这些选择都是要在开始设计评价前必须考虑清楚的。

（二）界定评价目标

界定评价目标就是学生达成学习目标的程度，评价目标必须与学习目标相匹配。因此，在界定要评价的目标时，首先面临的是以下这些问题：（1）我将要评价哪一个重要的学习目标？（2）任务将聚焦于哪一个方面的内容？（3）我应关注哪个复杂思维技能？当然，我们也可以换一个角度来思考：客观纸笔测验中漏掉了哪种类型的基本任务、成就或其他重要能力？本学科领域的那些专业人员（历史学家、作家、科学家、数学家）所达到的重要成就，哪些没有被传统测验方法所测量？那些在我所教的学科领域中的成功人士在专业共同体中具有什么样的倾向、态度和价值特征？优秀科学家、作家、演讲家、历史学家、数学家、音乐家以及其他领域的优秀人才具有什么样的性格特征和思维特征？对于一位成功的杂志编辑、天气预报员、公园管理员、历史学家、经济学家……来说，哪些社会技能是与他人相处所必需的？简而言之，我们正在力图达到怎样的特定变化，并且当我们成功地引起这些变化时，学生们应有怎样的表现？各科的课程标准为思考这些问题提供了参考与依据，它们规定了预期的学生学习结果，即学生应知与应会的内容。

但就我国目前的情况来看，课程标准中的目标往往是概括的、笼统的，为了更具体地界定目标，并正确引导制定评价的具体过程，还需要对课程标准中的课程目标进行分解。

1. 目标的逐级具体化：美国课标给我们的启示

为提升美国基础教育质量的整体水平，确保学生做好"升学和就业的准备"，美国国家管理者协会（National Governors Association，NGA）和重点州学校管理者委员会（Council of Chief State School Officers，CCSSO）于 2010 年 6 月 2 日颁布了《各州共同核心英语语言艺术标准》(*Common Core State Standards for English Language Arts &Literary in History/Social Studies, Science and Technical Subjects*) 和《各州共同核心数学标准》(*Common Core State Standards for Mathematics*)。为了确保标准的质量，标准研制组在制定标准时就规定了一系列标准制定准则，其中要求标准必须是"清晰且具体的"和"可测量的"："标准应当是清晰的，容易被大众理解的"；"标准是精准的，且提供充分的细节以呈现期望表现的水平"；"标准所描述的学生成就应当是可观察、可测量，并可用于开发更宽泛的评价框架的"。下面我们以英语语言艺术标准为例，呈现他们是如何把课程目标逐级具体化为清晰的、可测量的目标的。从结构呈现与表述方式上看，该标准既规定了各年级"学生应该知道和能够做什么"，即内容标准，也规定了相应的表现水平的要求——在特定的年级应该做到什么程度。从整体来看，标准在横向上依学科内容大类不同分成内容标准，纵向上按年级分为不同的表现水平，表现水平渗透于内容标准之中。横向上的内容标准的呈现，先是选取该学科最为核心、公认的知识内客，分不同的内容领域来呈现标准中大的内容条目，然后进行逐级细化（见表5-9）。标准将英语分为读、写、听与说以及语言四大领域、继而确定各领域的关键概念、内容与范围。英语读的领域确定了四个方面：主要观点与细节、风格与结构、知识与观念的整合、阅读范围与文本杂性，共十条标准；写的领域也是四个方面十条标准；听与说是两个方面六条标准，语言领域是三个方面六条标准。这一框架与具体的标准内容跨越了 K12 所有年级。

表 5-9　逐级细化的英语内容标准——以"读"为例

领域	核心概念与要点	具体标准
读	主要观点和细节	1. 仔细阅读，能明确文本所表达的内容并做出相关的逻辑推理；在使用文字和语言来表达对文本所得结论的支持时，能引用特定的文献依据
		2. 确定文本的中心思想或主题，并分析观点和主题的发展；概括重要的支持性细节与观点
		3. 分析文本资料中个体因素、事件和观点的发展方式与原因，以及它们的相互作用
	风格和结构	4. 解释文本中的词汇与短语，包括确定其技术性的、隐含的和借喻的意义。对特定的文字选择是如何表现不同的含义和呈现不同的语言色彩进行分析
		5. 分析文本结构，包括具体的句式、段落以及文本的较大部分与其他部分或整体间的关联
		6. 对文本的观点和写作意图如何体现其内容和风格进行评价
	知识和观念的整合	7. 整合和评价不同格式与媒体所呈现的内容，既包括视觉化和量化的内容，也包括文字表达的内容
		8. 描述和评价文本所陈述的论点和具体主张，包括论证的正确性和依据的相关性和充分性
		9. 分析更多表达同类主题或话题的文本材料，以建构知识或比较作者使用的写作方法
	阅读范围与文本复杂性	10. 能够独立、熟练地阅读并理解较复杂的文学作品与信息文本

　　纵向上的表现水平体现在同一内容在不同年级的不同表现要求上。表 5-9 中的第一条内容标准："1. 仔细阅读，能明确文本所表达的内容并做出相关的逻辑推理；在使用文字和语言来表达对文本所得结论的支持时，能引用特定的文献依据。"体现在不同年级阅读信息类文本的具体要求（见表 5-10）。它清晰地描述了每一个年级的学生在这条内容标准上的不同要求。

表 5-10　各年级的信息类文本阅读标准

年级	标准描述
K	在提示和支持的情况下，提出和回答文本中关键细节的问题
1	提出和回答文本中关键细节的问题
2	提出和回答如人物、事件、地点、时间、原因和手段等问题，以证明理解了文本中的关键细节
3	基于文本提出和回答问题，以证明理解了文本
4	当解释文本具体内容，并由文本得出推断的时候，要涉及文本的细节和例子
5	当解释文本具体内容，并由文本得出推断的时候，要准确引用文本
6	引用文本证据为分析文本明确表达的内容和由此得出的推论提供支持
7	引用多个文本证据为分析文本明确表达的内容和由此得出的推论提供支持
8	引用最有支持性的文本依据为分析文本明确表达的内容和由此得出的推理提供支持
9	引用具有说服力的、全面的文本证据为分析文本所明确表达的内容和由此得出的推论提供支持
10	引用具有说服力的、全面的文本证据为分析文本所明确表达的内容和由此得出的推论提供支持，明确文本中偶然事件的发生

有了比较明确的年级课程目标，教师们在叙写单元/主题或课时的目标时，结合具体的教材内容和学情，就比较好把握了。

2. 分解课程标准的程序与策略

当前我国各学科的课程标准大都以学段目标方式来呈现，在目标的陈述上往往是概括的、笼统的、模糊的。这就需要教师和学生一起把课程标准中的课程目标转化为具体的单元/主题或课时的目标。要实现这种转化，需要采用一定的目标分解策略和程序。如"能用普通话正确、流利、有感情地朗读课文"，这条目标在义务教育课程标准中的每一个学段中都有，我们如何将其分解到单元/主题或课时的目标呢？

第一步，寻找关键词。从一条课程标准中找出行为动词和这些动词所指向的核心概念（名词），或修饰它们的形容词、副词等修饰词和规定性条件，作为关键词，并予以分类。在"能用普通话正确、流利、有感情地朗读课文"

这条目标中，动词为"朗读"，动词所指向的核心概念（名词）是"课文"，"正确、流利、有感情"是修饰朗读的副词，它们都是这一目标的关键词。

第二步，扩展或剖析不清晰、不具体的关键词，如果一条目标中的关键词已较为清晰，就不需要对其进行分解了。如果在具体的情境中，某个关键词尚未清晰，就需要对其予以扩展或剖析。以"正确、流利、有感情地朗读课文"为例：对整个义务教育阶段来说，其中的核心概念（名词）——"课文"，不同的学段、不同的年级、不同的单元在文本的内容、篇幅、数量、类型等文本复杂程度上是不同的。但具体到教某一个单元或某篇课文，在我国教材已经编制好，教师们基本不用考虑这个问题的背景，不需要在核心概念上有过多的纠结。动词"朗读"也不需要分解。那么需要剖析的就是副词"正确、流利、有感情"。比如，有一所学校二年级语文教研组，通过讨论，将其拓展为"声音洪亮，吐字清晰，读音标准；不丢字，不加字，不读错音；能比较好地运用停顿、重音，读出文章感情；不指读，站姿或坐姿正确，双手拿书，眼离书本一尺远"。

第三步，分析教学内容，叙写目标。教材是专家们依据课程标准编写的，特定的教学内容总是指向于特定的课程目标。教师在分析单元/主题或课时目标的时候，要先明确本单元或课时的教材内容所指向的课程目标，然后结合第二步剖析好的目标，依据学情，叙写具体目标。叙写目标时有以下几点需要注意：第一，行为主体必须是学生，因为，所有的目标指的都是预期的学生学习结果。规范的目标开头应该是"通过本单元的学习，学生将……"，书面叙写的时候可以省略。第二，单元主题或课时目标中的行为动词必须是可观察、可测量的具体行为。第三，明确学生学习表现或学习结果所要达到的最低表现水准，即表现程度。例如，有一位教师在上苏教版语文三年级的一篇课文《小稻秧脱险记》时就确定了这样的目标："能声音洪亮，不丢字，不加字，读音错误少于三个字；能运用停顿、语气词和重音，概括出文中杂草、小稻秧和喷雾器的不同性格特征。"

需要说明的是，目标的具体化虽然有一些策略和程序可循，但最终有赖于教师对课程标准的把握以及教师自身的教学经验与专业判断。教师应依据教学经验与专业素养，将所展开的概念聚焦到最适合学生学习、最能满足学生需求，并能适合自己的教学的重要概念上。同时要考虑：（1）不同领域目标在同一学习阶段的横向衔接，同一领域目标在不同学习阶段的纵向连贯；（2）目标必须基于学生的已有经验，且应为大多数学生能达成的。另外，课程标准中的目标单元/主题或课时的目标并不是对应的。课标中的某一条目标并不一定是通过一个单元就能实现的，可能需要不同的学习内容来达成；而某一题的内容所指向的也可能并非某一条目标，而是涉及课程标准中的多条目标。

（三）明确学习证据

界定好了一条需要表现性评价去评价的目标，下一步就是决定如何知道学生什么时候达成了这条学习目标，也就是学习的证据。学习的证据就是证明学生已经学会了什么，明确它，将是接下来设计表现性任务和开发评分规则的基础。明确学习证据作为表现性评价开发过程的一个部分经常被教师们忽视，但如果在这个时候没有界定清楚学习证据是什么，那么学生完成的任务就不一定是我们所期望的。一旦界定好了学习证据，就可以开始开发任务，要求学生展示我们所期望的学习表现。

明确学生将要提供的学习证据，需要依据前面界定好的目标进行详细分析。有时，我们界定的目标是让学生展现一个过程，有时却是一个结果。像"当上交化学实验药品时，运用张贴的安全程序"就是让学生展现过程的例子。有时，虽然我们的目标仍然关注过程，但这个具体的过程只是学生需要掌握的内容之一，最终需要关注的点却是学生得到的结果。像是准备一篇关于火山爆发的成因的研究论文，学生可以有许多好的方法来完成这个任务，但是焦点是最后的结果。

那么，在具体的评价设计中，我们如何来确定什么时候侧重于评价过程，什么时候又该聚焦于评价结果呢？一般而言，如果我们能肯定地回答以下问题，就应将学生评价目标聚焦于学生的学习过程：

（1）在教学过程中，你教学生运用某一特殊的程序吗？你自己能清楚地说明其步骤吗？

（2）你能准确评价一个学生偏离可接受程序的程度吗？

（3）学生学习目标达成的大部分或所有证据是否可在表现过程中收集到？你需要的评价证据是否很少在结果中？

（4）你是否有足够的时间和其他支持来对学生使用的程序进行观察记录和评分？

如果我们能肯定回答以下问题，则要将评价目标聚焦于结果：

（1）你能准确、客观地评价结果吗？

（2）关于学生学习目标达成的证据中，是否大部分是在结果中找到的？你需要的证据是否很少在学生表现过程或方法中？

（3）你是否能确定合适的步骤来完成某一学习目标的表现？你是否能教授这一套特殊的程序？虽然每个人都知道步骤，但它们是否很难表现？

（4）你有足够的时间或其他支持来评价结果吗？

当然，有时结果和过程是同等重要的证据，即要求学生在特定过程中得到一个结果，如根据教科书中提供的步骤来写一篇研究论文。至于到底侧重于哪一个，或者两者兼顾，则取决于我们要评价的目标。

案例

如何确信所确定目标是合适的？下面提供了评价这些目标的标准，或可在确定目标时为我们提供参考。

1. 评价目标在课程和实际生活应有的广阔情境中是否具有重要意义？所选择的评价目标应该指向最重要的部分；它们应该包括高水平的内容目标，反映一些长远的、和现实生活相关的目标，包括复杂思维、信息处理、有效交流、适宜的思维习惯和合作目标。

2. 评价目标是否在评价情境外是真实且忠实于任务表现的方法？所选择的评价目标的呈现方式，学生会同样应用于完成真实生活中需要完成的类似的表现性任务。它们会反映一些因素，诸如在真实世界中完成表现性任务所需的资源、结构类型和帮助（如支架）。

3. 是否将一个普适的达成框架应用到你的评分规则中？评分规则（将在下文详述）是为表现性任务而特地设计的，但同时也应适合于一个总体计划或普适的评分规则框架，这样可以轻易地看出一个学生在不同的情况、不同的时间下在同一个类型的几个类似的任务中的表现。这一普适框架可以使你和其他教师在同一课程的不同任务中达成评分规则的一致性。

4. 确定的目标在一个更宽泛的教育能力框架中是否合适？选定的目标应该：（1）利用一种合适的教育发展的方式来表达，这样可以使新手到专家的进程变得更容易；（2）置于更宽泛的框架中，但应适合你评价的学生的年级和年龄水平；（3）描述每一水平期望的表现。

5. 确定的目标是否容易被学生、家长和教师理解？所选定的要评价的目标应该用语言清楚地表达，使学生、家长、教师和社区人员都能够轻易地理解它们。可以分别用朴实的语言模式和技术模式来呈现，前者面向学生和家长，而后者则面向同一学科领域的其他教师。

6. 是否有利于学生学习的改进？确定的目标和它们的集合应该聚焦于能提高学生学习的那些表现的特征；应该能够与学生（或其他人）交流那些提高他们的学业必须关注的内容。

第四节 表现性任务的设计

界定好评价目标就可以开始设计表现性任务了。那么，表现性任务有哪些类型？设计表现性任务应采取怎样的步骤？什么样的表现性任务才是高质量的，有什么判断标准？这些都是本节要探讨的问题。

一、表现性任务的含义与类型

评价是基于证据的推理，证据就是学生完成特定任务的表现。不同的评价目标，学生需要完成的任务类型也不同。在表现性评价中，需要学生完成的任务称作表现性任务。在着手设计表现性任务之前，我们首先来了解表现性任务的内涵及其具体表现形式。

（一）什么是评价任务

评价任务是什么？和我们平时说的试题是什么关系？就课堂而言，评价任务与学习活动又是什么关系？

1. 试题与评价任务

在长期的"考试"话语体系的统治下，教师们往往将检测学生学习目标达成的任务狭隘地理解为在总结性评价中实施的诸如填空、选择、简答等试题——尽管他们在平时的教学和评价实践中并不这样做。而当被告知要设计一个与目标匹配的评价任务时，很多老师就不知道该怎么做了。评价任务到底是什么？它和试题是什么关系？

评价任务和传统的试题都是为了检测学生是否达成特定的目标而设计的要求学生完成的任务。关于试题的比较经典的定义是：教育和心理属性测试中的一个测量单元，具有刺激情境和对应答形式的规定，其目的是要获得被试的应答，并根据应答对被试的某些心理建构方面的表现（如知识、能力等）进行推测。这一定义说明试题必须包含的两个基本要素：任务的刺激情境及对应答的规定。同样，所有的评价任务都必须包含这两个基本要素。当然，这里的任务刺激情境和对应答的规定都是为了检测前面所确定的评价目标而设定的。

评价任务在内涵上和试题是一致的，只是在外延上要大于试题。试题主要是在传统的纸笔测验的语境中来说的，而评价任务除了以试题的形式出现，还包括了其他形式，比如要求学生面对观众进行演讲，在化学实验室里进行实验操作，在教学情境中展开师生问答，等等。威金斯和麦克泰就将评价任务分为三种类型：测验和考试、学术讨论（描述一个主题、情境或情形，用以诱导学生以某种方式做出反应）、表现性任务和方案策划。在这里，测试和考试就是我们传统上说的试题，学术讨论和方案策划可以包含在表现性任务中。

248

2. 学习活动与评价任务

现在，我们已经知道要基于要评价的学习目标来设计合适的评价任务，但也必须同时认识到，不是所有的课堂学习活动都是评价任务。我们在教学中会采取许多学习活动来引起学生的学习兴趣，提供学生实践的机会，丰富学生的经验。这些活动可能都是指向学习目标而设计的，但只有当你以评价为目的而不是作为实践和扩充知识的机会来规划评价任务时，评价任务才作为一种评价手段。评价任务必须内在地包括所要检测的目标和对学生表现进行评价的依据。

这并不是说评价任务必须和实践以及扩充知识的活动完全不同，只不过我们评价任务主要是为了收集学生在具体学习目标上的进步信息，而不是作为学生达成这些课堂目标的活动。这种区别类似于形成性评价和总结性评价的区别。也就是说，我们采用活动作为非正式地获取学生形成性进步信息的机会，而总结性评价要求聚焦，从你所设计的活动中获取高质量的信息。评价不单是纯粹的活动。好的评价活动必须要求与目标相匹配，评价要能反映并描述学生在目标上的达成程度。而课堂学习活动并不一定需要具备这些要求。

（二）什么是表现性任务

表现性任务和所有的评价任务一样，表现性任务是为了检测学生在特定目标上的达成情况而设计的作业，旨在引发学生的表现行为，从而收集学生表现的证据，作为评价学生学习情况的依据，因此，它也必须包含任务的刺激情境和对应答的规定这两个基本要素。当然，表现性任务的情境强调真实性，突出任务与真实世界的关联：在对应答的规定上，它不是简单地选择答案，而是需要建构答案的复杂表现或是产品的完成。另外，由于是真实或模拟真实情境中的任务，有时需要对受众加以说明。

表现性任务的情境创设是非常重要的，对学生来说，这是对为什么这个任务值得去做的说明和解释。情境应当对学生参与这个任务具有吸引力和"邀请性"。情境一般包含背景和一个核心问题。背景就像诱饵一样把学生引入这个任务，而核心问题是需要学生去寻找解决方案从而展现出期望他们达成目标的问题。这样的问题是开放的，它应当要求学生去寻找各种可能，为学生提供一个探究的机会，这样的问题是复杂的，它应当要求学生搜索、分析和综合信息，使学生投入探究中去。这样的问题是值得学生去做的，他们对找到这个问题的解决方案感兴趣，其可能的解决方案不是简单地基于一些观点，而是基于现实与事实。表现性任务中对应答的规定，我们通常称之为"任务指导语"。任务指导语就是通过语言的描述让学生明白期望学生去做的是什么，最终的产品或表现是什么。比如，设计一个产品，操作一个实验，分析一个观点，等等。很多时候，任务设计者认为是明白的，但对于学生来说往往就未必了。具体描述的时候需要考虑学生完成任务的一些相关因素。假如学生没有先前的相关经验，你需要提供一个如何完成任务的比较详细的说明。

表现性任务中的受众说明以帮助学生更好地理解产品或表现出所希望展现的东西。受众是真实性任务的必要组成部分，因为真实性任务如果没有真实的受众，就实现不了要达成的目标。受众同时为学生的学习提供了更多的意义，促使学生更负责任地去完成高质量的任务。最好的受众是那些对学生的表现感兴趣的人们；受众最好经常来自校外。然而，很多时候，模拟受众也是可以的。表现性任务可以运用模拟的受众，比如模拟公司负责人对学生进行面试，或者是面对一组潜在的客户进行交流。

最后，需要说明的是，表现性评价的承诺之一是它们更重视问题解决、理解、批判性思维、推理和元认知过程，我们不能简单地认为任何动手的操作的任务都促进问题解决技能、推理能力或者复杂思维模式的发展。设计好的有关几何定理方面的开放题可能是需要复杂认知能力的，也可能只需要记住特定问题的答案就行了。这取决于问题的新颖程度和学生的先前学习经验。判断一个评价任务涉及认知复杂性程度首先需要对任务进行分析，同时还需要考虑学生对问题的熟悉度以及学生解决问题的方法等。

（三）表现性任务的类型

我们熟悉的客观纸笔测验通常有填空、判断、单项选择、多项选择、匹配等多种试题类型。同样，表现性评价也有多种多样的任务类型，在不同的情境中，针对不同的评价目的、评价目标和评价内容，表现性任务需要采取不同的评价任务类型。

1. 表现性任务的分类

由于表现性评价目标的复杂性和综合性等特点，相应地，其任务类型也显得丰富多彩。表现性任务都有哪些类型？对这个问题的回答，不同的人往往有不同的答案。斯蒂金斯认为："表现性任务的类型包括建构反应题、书面报告、作文、演说、操作、实验、资料收集、作品展示。"尼克（A. Nitko）则认为表现性任务包括：结构性表现任务，自然发生或典型的表现任务、学生个人或小组的长期项目、档案袋、演示、实验、口头表达或戏剧表演，情境模拟等。芬奇（F. Finch）和道斯特（M. Dost）把表现性任务类型分为六种，分别是两步式问题（学生可以选择一个答案，然后对自己的选择做出解释）、类似于多项选择测验的问题（学生自己给出一个简短的、多重考虑的答案）、简短的回答和问答题（允许有不同形式的正确的答案）、用纸笔模拟实际情境的问题、模拟情境下的表现、真实情境下的表现。

为了更清楚地认识表现性任务的类型，以及彼此之间的关系，我们可以对表现性评价进行分类。按照不同的标准，表现性任务有不同的分类方法。

（1）按照真实性程度来分

从真实性程度来看，表现性评价可以分为纸笔的表现性任务、辨认的表现性任务、结构化的表现性任务、模拟情境的表现性任务以及真实样本的表现性任务。纸笔的表现性任务虽然也用书面形式进行，但比传统的客观纸笔测验更加强调把知识与技能综合应用到更具有社会真实情境的问题解决上去，诸如方案设计、常规作文，文学作品构思、撰写读书报告、制定活动流程、根据图示写出使用某产品的操作步骤或写出某动作的要领，等等。辨认的表现性任务要求学生运用所学知识和技能辨认实际问题，如辨认正确的发音或指令，辨认某种机器设备故障的原因，辨认完成某种科学实验所需的工具材料与程序，辨认不同的化学物质，辨认不同的植物等。不管怎样，辨认的表现性任务总是要求被评价者具有深刻理解问题和情境的知识与技能。

结构化的表现性任务要求学生在标准、规范和程序化的情境下完成实际作业，以便了解学生是否系统掌握完成操作所需的知识和技能，是否熟悉结构化情境下的操作程序和规范。模拟情境的表现性任务要求学生在模拟情境下，完成与真实作业相同的动作或行为。真实样本的表现性任务是真实性最高的一种表现性任务类型，其要点有两个，一是强调在真实情境中进行"实作"，即实际操作；二是只要实作片段，也就是获取样本。当然，许多表现性任务都是在模拟情境中进行的，因为真实情境很难获得，或是真实情境花费太昂贵、不可能或太危险以致不能采用，甚或还有其他一些不切实际的原因。上文引用芬奇和道斯特的分类方法也正是按照真实性这一标准划分的。

（2）按照自由程度来分

从自由程度来看，表现性任务可以分为限制反应式表现性任务和拓展反应式表现性任务。简单地说，前者是对学生的表现形式方向做了一定限制的一种表现性任务，它对表现任务通常描述得很明确，结构性比较强。后者是只对学生提出任务主题而对其表现不加限制的一种表现性任务，它可以要求学生在任务本身所提信息的基础上，从不同渠道去查找信息。例如，学生可以通过到图书馆查阅资料、观察、收集和分析实验中的数据、设计一个调查、使用计算机检索等方式收集资料。林与格朗兰德在《教学中的测验与评价》中列举了限制反应式表现性任务和拓展反应式表现性任务所能检测的复杂学习结果（见表5-11）。

表 5-11　表现性任务的类型

任务类型	可被测量的复杂学习结果
限制反应式表现性任务	能力： 大声朗读 用外语问路 设计一个表格 使用一种科学仪器 打字

续表

任务类型	可被测量的复杂学习结果
拓展反应式表现性任务	能力： 建造一个模型收集、分析和评估数据 组织观点、创作一种视听作品，一个内容完整的演讲 创作一幅画和演奏一种乐器 修理一台机器 写一个具有创造性的小故事

（3）按照表现方式来分

不同的表现性任务有不同的表现方式，就此我们可以将表现性任务分为表达性评价、操作性评价和动作性评价。表达性评价主要考核学生的语言交流能力，包括口头语言表达和书面语言表达。操作性评价是为了检查学生的实践动手能力，要求学生完成一系列技能动作，如实验操作、演示。动作性评价主要是针对表演、体育技能等而进行的评价。

（4）按照完成任务的时间跨度来分

简短型任务、事件型任务和延伸型任务是根据完成任务的时间跨度来划分的三种表现性任务类型。简短型任务评价通常用来判断学生对某一知识领域的基本概念、程序、关系以及思维技能的掌握情况。这些任务通常用几分钟就可以完成，因此在一次评价中可以把几个简短评价任务结合使用。这种任务的例子包括开放式的任务、改进式的选择题以及概念图。事件型任务是用来评价诸如写作流畅性和问题解决技能等更广泛的能力的。尽管事件型任务经常以具体的学科领域为基础，但它们的设计不仅仅是用来揭示学生知道什么的，还是用来揭示他们应用知识的情况的。通常，这些任务需要一段更长的时间来完成。在美国，许多州正在使用事件型任务作为他们阅读——写作评价的一部分。如马里兰州已经为中学生研制了一个三日一体的阅读和写作表现性任务。延伸型任务是一种长期的、多目标的项目，在一个学期或一个学习单元的开始可能就被分配下来。通常，在学生解决这些富有挑战性的任务时，教师会设计一些活动和里程碑式的事件来为他们提供支持。许多持续性任务采取某一具体学科领域长期项目的形式，也有一些持续性任务被当作一门课程结束时通过的仪式以及掌握程度的展示。

（5）按照完成任务的人数来分

一般而言，一些简短评价任务通常是由单个学生独立完成的，这同时也是为了检测其独立思考的能力。而复杂的评价任务经常让学生以团队或小组的方式来合作完成，这同时考查了他们的合作能力。因此，按照完成任务的人数来分，我们可以将其分为独立型任务和合作型任务。

（6）按照侧重点来分

表现性任务和传统的客观纸笔测验的区别之一就是，它不仅评价学生学习的结果，同时也很注重对学习过程的评价。因此，按照侧重点的不同，可以分为针对过程的表现性任务和针对作品的表现性任务。过程是指学生按照一定操作步骤完成任务的过程，作品是指学生在完成过程后得到的切实成果。比如，学生使用木工工具制作一件家具就是过程，而制作好的这件家具就是作品。

2. 常见的表现性任务形式

在这里，我们介绍几种常见的表现性任务形式。

（1）纸笔任务

表现性评价中的纸笔任务有别于传统的客观纸笔测验，但也不需要借助于其他设备或资源。表现性评价中比较典型的纸笔任务是论述题和问题解决题。论述题也就是拓展反应式论文题，它不像限制反应式论文题那样在内容和形式上都受限制，相反，它的特点就是回答自由。它的回答自由体现在允许答题者先行挑选任何他们以为相关的事实信息，继而根据自己的最佳判断来组织相应的答案，整合并评价他们认为合理的观点。也正是这种自由，使得它能检测、分析问题，组织观点、用自己的话表达和发展一致连贯的论据的能力。以下是论述题的例子：

例1：在《像山那样思考》一文中，狼的嗥叫对于牧牛人和猎人来说意味着什么？为什么只有山能够"客观"地听狼的嗥？你怎样理解"这个世界的启示在荒野"这句话？

例2：比较《劝学》和《师说》这两篇古代论说文，作者为了阐明自己的主张，分别运用了哪些论证方法？请结合文章内容说说运用这些方法的好处。

例3：科学地评价哥白尼的太阳系理论。请用科学观察支持自己的陈述。问题解决题给予学生一个问题情境或任务，要求学生展示某种程序和正确的解决方案。问题解决题能测量大量的内容或目标，最适合检测那些要求在问题情境中应用知识或技能的学习目标，并且能将猜测最小化，比选择题和匹配题更容易编制。下面例4就是问题解决题的例子。该评价任务设置了一个模拟情境，要求学生呈现问题解决的思维过程，以检测学生的数学问题解决能力。

例4："汽车为什么不动"

亮亮坐在行驶的汽车上，透过车窗，看见远处的雪地上一辆汽车正在爬坡。突然汽车熄火了，停在了坡中央。当汽车再次发动后，汽车的后轮只是空转，却不动地方。你能想办法解决此问题吗？说说你的办法和理由。

本题要解决的问题实质是如何增大摩擦，与之相关的知识点是：增大摩擦的方法（一是增大压力；二是变滚动为滑动；三是增大接触面的粗糙程度）。结合题中所展示的情境，可以利用"增大接触面的粗糙程度"来解决问题。因此，题目的答案可以是：在汽车的后轮前方垫些砖头、碎石、沙等物体；理由是：接触面粗糙，可以增大摩擦力。

（2）展示

展示需要学生能使用知识和技能来展示一个良好界定的复杂任务。展示不像项目那样历时长久，也不如它复杂。展示的任务一般是良好界定的，并且学生和评价者都知道正确的解决方向。然而它也允许个体间有所差别。当学生展示时，他所采取的风格和方法都会被考虑在评价之内。在学习过程中，学生需要通过适当的技巧来展示他们的技能。例如：

①展示做面包前揉捏面团的动作；

②展示使用显微镜来观察污点的滑动；

③展示在绳子上爬行；

④展示在因特网上查询信息。

一般而言，展示关注的是学生如何使用他们掌握的知识和技能，而不是看他如何解释他的思考或者表述现象背后的原理。

（3）实验与调查

实验或调查是学生制订计划、执行计划，并且解释实验研究（调查）结果的过程。研究关注回答具体的问题（如，是否本校大多数学生都支持法律规定的死刑）或者验证具体的研究假设（如，醒目的广告更易于人们长久记住它）。实验或调查包含了发生在自然或者社会科学领域的广泛的研究活动，也包含实验或小组控制实验。它们可以由学生个体执行，也可以由小组合作执行。

实验或调查评价的是学生是否能合理运用所要检测的技能，可以评价学生是否掌握了合适的概念框架或理论，以及对研究现象的基于原理的阐释。评价后者，需要关注学生的文献资料质量，他们对研究问题的理解，如何设计研究，列举的问题和假设的质量，对数据间关联关系所提供的解释。通过实验或调查来进行评价，特别需要关注学生对以下学习目标维度的达成情况：

①在收集数据之前做估算和预测；

②综合数据，分析数据，展示数据结果；

③得出结论，并引用收集到的合理资料来支持结论；

④陈述假想，确定方法或数据上可能的错误来源；

⑤有效地交流实验或调查结果。

（4）口头表达与角色扮演

口头表达要求学生以访谈、演讲或其他口头表述方式来展现他们所掌握的相关知识，运用他们的口头表达技能。明确学习目标是口头表达特别要强调的一点。例如，在口语交际课中，许多学习目标关注的是表达的风格和交流技能，而不是内容的正确性。流利地讲一口外语是外语课程的重要目标。演讲是口头表达的重要形式之一，而辩论则是另一种。辩论是双方学生就一个问题进行逻辑性辩解，其评价关注逻辑性和辩解的说服力。

角色扮演将口头表达、展示与表演等综合在一起。学生基于他们对小说或历史人物的理解，通过扮演角色来展现人物立场和性格。

（5）项目

通过项目（或称课题），我们可以评价学生综合运用知识的能力。项目（课题）可以由学生独立完成，也可以合作完成。

学生个人项目（课题）：个人项目的结果可展示为一个模型，一件科技作品，一个真实报告，或一项收集。下面是一些学生个人项目的例子。

①收集假期里的报纸杂志广告，并给它们分类；

②使用本学期所掌握的手工工具做一件小家具；

③用本单元所学的光学原理制作照相机的工作模型；

④收集和运用资料，写一篇研究报告，分析在初选时选民人数稀少的原因。

一个经过完整设计的项目要求学生应用并整合一系列的知识和技能。举例来说，在写研究报告时，学生将应用资料搜索、文献引用等技能，以列提纲、组织结构、计划报告、使用书面语言遣词造句等形式呈现以及展示他对主题的理解等。一个好的项目任务将促进学生思维的严谨性、创造性以及问题解决等多项能力。一般来说，虽然项目在教育活动中都很有价值，但是它们作为学生个人的评价工具的效用要取决于评价者的设计。

小组项目（课题）：小组项目要求两个或者两个以上的学生一起合作完成。将小组项目作为表现性评价的类型之一，主要是要评价学生是否能合作完成高质量的成果。小组项目的评价目标取决于学科性质以及学生的水平。

案例

中学历史课程中的一个小组项目

历史调查：最近几年，人们对哥伦布的历史角色颇有争议。他是一个英雄还是一个恶霸呢？当我们去研究哥伦布时，我们会浏览一大堆由不同历史学家编写的充满了不同见解的资料。

合作小组至少选择两种资料来源，且这些资料都描述哥伦布发现新大陆这个事件，相互冲突。讨论资料中的矛盾之处，找出历史学家秉持不同观点的原因。处理已获取的资料信息，说明冲突的根本原因所在，或者提供具体情节来澄清冲突。

小组成员向班级解释为什么历史学家报告同一件事情时会有如此的区别，另外，还需要向班级同学提供解决冲突的想法。小组的报告可以以剧本表演小组讨论、或辩论等方式来展现。

项目为期三周。每周五由一位小组成员向大家报告过去一周的项目进程、任务解决过程中遇到的问题以及下周的项目进展计划。将从以下几个学习目标维度对每位小组成员进行评价。

▲社会研究（Social Studies）

（1）理解历史记录受历史学家观点的影响；

（2）你对哥伦布发现和占领新大陆这一事件的看法。

▲复杂思考：历史调查

（1）界定并解释历史事件的不确定性和冲突；

（2）为历史事件的不确定性和冲突提出一个逻辑合理的解决办法。

▲有效交流

为不同的目的进行交流，用不同的方法进行交流。

▲合作学习

（1）与其他学生一起合作成功完成项目（课题）；

（2）为班级同学贡献好的想法，呈现搜索到的资料；

（3）通过不同的活动，帮助组员一起成功完成项目（课题）。

小组和个人结合的项目（课题）：在小组和个人结合的项目（课题）中，小组成员一起合作完成长期项目（课题），在项目（课题）结束后，个人准备好自己的报告，不得借助同组其他人的帮助。当项目（课题）复杂，并且要求几个学生在合理时间展现合作能力来共同完成时，这种结合的方法很有用。这个学习目标要求学生有能力准备最后的报告，自己解释结果等。在这种情境中评价学生，需要同时准备小组和个人的学习目标以及评分规则。

二、设计表现性任务

设计高质量的表现性任务并非易事，它需要灵感与汗水。由于表现性评价常用于评价比较高级的思维过程和学习目标，其复杂性决定了表现性任务的设计很难有固定的模式、套路可循，它需要根据特定的评价目的、特定的学习目标以及可利用的时间等因素来进行综合考虑。但由于有着某些共同的特质，表现性任务的设计还是有一些一般步骤可供遵循的。

（一）设计表现性任务的步骤

表现性任务的设计是一个复杂的过程。我们不应该期待能迅速创造出一个高质量的表现性任务，也不应该期望第一次设计的表现性任务草稿就能拿到真实的评价情境中去运用。我们需要通过几个步骤才能完成表现性任务的设计。

1.进行任务分析

在明确了为什么评（评价目的）和评什么（评价目标）之后，接着要进行任务分析，一是分析学生的已有基础，二是明确在达到这个学习结果的过程中学生将要经历的认知过程，即认知和学习模型。表现性任务往往是很复杂的、具有挑战性的任务。挑战性的任务经常是模棱两可的，需要学生经历实验、收集信息、形成假设、反思和解决问题的过程。然而，问题的解决需要先前的知识基础和提出问题的技能，这些可以是先前教学的一个自然的结果。在设计表现性任务的时候，必须明确学生拥有的完成任务所必需的基础知识和学生自身所具备的特征。澄清这样的问题是很重要的：为了完成任务，需要具备什么样的基础知识和基本技能？如果不回答这个问题的话，就不能确定设计的任务对学生而言是否具有挑战性——适度地跳一跳就能摘到果子。

学习模型描述了人在其一领域是如何表征知识和发展能力的。如果学习模型用来作为大规模的学业测试的设计依据，那么，运用某一学科领域核心概念结构发展的比较粗线条的模型就可以了；如果是课堂评价中对某一概念进行的任务设计，就需要相对详细的学习模型。概括地讲，学习模型是基于对某一群体在某一内容领域的实证研究，提炼出这一群体在这一领域是如何学习的：这一学习模型揭示了学习是如何产生和发展的，并告诉我们这一领域的学业成就中哪些方面是最重要的，应该评价的。然后根据具体的评价目标来选择相应的学习模型，这里需要说明的是，由于设计某一领域的一个成熟的学习模型需要大量的实证研究，在现有的条件下，现成的研究成果还只是局限在少数领域，因此完全根据学习模型设计评价任务有着现实条件上的制约。但这并不影响这样一个认识：教师需要考虑学生是怎样学习的，学生已有的基础如何，在此基础上完成这个任务学生要经历怎样的认知过程等问题。

图 5-6 是 OECD 开发的 PISA2015 合作解决问题能力的因素与过程分析图。也就是说，在设计合作解决问题的任务前，先要对任务进行分析，包括学生的先备知识和特征、合作解决问题的因素和过程、任务的特征等相关背景情况。

2. 设置问题情境

明确了评价的目标，并进行了任务分析之后，接下来就可以结合具体的内容来设置问题情境了。随着认知建构主义理论的不断发展和成熟，评价任务情境反映真实情境中的复杂性受到越来越多的重视。新的学习观强调人的学习和专长的发展都是依托于具体的领域情境的。因此，为了能够正确评价学生的学习和专长水平，评价任务和问题必须能还原学生在现实情境中解决问题的条件和过程。这在近些年 TIMSS 和 PISA 的评价任务设计中都得到了强调。设置一个具体的问题情境时需要考虑以下几点：①这个情境是否能引发反映评价目标所需展现的表现或能力的问题？②问题情境是否能自然地激起学生的兴趣？③问题情境是否符合学生的认知发展水平？④问题情境是否能用学生理解的方式来描述问题，并能很好地突出问题的"困惑性"？⑤要考虑问题的可操作性：学生能否在给定的时间内，利用可找到的资源，进行充分的探究？⑥要考虑学生对于问题情境的熟悉度，不能对有些学生来说是熟悉的，而对于有些学生来说又是很陌生的，否则就会产生公平性的问题。

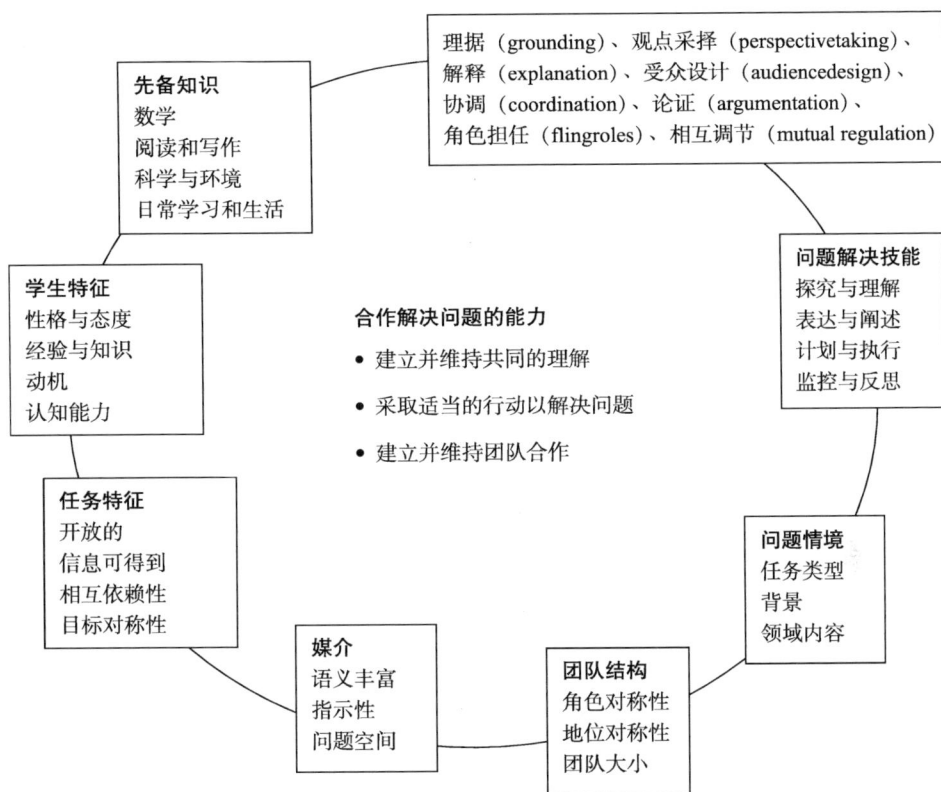

图 5-6　合作解决问题的因素与过程（PISA2015）

　　因此，在设置问题情境时，我们需要选择一个对大部分学生都具有个人意义的问题情境；选择那些与所教学生的日常经验相符的问题情境；选择那些学生有能力将他们在课堂活动和样例中学到的知识和技能转化为相似的，对他而言却较为新颖的问题情境。另外，问题情境的设置将熟悉的内容和新颖的内容适当地结合，让学生感受到挑战，但同时又不会很费力或是很陌生，以致产生挫败感。

3. 撰写任务指导语

　　撰写使学生能够更好地理解任务的指导语，含糊的任务指导语会导致非常不一致的行为表现，以至于不可能用公平或可靠的方式评价它们。表现性任务在探究用不同方法解决问题和提出新颖问题方面，给了学生足够的自由。然而，这一特点不能成为没有任务指导语的借口。

为了让学生知道他们需要表现什么，必须告诉他们完成的作品或表现应该展现出何种特征和质量；可通过哪些途径和方法取得所需的资源；完成任务的时间规定；说明是个别或团体评价任务，如果是团体合作的任务，可以如何分工等内容，同时，任务的措辞和指导语应该根据学生的学习水平而定，确保他们能理解所期望的反应是怎么样的。很多时候，任务设计者认为是明白的，但对于学生来说却是未必。确保任务指导语清楚的最好方法就是撰写好之后请几个人帮你读一读。同事和学生经常会给我们非常有用的反馈。林和格朗兰德总结了将任务呈现给学生时可能出现的一些障碍，包括模棱两可的陈述，啰唆，词汇过难，句式结构过于复杂，指导语不清楚，描述性材料含混不清，种族、民族或性别歧视等，这些都是开发任务的过程中需要避免的。对于真实情境的任务，还要说明可能的观众、听众或读者是谁。

4. 修改完善

尽管系统的、详细的开发程序可以减少任务的缺陷，但却不能完全避免错误的发生。许多在设计稿上看起来很好的任务可能是不成功的。因此，进行任务试验是非常重要的。否则当你用评分规则对学生的表现进行评分时，错误就会变得尤其明显，但此时"修改"任务就已经太晚了。当然，在使用评价任务前，先进行试验对于课堂教学来说几乎是不可能的。首先，在使用评价任务前，让同事检查或修改开发好的任务，这是完全可能做得到的。其次，在使用完一个评价任务之后，运用所获得的任务中错误的相关信息来修订任务，并在新的班级中重新运用修订后的任务，从而不断完善任务的质量。

但是，运用于外部评价或是总结性评价的表现性任务，必须要先经过试验。

（二）设计表现性任务需考虑的因素

虽然设计表现性任务的步骤为我们提供了大致的程序与要求，但要真正设计出高质量的表现性任务还需要考虑很多因素。这在上面的任务分析、情境设置和指导语撰写中都已涉及，在这里再进行集中说明。

1. 任务结构

任务应该结构化还是非结构化？任务的哪个部分需要得到结构化，需要达到什么程度？事实上，在一个极端，任务可能定义一个问题让学生来解决（结构化的）；在另一个极端，可能要求学生自己来明确问题是什么（非结构化的或是定义不良的）。在这两者之间，我们可以给学生搭建支架。支架是提供给学生的支持、指导和建议；可以建议学生如何解决问题，使用哪些书籍或资料，以及告诉他们最后作品的大致特征。这些建议和指导说明把结构加入了任务，因此，较少的支架意味着较少的结构。如果任务只需一个或两个程序或策略来表现或解决，那么意味着任务有较好的结构。非结构化的选择意味着有更多正确的方法达到正确的答案或是完成作品。

2. 任务数量

总体来说，任务数量越少，所能评价的目标就越少。在评价中，任务数量取决于几个因素：（1）评价范围。将要运用的评价涵盖了多少教学——一个单元或是一节课？涵盖了一个单元中多少内容？评价范围越广，需要的任务越多。（2）评价目标的数量。复合的评价目标要求融合多种知识和能力，并可能需要更长的时间来表现。在这种情况下，时间限制了给学生这类任务的数量。但是，因为更多的时间花费在一个（最多几个）这样的任务上，信息的质量往往会更高。（3）完成每项任务的时间。作为实践，在一堂课的时间中只需实施一些任务。确定一个学生完成一项任务需要多少时间，并将这些时间分成课的长度，这有助于决定任务的最大数量。通常，学生完成一项任务花费的时间比预计的要多，安排任务时要考虑到这一点。（4）所拥有的时间。任务的数量要根据所拥有时间的多少进行增加或缩减。（5）需要的诊断性信息。如果需要大量的细节来诊断一个学生的学习问题，就应该制定能提供丰富信息的任务。这通常意味着更少的任务、更具体的表现和更细致的反馈。如果评价是为了得到许多学生的诊断性信息，表现和评分的时间会限制在每个学生身上使用的任务数量。（6）可用的人力资源。

3. 完成任务的人数

学生在完成任务时能否求助于同学、老师或专家？是独立完成还是小组合作，评价目标指引任务的构建？如果评价目标需要合作或协作学习（或使用其他基于小组的技能），就应该建立一个至少有一部分需要使用小组活动的任务。

4. 完成任务的时间

有些目标在较短的时间内就可以进行评价。比如，写一篇短文或一个说明，画一幅图，或是进行简单的实验。但是，许多目标需要学生完成一个长期的评价。例如，做一个观点调查并写成文章，建立一个城镇模型，为一个社区行动开发一个综合计划……这些都需要一个月或者更长的时间，并且许多工作需要在课后完成。任务时间的限制一定要与目标相匹配，而不是基于任务设计者/评价者自己的考虑。

5. 任务表现样式

有的评价目标具体说明了学生应该以多种方式交流他们的知识，用多种方法来解决一个问题，或是用许多方式来表达自己的思维。当然，我们不能随意地去决定采用什么样式，或者采用多种样式，而需要将表现样式与评价目标联系起来。如果主流、单一的样式不是很适合所有的学生，那么应该使用替换性的样式来适应他们。适应每一个学生的表现样式也是多元智能理念所倡导的。但是，必须关注评价任务中的内容所指向的评价目标。比如，如果评价目标旨在通过书面语言进行交流，则唱一首歌、用表情和行为来表达，或是画一幅画就显得不太合适，尽管这些都是替换样式。但是，如果目标关注内容理解、思维技能和问题解决，那么书面报告不是表达能力表现的唯一方法。即使你希望大部分学生用书面语言来表达他们的问题解决策略，你也可以通过运用其他替换性表现来评价某些学生。如果是为了充分发挥学生的优势，那么任务应该允许学生在风格和方法上有更多的选择余地。

（三）表现性任务：一个样例

下面给出的是一个理解体积的表现性任务。首先，这个任务创设了一个情境，由背景和一个核心的问题组成。背景是一个百货公司货物包装工作的场景，核心问题是什么样的盒子形状最节约包装纸，即对盒子体积的理解。其次，为学生撰写了任务指导语：做什么和怎么做。其中包括最终要提交的任务表现形式和任务成果的内容，并给学生提供了解决任务的策略、建议等支架。最后，样例还给出了任务评价标准，这在下一节将会进行专门探讨。

案例

理解体积的表现性任务

这是一个包装工作。

你在一个百货公司负责货物的包装。每年平均有 24000 位用户在你的公司购买衣物，大约 15% 的用户希望能把他们的货物包装起来。在一个月内，公司卖出 165 件夹克衫、750 件衬衫、480 条裤子和 160 顶帽子。所有盒子的价格是相同的，每码包装纸价值 26 分。每卷包装纸 1 码宽，100 码长。

作为包装部的经理，你自然希望为包装成本做一个计划，尽量节约资金。那么包装裤子衬衫、夹克衫和帽子的盒子应是什么形状才会需要最少的包装纸？

你的任务：

给采购人一个书面报告形式的建议：

应分别根据裤子、衬衫、夹克衫和帽子定做大小不同的盒子；所需要的包装纸的卷数；一年大致卖出的裤子、衬衫、夹克衫和帽子所需要的包装纸的大约成本。

需要考虑的问题：

1. 衣服被折叠起来时，需要多大的盒子？当然，如果不胡乱折叠这些衣服的话，不同的折叠方式会需要不同形状的盒子。

2. 用很轻的能装进折叠过的衣服的纸板盒子进行试验（或用一大张纸做成一个盒子进行试验）。

3. 考虑是不是一些包裹的形状比其他的形状更容易包装，也很少有浪费。或许有些容易包装的形状却需要更多的纸——尽管很少有浪费。如果使用一个更大的盒子的话，你能提出关于一个盒子需要的包装纸总数与可能消除的浪费规律或一般法则吗？或者包装新的形状时增加的成本与用更容易包装的盒子时节约的纸相抵消。

4. 没有人在包装物品时可以不浪费纸，给出现实生活中所需能包装的材料，在所需的包装纸数量中算进额外的包装纸成本和没有使用的或浪费掉的纸。

将根据下面的标准评价你的工作：

(1) 数学综合能力；

(2) 数学方法和推理；

(3) 工作效率；

(4) 报告质量；

(5) 工作准确性。

这是一个有趣且有意义的任务。首先，它来自真实情境，是一个真实的问题。其次，它对学生所要完成的任务的描述非常清晰，包括给采购人的书面报告中具体应包括哪些内容。再次，根据任务的复杂程度，它还给予学生以必要的提示。这可能增加了问题的结构性，但对于复杂程度略高的任务，倘若是出于促进学生学习的目的，一定的提示是必要且无害的。最后，它给出了同样清楚的对任务表现进行评价的标准，便于学生在操作中自评。

三、表现性任务的质量标准

表现性评价需要学生完成一定数量且富有意义的任务，而非大量并不是很重要的任务，教师仅凭学生在有限任务中的表现作为评价的依据。需要特别注意的是，任务的类型和认知要求并不存在线性的对应关系。也就是说，表现性任务不一定就能检测高水平的认知，如果设计不好，表现性任务也可能只能检测低水平的认知。因此，任务的质量就显得尤为重要。无论是教师设计表现性任务，还是根据需要从现成的表现性任务中进行选择、改编，都需要清楚什么是高质量表现性任务。那么高量表现性任务要具有哪些特点呢？其判断标准是什么？这里我们首先介绍一些已有的有代表性标准，而后在此基上构建我们自己的标准。

（一）已有研究

事实上，在前文关于表现性任务的内涵、设计原则、设计步骤以及需要考虑的因素中都已涉及高质量的表现性任务的特征。基于表现性任务的特征，结合实践经验，不少学者形成了系统的表现性任务质量标准。

1. 斯蒂金斯的标准

斯蒂金斯从内容、清晰度、可行性和可信度四个方面来评价表现性任务的质量。他认为，合格的任务包含着正确的内容，能够引发正确的反应——能够反映适当能力的表现；必须有清晰、明确的说明——每个学生都能理解它的确切含义；必须有在现实中操作的可行性，有足够的时间，能得到适当的材料和设备等。另外，任务的设置还要保证不会导致对学生能力的不准确评价。为了更具体地说明评价的指标和操作的方便，斯蒂金斯分三个等级——可以使用、需要修订、不能使用来设计评价表现性任务质量的评分规则（见表5-12）。

表5-12　评价表现性任务的评分规则：斯蒂金斯的标准

要素	可以使用	需要修订	不能使用
要素1：内容指我们希望学生做出的表现，指明了完成任务的具体要求	1. 与期望的学业目标相符合，学生的表现就能够展现所期望具备的能力水平	1. 与表现的重要标准或关键要素的一致性还不够，需要改进	1. 任务与评价标准显然不太符合
	2. 这个任务向学生说明了所有的相关期望	2. 不能充分激发学生的表现力	2. 任务的要求不明确，学生不知道该做什么或者该创建什么
	3. 能够激发学生的充分表现		3. 学生可能感觉不到任何吸引人的地方

要素	可以使用	需要修订	不能使用
要素 2：清晰度——使用者对任务的细节没有任何异议	1. 任务说明清晰、明确，所有人都能看懂或听懂任务的要求	1. 说明不够清晰，你或你的学生不明白有些地方的意思	1. 没有任何说明或者根本没说清楚
	2. 学业期望（表现的种类，要实现的目标）清楚地反映在表现性准则中	2. 表现性期望描述得不够清楚，你或你的学生可能会不理解	2. 没有解释关键术语
	3. 实施表现的条件（时限，要使用的资源等）规定得很清楚	3. 实施条件不完整或者容易让人混淆，但是可以改进	3. 没有对要应用的表现性准则做出任何提示
			4. 没有提到实施条件，或者指出的条件不清楚
要素 3：可行性——正如表现性规则必须实用一样，表现性任务也必须具备课堂实施的可行性	1. 不能确定学生能否利用现有的资源完成这项任务	1. 学生有足够的时间和资料来完成这项任务，稍作调整可以增加可行性	1. 从评价结果提供的信息来看，所花的时间和精力都是不值得的
	2. 任务要求不会对学生或其他人造成危险	2. 对既定任务的调整可以提高评价不能使用的效率	
	3. 所有必要的资源都已经准备完毕	3. 完成规定的任务会给学生或其他人带来危险	
	4. 从结果信息来看，在完成任务和观察上所花的时间是值得的	4. 利用现有的资源很难达到任务的要求	

续表

要素	可以使用	需要修订	不能使用
要素4：可信度——要保证任务中没有可能导致不准确结论的因素。所有学生都有平等的机会	1. 如果是多重评价任务，它们只是站在不同的角度上，但都是以同样的标准来考查某种能力	1. 只要稍作调整，就可以利用多重任务评价同一种能力表现	1. 由于缺乏重心和清晰的表述，不同评价者对不同能力会产生不一致的方法
	2. 没有当众展示能力的压力或焦虑感，因为这会影响学生的表现水平	2. 只要稍作调整，就可以消除由于学习障碍或语言困难造成的评估焦虑或困难，就是说，每个学生都有平等的表现机会	2. 存在学习障碍或语言能力不足的学生可能会得到不准确的评价
	3. 对存在学习障碍或语言困难的学生，会相应地调整任务的要求		3. 一些亚文化背景的学生在这个评价体系中将处于不利地位
	4. 任务的要求不会偏向或不利于某种特定文化或语言背景下的学生		

斯蒂金斯把内容维度放在规则的第一条是有其用意的；如果我们设置的表现性任务不能清晰、明确地反映界定的学习目标，那么也就失去了评价的效度。一项表现性任务至少要能够引发一些反应，而这些反应就是我们要借以评价期望学生应知和能做的依据。这就要求每个任务都必须与事先界定的目标相匹配，并且能引发正确的反应——能够反映适当能力的表现。这一点在实际操作中可能会比较困难，评价起来也同样困难，但这是设置任务最关键的一步。此外，在斯蒂金斯看来，合格的任务还须有清晰、明确的说明，有在课堂上运用的可行性，并且对学生表现的评价必须是公正的和准确的。

2. 阿特和查普斯的标准

在阿特和查普斯看来，高质量的表现性任务应在任务的内容、采样、避免歧义三个维度满足一定的标准，每个维度有不同数量的指标，每个指标分三个水平来进行描述（见表5-13）。

表 5-13　评价表现性任务的评分规则：阿特和查普斯的标准

	高	中	低
维度 1：任务的内容——学生需要什么信息	1. 任务中的要求与评价的学习目标是直接关联的，能用任务所产生的学生表现来判断所需评价的学习目标	1. 任务中的一些提问与评价目标无关，任务中有额外的工作超出评价目标范围	1. 任务的提问与评价目标无关，学生完成任务的表现或作品与评价目标无关
	2. 任务指定了：知识——学生在完成任务时所需要的；表现或作品——学生完成任务的方式；材料——学生在任何情况下使用的；时限——完成任务需要的时间	2. 下述小部分信息是不清晰的：知识——学生解决任务所需要的；表现或作品——学生完成任务的方式；材料——学生在任何情况下使用的；时限——完成任务需要的时间	2. 任务没有具体说明：知识——学生在完成任务时所需要的；表现或作品——学生完成任务的方式；材料——学生在任何情况下使用的；时限——完成任务需要的时间
	3. 用来评价技能的表现性任务具体说明了要评价的表现或展示能够发生的条件	3. 用来评价技能的表现性任务没有充分说明评价的表现或展示能够发生的条件	3. 用来评价技能的表现性任务根本就没有说明要评价的表现或展示能够发生的条件
	4. 需要很多天完成的任务规定了哪些帮助是允许的	4. 需要很多天完成的任务规定了哪些帮助是允许的，但可能被误解	4. 需要很多天完成的任务没有规定哪些帮助是允许的
	5. 任务包含了体现标准的描述符，通过描述符，学生表现或作品能得以判断	5. 虽然任务包含了体现标准的描述符，但通过描述符，学生表现或作品能够判断是模糊或不清晰的	5. 任务没有包含体现标准的描述符，通过描述符，学生表现或作品不能被判断
	6. 在不给予多余信息条件下，任务内容充分地告诉学生需要做什么；在没有提醒学生的条件下，内容能说明完成任务的成功途径	6. 部分任务内容可能向学生提供了多余帮助信息；任务中的部分内容向学生提供了完成任务的成功途径	6. 任务提供了"过度支架"，只测量学生遵循提示的能力。如果用来终结性评价目的，由于任务的内容提示太具体以至于学生能据此来解决；学生即使没有掌握评价目标，也能获得高分/或成功地完成任务

续表

	高	中	低
维度2: 采样——证据是否充分	任务数量或表现中的重复事例对于测量学习目标和所需的各种学习水平判断是充分的	任务数量或表现中的重复事例对于测量学习目标和所需的各种学习水平判断是多余或不足的	任务数量或表现中重复事例对于测量学习目标和所需的各种判断学习水平是远远不够的
维度3: 避免歧义和偏见——哪些因素会影响对学生表现的精确描述	1. 提示是清晰而明确的	1. 提示可能导致错误的理解	1. 提示使学生产生混淆和挫折
	2. 任务涉及范围足够简约,成功完成任务的指定时间是充分的	2. 成功完成任务的指定时间是不充分的,任务的范围要缩小或时间要延长	2. 学生没有充分时间来展现自己的能力;指定时间或任务,或者二者都需要大幅度修改
	3. 如果学生能选择不同的任务,完成每个任务所需要的证据都指向同一个学习目标;每个任务要求获得同样的表现或作品,其任务难度水平和条件都是一样的	3. 如果学生能选择不同的任务,有些任务可能指向同一个学习目标;或者任务要求获得的表现或作品,其任务的难度水平和条件是不一样的	3. 如果学生能选择不同的任务,完成每个任务所需要的证据都没有指向于同一个学习目标。每个任务要求获得的表现或作品,其任务的难度水平和条件有极大的差异
	4. 向学生提供的所有资源对所有的学生是有效的	4. 很多学生或所有学生获取成功完成任务所需资源是有困难的	4. 对部分学生来说,获取完成任务所需的必要资源是有困难的
	5. 没出现与评价目标无关的技能(如数学任务中的精读技能)	5. 要出色完成任务,轻微受到与测量目标无关的技能的影响	5. 要出色完成任务,必须依赖与测量目标无关的技能的影响
	6. 任务没有文化歧视,成功完成任务并不需要依赖某种特定文化或语言背景	6. 成功完成任务,轻微地受到某种特定文化或语言背景的影响	6. 任务含有文化歧视,成功完成任务需要依赖某种特定文化或语言背景

同样,阿特和查普斯也把任务的内容放在了评判任务质量的第一条;和斯蒂金斯的标准不同的是,他们从学生完成任务所需信息的角度描述了内容

维度更详细的指标。在他们看来，除了任务与学习目标相匹配，内容维度的指标还包括任务指定了学生完成任务所需的知识、方式、材料、时限，表现能够发生的条件，允许提供的帮助，体现标准的描述符和成功完成任务的途径。可见，他们的这一标准更适合于形成性评价中的任务设置；因为在高利害的总结性评价中，往往需要学生独立完成任务，也不会为学生提供这么多的支架。采样维度涉的是任务数量的问题，也就是要思考"是否有足够的证据来支持判断"。对该问题的回答取决于以下一些因素：评价目的、评价目标的复杂程度、可用的时间和表现的一致性等。第三个维度的指标大多是关涉评价信度的问题，它旨在确保对学生表现的准确描述。可见，阿特和查普斯的标准与上述斯蒂金斯的标准虽然在维度划分上不同，但具体的指标有很多都是相同或相似的。

3. 鲍里奇和汤巴里的标准

鲍里奇和汤巴里认为，一项高质量的评价任务应该遵循目的相关性、试题难度、多重目的性、解决问题方式的多样性、自主学习和清楚的指导语等标准。

（1）目标相关性

学生会把评价的任务看成课堂学习的一部分，还是能够得到分数的其他东西？教师所评价的是其自身和学生都关注的任务吗？这些任务要求学生展示的是他们在课堂上学习并练习过的技能吗？

（2）试题难度

教师必须确定适合学生能力水平的最佳难度。任务必须是新的，但又是学生熟悉的类型；是学生练习过的，但又不是一模一样的；活动要有挑战性，但又必须是学生熟悉的内容。评价的目的是让学生展示他们在学习过程中发展的高级思维能力。如果任务解决的程序和内容难度太大，学生就难以展示他们的能力。

（3）多重目的性

解决真实世界的任务需要各种思维技能：分析、解释、评价、计划、回顾、清晰的表达和自我监控。对表现性评价来说也是如此。虽然一个评价任务可以只评价一种能力，但如果在设计任务时同时兼顾多种能力会更好。复杂的活动会更加吸引学生。而且，表现性评价的设计往往耗费大量时间，如果一次能达到多个目的，表现性评价的效率会更高。

（4）问题解决方式的多样性

表现性评价要求学生努力解决一个复杂的问题，但这个问题的解决方法却不是唯一的。学生必须选择解决问题的方式，并说明选择这些方式的理由。学生有时要自己去选择查找资料的方式（如向专家求助，查阅杂志、百科全书、报纸、科学刊物等）和呈现成果的方式（如视频、辩论性文章、口头说明、图表展示、故事、对话等），这种方式能让学生感觉到对学习拥有自主权，而其中最关键的目的是将学生最大的优势和不足测量出来。

（5）自主学习

课堂学习的一个最重要的结果是学生对自己作为学习者的感觉如何。如果学生在同伴和教师仅仅提供一定协助的情况下，主要依靠自己的能力完成了一件复杂的任务，学生就会获得自我成就感。换句话说，当他们有权选择任务的类型、选择如何回答问题，有规划自己行为的灵活性时，他们的学习就会变得很主动。学生会把从生活中学到的各种陈述性知识和程序性知识用在解决具体任务的情境中，他们自动地存储和组织这些知识和策略，表现性评价任务要想促使学生应用这些知识，就要考虑给予他们学习的自主性。也就是说，表现性评价必须允许学生有一定的自主权，为学生展示他们的能力提供足够的时间和资源，允许他们和同伴或教师进行讨论。

（6）清楚的指导语

表现性评价任务应该是复杂的，要求高级思维参与其中，在真实的生活情境中测评多种能力，为达到测评的目的允许有较大的自由。但是，在评价过程中，所设计出有用的指导语和对试题的描述应该既不出乎学生的意料，也不要留有漏洞。学生或许需要苦苦思索如何完成这项任务，但是他们心里必须非常清楚最后的成果应该是什么。他们必须能够非常确切地知道在测评结束后，你希望他们上交给你的是什么东西。

鲍里奇、汤巴里的标准和斯蒂金斯、阿特和查普斯的标准存在着许多差异。在形式上，它没有以评分规则的形式出现；在内容上，它更多的是针对课堂教学中表现性任务的设计而言的。因此，标准的内容更多地强调任务对学生的吸引力——目的的多重性，强调学生的自主权——问题解决方式的可选择性和多样性，强调学生学习的自主性。

（二）尝试性建构

在已有研究的基础上，结合实践探索，我们试着提出一个评价表现性任务质量的更简洁的标准，以便表现性任务设计者更明晰其关注的维度。具体来说，可从真实的、可靠的、用户友好的这三个维度来评价表现性任务的质量。

1. 真实的

表现性任务要尽可能真实，呈现给学生的是复杂、模糊和开放性的问题或是整合知识和技能的任务，来反映学生在真实情境中解决问题或创造成果的表现，了解和评价学生的多元能力。表现性任务要能更直接地证明学生在真实情境中对知识的应用和建构，而非对去情境化的题目进行信息的回忆或是正确答案的选择。因此，表现性任务应当结合真实世界、学生兴趣，以及灵活地运用所学的知识心，这样的任务也更能激发学生充分表现。

2. 可靠的

一个表现性任务至少要能够引发学生产生一些反应，而这些反应就是借以评价他们能力的依据。这就要求每个任务都必须有明确的目标。高质量的任务包含着评价目标的正确内容。它们能够引发正确的反应——能够反映适当能力的表现。如果评价目标本身很简单，设定的任务就应该能反映出这种简单性：要评价口头阅读的流畅性，直接让学生朗读就行了。如果目标复杂了，任务也要做出相应调整：要评价学生准备理科研究论文的能力，就要让学生把论文写出来。因此，高质量的表现性任务要让学生有机会展现出与评价目标相匹配的能力。

3. 用户友好的

用户友好包括两个方面，表现性任务的适宜性和可行性。适宜性是站在学生的角度来说的，主要包括：(1) 任务充分考虑到学生的年龄和经验；(2) 对特定的学生，如有学习障碍者，会相应地调整任务的呈现方式或要求；（3）任务不会不利于其种特定文化或语言背景下的学生，对所有的学生都是公平的。可行性是从任务实施的角度来看的，是指任务在现实条件下能顺利实施。第一，学生从任务指导语中能够明白需要做什么和怎么做，没有人看不懂任务的要求。第二，学生有足够的时间、资料，或其他支持来完成这项任务。如果教学时间或经费不允许，表现性任务就缺乏实施的基础。

案例

判定表现性任务质量的核查表

以下问题中，如果你的答案有一个及以上是否定的，那么你就需要修订你的任务。

1. 任务是否聚焦于单元学习目标的一个重要方面？

2. 任务是否与你的评价计划中的表现、重点和分值相匹配？

3. 任务是否需要一个学生实际地去做某事（如一个表现)？而不是仅仅要求写有关如何做，或是简单回忆或复制信息。

4. 你是否有足够的时间，所有的学生能在你具体规定的条件下完成任务？

5. 如果这是一个开放性任务，你的措辞和指导语能否帮助学生明确他们能运用多样的方法和策略？你是否因此准备接受多个正确答案，而他们需要充分详述他们的反应？

6. 如果要设计一个真实的任务，你所呈现的情境是否来自现实生活？

7. 如果这个任务需要运用课堂外的资源和信息，你所有的学生是否都能公平平等地获得所期望的资源？

8. 你的指导和其他内容：

（1）是否适宜于你的学生的学习水平？

（2）能否引领所有学生，包括多文化、多民族背景的学生，按照你希望的方式来解释任务？

（3）能否明确任务目的和目标？

（4）能否明确你期望的反应的复杂程度或长度？

（5）能否明确你将基于什么来评价学生对于任务的反应？

9. 绘画、图表、表格、图和其他任务材料是否清晰绘制，合理建构，按良好的顺序排列？

10. 如果你的班里有学习障碍的学生，你是否会调整或改编任务来适应他们的需要？

第五节　评分规则的开发

传统纸笔测验通常只有一个正确的答案，评分者可以根据它来迅速而"客观"地判断学生的回答是对还是错。表现性评价由于其任务的情境性、开放性和复杂性，往往具有多种答案，学生表现水平也具有更多的层次。因此，对其进行评价必然包含必要的主观判断，不能像传统的客观纸笔测验那样可以完全通过机器进行评分。为使判断合理、公正和公平，需要事先开发能记录和衡量学生表现特质的工具。

一、常用的评分记录工具

评分记录工具事先详细地描述出学生所要达到的学习目标的标准，用来评价学生的复杂表现或作品。由于检测目标、任务类型的不同，与之匹配的评分记录工具的类型也不同。下面介绍几种表现性评价中常用的评分记录工具，它们分别是核查表、等级量表、评分规则。

（一）核查表

核查表是最简单的评分记录工具。它是一个包含了学生表现的各种特征的简单列表。它通常将一系列观察的特质或行为列出，观察时只对某项特质或行为做"有"或"无","是"或"否"的判断,而不关注表现的质量水平。当你想观察行为或评价学习结果的时候,核查表是非常有用的,尤其是将其用来进行同伴观察或学生自我评价的时候。

核查表适合于判断动作技能,如检查学习者操作一种机器以及确定某一行为是否出现;也适合于判断学习过程或结果中的某些关键要素是否具备,如确定学生研究项目中是否包含了所要求的各个要素。表 5-14 是一个使用显微镜的核查表,只要观察到相应的行为,就在"观察到"一列中打个"√";如果是低年级的小朋友,可以画个笑脸等。在设计核查表时需要做到以下两点:一是确定一个成功的行为表现应当有哪些重要元素;二是将这些要素按照它们可能出现的次序选进行排序。当预期行为可能重复出现的时候,常用频率表来加以补充,为记录时间提供一个空间。

表 5-14 使用显微镜的核查表

没有观察到	观察到	观察项目
		用透镜纸擦载玻片
		加几滴水
		将载玻片放在架子上
		旋转到低倍镜
		用一只眼透过镜片观察
		调整镜片
		旋转到高倍镜
		调整到最大
		将一两滴培养液放在载玻片

核查表通常有这样几种类型:(1)程序核查表。程序核查表评价学生在程序中或过程中是否遵循合理的步骤。这种核查表包括了可能出现的错误或不合理的步骤的描述,也包括了正确步骤的描述。有时,学生表现中的主要错误是他表现的顺序,在表格中记录错误的顺序将有助于评价学生表现的这个方面。(2)作品核查表。作品核查表主要关注的是学生制作的作品的质量。作品包括图画、模型、小论文以及学期论文等。这些核查表明确了作品应具

有的部分以及其他关键特性，教师可以检查每一个产品是否呈现出这些特性。（3）行为核查表。行为核查表包括了系列与学生表现相关的特定领域的可分离行为。比如，明确学生在口头语言表达中的语音、语义等方面的表现，或明确学生在特定学习领域中的行为习惯的表现等。

（二）等级量表

核查表帮助我们评价是否呈现一个指定的步骤，一个具体的特征，或是一个具体的行为。而等级量表，能评价学生的表现已经到达哪个程度。也就是说，当我们需要对某个表现的特质做出程度的评定时，就需要运用等级量表。表5-15是一个口头报告的等级量表，用来评价学生做报告时口头表达的质量。要制定一个等级量表，需要做到以下几点：确定要评价的要素，将这些要素按照它们可能出现的次序进行排序，确定量表的等级。

表5-15　口头报告的等级量表

	5—优异	4—中上	3—普通	2—中下	1—很差
材料与主题的相关性					
演讲流利					
身体姿势自然					
使用正确的语法					
与听众保持交流					

虽然等级量表的种类很多，但最常用的数字等级量表、图表等级量表和描述性图表等级量表就可以很好地满足教师的大部分需求。（1）数字等级量表。数字等级量表是最简单的等级量表，它需要我们将判断的质量水平或表现达成程度转化为数字，根据学生的表现程度，在对应的数字上做标注。表5-16就属于数字等级量表。（2）图表等级量表。图表等级量表是使用一个不间断的水平线来代表一个特定的指标，用语言描述线的不同部分的质量水平，从而定义线的不同部分。表5-16是使用简单图表等级评分的样例。评价的时候，在这条线上对学生的表现或作品进行等级评分，根据线来确定任何点，而不仅是定义的等级点。（3）描述性图表等级量表。这是一种比较好的等级

评分形式。描述性图表等级量表结合数字表等级量表两者的特点，并且代替了含糊单一的字词（如经常），增加了对每个等级点的简短的行为描述。用行为描述语来说明等级点，可以提高评分者和学生的等级评分的一致性。表5-17呈现的就是描述性图表等级量表的例子。和图表等级量表一样，在评价的时候，在水平线上的某一个位置标注相对应的学生表现质量；在后面的"其他意见"中，可以写上具体意见，用以进一步澄清教师的评价。

表 5-16 小组合作中人际技能图表等级量表

1.学生与小组其他车管员互动良好?

| 从不 | 很少 | 偶尔 | 经常 | 总是 |

2.在表达自己的观点和看法时，学生是否能敏感地感受到其他人的反应?

| 从不 | 很少 | 偶尔 | 经常 | 总是 |

3.学生的行为对小组其他人是否具有破坏性?

| 从不 | 很少 | 偶尔 | 经常 | 总是 |

表 5-17 小组讨论描述性图表等级量表

1.学生参与小组讨论的程度如何?

| 从不参与 非常被动 | 和小组成员有同样 的参与程度 | 比小组其他成员 参与的都多 |

其他意见:

2.在讨论中，学生的议论在多大程度上与主题相关?

| 意见杂乱跑题 | 意见通常是切题的 但偶尔跑题 | 意见一直与 主题有关 |

其他意见:

（三）评分规则

评分规则是一个因表现性评价盛行而新兴的词汇，又被译为评价量规、评分量规、评量基准表、评分标准、评分规范、评分细则等。我们已经了解等级量表，在此基础上，再来看评分规则就比较容易。简单地说，评分规则就是对等级量表各等级的表现或特征加以描述。正如林和格兰德说的，通过在评价等级中加入一些描述，评分规则和等级量表之间的区别就不是很明显了；一个评分规则可以包括一个等级量表，但它提供对不同等级分数相应特征和表现的描述；评分规则使表现性评价等级的标准变得清晰。

无论是核查表、各种类型的等级量表还是评分规则，都有其所短和所长，教师在选择和开发评分工具时，要根据评价的目的、评价任务的复杂程度和评分工具的性质选择其中最适当的一种。表5-18罗列了与各种测试题类型相匹配的评分方法。这些工具中，评分规则在测量表现性任务中的复杂能力上最为有效，相应地，开发评分规则也显得相对复杂。下面我们将对评分规则展开具体探讨。

表5-18　不同种类评价的评分方法选择

测试题类型	可选择的评分方法
多项选择题、是非题、匹配题	正确答案的要点
简答	列出所需要的合格答案和关键点
小短文	关键点的核查表 评价组织性、清晰性和全面性的等级量表 质量评价的评分规则
反思和自我评价	应有要点的核查表 评价质量和组织的等级量表
案例分析	调查资料的核查表 学生理解程度的等级量表
展示	分步核查表 评价质量的等级量表或评分规则

续表

测试题类型	可选择的评分方法
学习者自己设计的教学（个人或小组的发言、录像等）	重要特征的核查表 评价质量的等级量表或评分规则
作品开发	重要特征的核查表 等级量表
演讲	等级量表
档案袋	需找证据的核查表 等级量表

二、评分规则的定义和类型

评分规则作为实施表现性评价时的一种关键评分工具，它的具体内涵是什么？有哪些构成要素？又有哪些不同的类型？

（一）评分规则的定义

实质上，"规则"是解释一场演出应该如何正确表现的指令或指导方针。更通俗地说，它是一种评分方法，可以让判断者（教师或其他人）识别学生如何有效地完成指定的任务。在表现性评价中，研究者对评分规则的界定也是见仁见智。下面是我们选取的一些评分规则。

（1）评分规则是准则的一种特定形式——成文的准则，它对所有的评分点都做了说明和规定。最好的评分规则往往能体现出教师公认的课堂评价的实质，而且能对合格表现的组成要素提供很好的建议。评分规则一般会伴有成果或表现的具体例子，以阐明量表上的不同评分点。

（2）评分规则是由教师或评价者开发出的一种描述性评分量表，其目的是分析学生的学习结果，包括学习作品和学习过程。

（3）评分规则是相对于核查表而言的，它正式地规定了评分指南，由事先建立的表现准则组成，常常在表现性评价中评估学生的作品。

（4）评分规则是由教师或其他评价者与学生协同设计和开发的描述性评

分方案，是指导评价的工具。

（5）评分规则是一种评分工具，它包含评价作品的标准或所需的期望，如通常要从目的、组织、细节、语调和结构方面评价一篇写作作品；它详细地描述出各等级质量（从好到差的标准）。

可见，这些定义本质上并无差别：评分规则描述了和标准相关的期望学生达到的表现水平，告诉评价者应该在学生的作品中寻找什么特征或标志，以及怎样根据事先制定好的规则评价这个作品。

实际上，在日常教学中经常使用评分规则，许多教师对于它并不陌生，比如在学生演讲比赛中用以对学生的表现进行评分的分项目打分表实际上就是评分规则的一种形式。但由于传统上对这种评分方式的研究非常少，而且表面上看这种评分方式比较依赖于评价者的主观判断，似乎缺乏准确性、科学性，因此绝大部分的教师并不熟悉其在学生评价中的运用。

（二）评分规则的结构

一个完整的评分规则由四个部分组成：表现维度、表现等级、描述符和表现样例。表现维度呈现了这个表现最关键的组成要素。表现等级是指描述表现在质量上从差到好的序列。描述符描述了各个等级上表现质量的各个具体指标。而表现样例是与每一个等级相符的表现实例。表 5-19 是评分规则的基本格式。

表 5-19　评分规则的基本格式

维度＼等级	1	2	3	4
评价维度 a	描述符 a1	描述符 a2	描述符 a3	描述符 a4
评价维度 b	描述符 b1	描述符 b2	描述符 b3	描述符 b4
评价维度 c	描述符 c1	描述符 c2	描述符 c3	描述符 c4
……				

表现维度也可以称作"指标"，是确保学生表现的最重要的部分，数量不

能太多。表现等级也称作"成就水平"，用数字（如1、2、3、4、5）、字母（如 A、B、C、D、E）或如高、中、低之类的文字描述的等级或水平，表示学生表现的水平，一般有 3~6 个级别。表现等级注重彼此之间的连续性，也就是说等级和等级之间在质量上的差异是相等的；5 分和 4 分之间的差别与 2 分和 1 分之间的差别在程度上是相同的。描述符是用语言陈述的、达到某一等级或水平的具体表现，描述符应当反映某一水平的表现的重要特质。

另外，一个完整的评分规则通常还会提供表现样例，即符合评分规则中某一等级的描述的实例，如学生在具体评价任务中的表现或者学生作品。具体样例能够为评分规则的目标用户（如教师、学生）等理解和运用评分规则提供支持。

（三）评分规则的类型

评分规则多种多样，可以依据不同的标准来进行分类。按照评价的方式，评分规则可分成整体评分规则和分项评分规则；按评分规则的适用范围，评分规则可以分成通用评分规则和特定任务评分规则。

1. 整体评分规则和分项评分规则

整体评分规则是对整体行为表现不同水平的描述，实际上就是把学生表现的重要因素综合起来，并描述出不同的水平，然后给出一个总分。表 5-20 就是整体评分规则的例子。

表 5-20　口头表达的整体评分规则

5＝非常好	学生能清晰地陈述研究的问题，充分说明该课题的重要性；有重组具体的信息来支持其结论，报告很精彩且句子结构准确无误；口头陈述的过程中一直都有眼神的交流，陈述中清楚地表明对课题做了充分的准备、合理的安排，抱着极大的热情；有效利用视听工具来辅助其陈述，能用具体恰当的信息清楚地回答听众的提问
4＝很好	学生能陈述研究的问题并证明其重要性；有足够的信息来支撑结论；报告及其句子结构基本正确；从陈述中看出对该课题有所准备、有所安排，抱着一定的热情；提到和使用了有关的视听工具；能清楚地回答听众的提问

3＝好	学生能陈述其研究的问题并得出自己的结论，但论据没有 4 分或 5 分的口头表达那样充分；报告及其句子结构基本正确；有一定的准备和安排；提及了辅助的视听工具；能回答听众的提问
2＝欠缺	学生提出了研究的问题但不能完整地陈述；没有得出解决问题的结论；报告及其句子结构能够让人理解，但存在一些错误；没有做很好的准备和安排；或许提到了辅助的视听工具；基本能回答听众的提问
1＝差	学生做了陈述，但没能概括研究的问题或提及重要性；研究的课题不明确，也没有得出充足的结论；报告令人费解；没有做相应的准备和组织工作；不能或只能结结巴巴地回答听众的提问
0	无任何口头表达的尝试

使用这些整体评分规则时，评价者要综合考虑规则中的各个因素，对这些因素进行总体的权衡，最后再给出一个最能概括整体表现水平的总分。

分项评分规则是将要评价的表现分解成几个要素或维度，对它们分别做出评价，对每一项要素进行单独评分。如，我们通常根据计算的正确性和计算解释的清晰度对一个数学任务进行评分；根据事实的准确性、分析的质量以及结论的合理程度来对实验报告进行评分；依据组织能力、观点的质量、表达的清晰度和细节描述等方面对一份文学评论进行评分等。评分者进行评价时，对不同要素进行单独评分。例如，一篇文学评论可能在观点的组织上得 3 分，在表达的清晰度上得 5 分等，这样就容易发现学生表现在具体方面的强项和弱项。表 5-21 是分项评分规则的例子。

表 5-21　实验报告的分项评分规则

等级 维度	0	1	2	3
问题	没有问题	提出了问题		
假设	没有假设且没有量和因变量	清楚地陈述了假设，但未解释自变量和因变量；或者自变量和因变量很模糊	清楚地陈述了假设，且大致上解释了自变量和因变量	清楚地陈述了假设且解释了自变量和因变量

续表

维度＼等级	0	1	2	3
数据	未呈现数据	运用图表、图画等部分准确地呈现了数据	运用图表等呈现了数据，但画图不准确	通过图表等准确地呈现了数据
结论	未呈现结论	未能针对问题、假设的准确性、自变量和因变量的作用，且未进行准确的陈述	较准确地表达了问题、假设的准确性、自变量和因变量的作用	准确地表达了结论问题、假设的准确性、自变量和因变量的作用

　　整体评分规则和分项评分规则都有自己的优点和不足，我们要根据表现性任务和实际面临的问题进行选择和使用。整体评分规则使用起来更加容易，快速评价整体现状或表现，花费的时间更少。它们允许一个总体的评价，允许评价者对表现的所有方面做出总体印象的报告。当评分速度比知道如何准确描述标准更重要时，就需要采用整体评分规则。但是运用整体评分规则时，两个学生可能往往因为完全不同的原因得到一样的分数，并且不能很好地发现学生成果或表现的具体优点和缺点。

　　分项评分规则更耗费时间，因为评分者一定会寻找并对表现的每个组成部分进行单独评分。当然，当你的关注点是评价的诊断性或是帮助学生理解你对任务每个部分的期望时，这个具体的层次是有用的。这对帮助学生学习尤其有用，因为持续地运用分项评分规则能让学生获得具体的相关反馈信息，提供学生提高学习水平的机会，让他们看到进入下一个水平必须做什么。复杂的技能、产品或表现，它们通常需要分几个方面来评价，因此需要采用分项评分规则。但是运用分项评分规则的评价效率低，学习评分规则需要的时间也更长。

2. 通用评分规则和特定任务评分规则

　　通用评分规则在相似的任务中是通用的（见表5-22）。特定任务的评分规则只能用于单一的题目或任务的评分（见表5-23）。

表 5-22　写作评分规则

等级	等级描述
4	完全实现了写作的目的与提示中的要求； 聚焦主题且有翔实的支撑性材料，没有无关信息； 包括完整的写作要素； 整体、连贯，思想具有逻辑性； 有恰当的开头、中间和结尾； 分段恰当且有清晰的过渡句和主题句； 用词和句型变化多样且生动有效； 语法结构正确，只有少数错误； 正确拼写高频词和本年级所要求认识的词，很少有标点和大小写错误
3	充分实现了写作的目的与提示中的要求； 围绕主题且有充分的支撑性材料，但有一些无关的信息； 具备了大部分的写作要素； 思想具有逻辑性； 有开头、中间和结尾； 段落之间有过渡句和主题句； 用词和句型变化多样； 语法结构大多数正确； 正确拼写高频词和本年级所要求认识的词，有少量的标点和大小写错误
2	部分实现了写作的目的与提示中的要求； 有主题意识，也有一些支撑性材料，但夹杂着无关的信息； 具备了部分写作要素，有些零碎的思想，但很难理解； 试图将文章分成开头、中间和结尾； 段落之间很少有过渡句和主题句，也很少有细节刻画； 用词有限，句型简单或有误语法结构错误且影响理解； 经常出现拼写、大小写和标点错误且影响理解
1	试图去实现写作的目的与提示中的要求； 基本上离题，很少有或没有支撑性材料，夹杂着很多无关的信息； 基本上不具备各写作要素； 思维没有逻辑； 很少或者没有开头、中间和结尾的迹象； 基本上没有分段，没有主题句； 用词与句型都很有限，语言运用错误； 语法结构严重错误且阻碍理解； 出现很多拼写、大小写和标点错误且阻碍理解

等级	等级描述
0	没有达到 1 等级中规定的要求； 只是重复写作提示中的信息； 只是提供与写作提示要求中毫不相关的信息； 表达不同的主题或者仅仅是"我不知道"

这一评分规则可以用来评定俄亥俄州四年级学生的所有作文，无论是在教学中还是在总结性的评价中都可以采用。对学生来说，反复运用这一通用评分规则有助于他们理解合格的标准，理解标准的内涵，有助于他们发展迁移能力，即将在某项任务中了解到的规则应用在下一项任务中，而且完成得更好，这也是通用评分规则的最大好处。对教师来说，使用通用评分规则也较省时省力，他们无须为每项任务制定一个新的评分规则。制定一个高质量的评分规则有一定难度，况且每一个教师也没有那么多的时间。

三、开发评分规则

开发评分规则是一项专业性很强的工作，它没有什么固定的模式或套路。那么，在实际开发过程中，有哪些方法和关键的步骤？又有哪些需要注意的事项？

（一）自上而下的方法

自上而下的方法，也可以称作演绎的方法，是从一个理论框架出发，以此来指引评分规则的开发。其主要步骤如下：

步骤 1：改编或创建一个所要评价的学习目标的概念框架，描述所要评价的内容和表现。

步骤 2：将步骤 1 中描述的内容和表现具体化，形成一个详细的提纲；在某种程度上，这就明确了通用评分规则中所要包含的内容。

步骤 3：制定一个符合步骤 2 中所形成的提纲的通用评分规则，必须强调内容和表现的重要方面；通用规则将被用来制定特定的规则。

步骤4：为所要使用的特定的表现性任务制定一个具体的评分规则。

步骤5：使用特定的评分规则来评价几个学生的表现，使用这些经验尽可能地修订评分规则。

使用自上而下的方法，最重要的一点是要基于一个理论框架来开发评分规则，也就是说，要确定需要评价的重要学习目标的那些维度。因此，步骤1、2、3依靠个人的努力是很难达到完善的状态的，往往需要教师的小组合作。表5-23展示的是初中数学问题任务解决的评分规则，其理论框架由三个维度组成：数学知识、策略性知识和数学交流。这三个维度的确立有助于界定评分规则中每个水平的具体标准。

表5-23　初中数学问题任务解决的评分规则

维度＼等级	5	4	3	2	1
数学知识	理解数学概念和原则，运用合适的数学术语和符号，正确完整地运用运算法则	基本理解数学概念和原则；能基本正确地运用数学术语和符号；完整使用数学运算法则，计算基本正确，允许一些小错误	理解数学概念和原则，出现严重的计算错误	对数学概念和原则理解很有限，误用或错用数学术语和符号，绝大部分计算是错误的	无法理解数学概念和原则
策略性知识	使用正式或非正式的外部相关信息；明确问题所有的重要元素，并能理解它们之间的关系；采用合理、系统的策略来解决问题；给出解决问题过程的清晰证据，解题过程是完整的和系统的	使用正式或非正式的外部相关信息；明确问题的大部分重要元素，并能大致理解它们之间的关系；给出的清晰证据，解题过程是或基本是完整的和系统的	明确问题的一些重要元素，对它们之间关系的理解很有限；给出问题解决过程的一些证据，但解题过程也许是不完整的，或在一定程度上是非系统化的	使用了无关的外部信息；无法明确重要元素，或对非重要元素做了过多强调；采用不合理的策略去解决问题；给出的问题解决过程的信息不完整；解题过程也许是错误的，难以明确的，或是完全非系统的	使用外部的无关信息；不能明确哪些是问题的重要元素；复制了部分问题，但是没有尝试找到解决策略

续表

维度＼等级	5	4	3	2	1
数学交流	给出一个完整的反应，清晰且无歧义的解释和/或描述；能展现一张合适的和完整的图；与确定的听众进行有效的交流；展示有力的支持观点，这些观点在逻辑上是完美且完整的；可以包括样例和反例	给出一个较好的反应以及较清晰且无歧义的解释和/或描述；能展现一张比较完整的和合适的图；总体来说，能与确定的听众进行有效的交流；展示有力的支持观点，这些观点在逻辑上是完整，但允许有一点差距	展现出明显的解题过程，但是解释或描述在一定程度上是模糊的或不清楚的；展现一张有错误或不清楚的图；交流有一点空洞且难解释；讨论是不完整的，或是基于错误逻辑的	有一些符合要求的要素，但是不完整或是遗漏了问题的重要方面；解释或描述是错误的或是难以继续的；展现的图不能正确呈现问题情况，或是不清楚，且很难解释的	无效交流；文字无法反映问题；展现的图完全错误地解释了问题情境

（二）自下而上的方法

自下而上的方法，也可以称作归纳的方法，是从学生作品的样例开始，根据不同质量水平的样例特征来界定评价的维度与指标，从而创建评分的框架。我们可以按照以下步骤来制定评分规则：

步骤1：收集10~12名学生作品的复本。确定所选择的各种学生作品能够代表你所要评价的不同质量水平（如科学理解、书信书写和主要推理等）。

步骤2：阅读所收集的学生作品，将所有的表现作品分成三组：高质量的表现、中等质量的表现和低质量的表现。

步骤3：分类后，认真研究每组内每个学生的作品，然后写下将这个作品分到这个组的具体的原因，以及一组（如高质量组）中的学生表现与其他组的学生的表现有何不同。描述得越具体越好。比如，不要说他们写得好或是有好的观点，而是要说，这名学生所写的句子比较复杂，或是这名学生能清楚地表现出与众不同的观点。总之，要写出关于每个学生的表现、为什么被分到所在的小组的具体、完整的解释。

步骤 4：查看所有目录项中的评论，概括、明确各个维度。事实上，这一步正在创造一个概念框架。

步骤 5：在完全区分步骤 4 中明确的每个维度的不同质量水平之基础上，写一份具体的以学生为中心的对不同表现水平的描述。这些描述就形成了新的评分规则。

一般情况下，初学者或独立开发评分规则的人员，适合采用自下而上的开发步骤，这一方法相对容易掌握。1998 年，美国西北地区教育实验室（The Northwest Regional Educational Laboratory）就广泛使用了自下而上的方法来培训教师开发评分规则。但必须指出的是，在自下而上的开发过程中，怎样确保评分规则能体现标准是需要解决的一个重要问题。

（三）综合的方法

无论是自上而下的方法，还是自下而上的方法，都需要明确所要评价维度的概念框架。如果不能创建一个概念框架，涉及数学问题解决物理探究等所有表现性任务的评分规则就会缺乏连贯性和一致性。连贯性关注的不仅仅是评价，还有教学，它可以帮助学生理解学习要达到的标准。而这一概念框架的形成，需要回答以下问题：

（1）高质量的表现的特征是什么（比如优秀习作、良好的科学思考等)？应该收集什么样的信息来确定一个学生完成了一个有效的表现？

（2）所评价的学习目标中最重要的特征是什么？

（3）如何来区分学生的表现是差、合格，还是优秀？

（4）是否有学生作业（差的和优秀的）的样本来明确他们彼此不同的特征？

（5）在专业期刊等专业文献中是否有相关的建议？

当然，具体开发时也没必要严格按照某种程序来开发，要依据实际情况和自身的需要来开发。如果评价目标的各个要素已经很清楚，但你对通常情况下学生的表现情况没有把握的话，就需要与有经验的同事交流，或是对已有的相关学生作品进行分析来获取相关信息。如果对表现的重要特征不清楚，可能就需要咨询专家或是收集相关文献进行探讨。在一个具体的评分规则描述完之后，我们需要在实践中反复运用和修订来不断完善它。如果在对学生的表现进行评分的过程中遇到困难，就应该重新检查评分规则，看看哪里不清楚，需要扩展评分规则中哪个质量水平的描述（包括样例），或是描述最初忽略的学生表现的某个方面。图 5-7 就是运用综合的方法进行评分规则开发所涉及的几件事情。

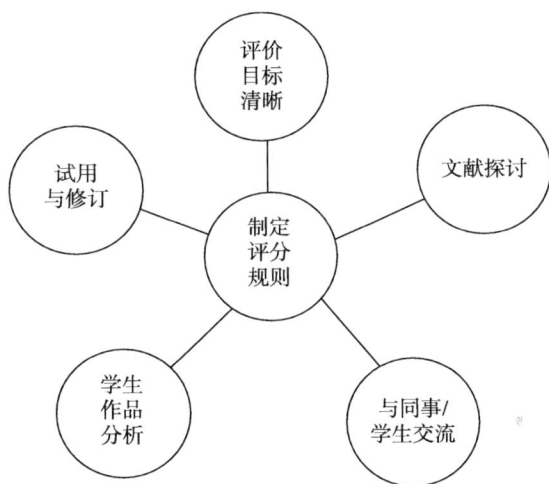

图 5-7　开发评分规则：综合的方法

在实际的开发过程中，可能碰到的最棘手的问题有两个，一个是评分框架的界定，另一个就是语言描述问题。在课堂上尽管通过例子来解释和讨论，但仍然会引起对规则中所用术语的真正含义有疑义等诸多问题。没有什么捷径，只有不断实践、不断完善。如果可能的话，试着用反复循环的方式为表现性评价制定一个评分规则。收集学生的表现信息，找出学生表现程度的范围，对照评价后内容维度相关文献，编制相应的评分规则。应用这个评分规则对各种学生的表现进行评价，与同事和学生进行交流，以此检查这个评分规则的有效性，并且考虑最后的分数是否合理：这个评价工具能得出期望的结果吗？这个分数能显示出学生在学习吗？你可能发现，需要修正这些评价问题、教学或评分规则。按照这个循环过程不断提高，直到评价和评分规则得出可靠的结果为止。

另外，在开发规则的时候，我们还要考虑评分规则使用的方便程度。影响评分规则效率的主要因素在于表现性评价的复杂性。下面的几点做法能提高评分规则使用的效率：

（1）尽可能简练地描述评分规则的每个维度。同样，也要用简练的话语来界定各维度中的等级点。精练的语句能提高阅读速度。对评价者来说，那种既不是完整句子又能清楚交流观点的电报式语言最适用，如果在每个维度中都使用多余的语词，如"学生将"等，就不合适了。

（2）每个维度中表示表现本质特征的关键名词和动词应该尽早出现，这能帮助熟练的评价者通过阅读最初的少数几个词就能了解评分规则的每个维度。

（3）维度应该按照一定的顺序分组，这样更容易被评价。在评价过程时，维度顺序应该符合我们观察行为的顺序；在评价作品时，内容相似或同一评价阶段的维度应该分成一组。

（4）所有的维度使用的等级性顺序应该相同。评分规则的左边应该描述最想观察的表现或是最不想观察的表现。

（5）评分规则还应该方便评价者作标记。

参考文献

［1］David A. Sousa. 脑与学习［M］. 认知神经科学与学习国家重点实验室脑与教育应用中心，译. 北京：中国轻工业出版社，2005.

［2］杜威. 学校与社会进步［A］. //华东师范大学教育系，等. 现代西方资产阶级教育思想流派论著选［M］. 北京：人民教育出版社，1980.

［3］杜威. 杜威教育论著选［M］. 王承绪，赵祥赣，编译. 上海：华东师范大学出版社，1981.

［4］杜威. 民主主义与教育［M］. 王承绪，译. 北京：人民教育出版社，1990.

［5］多尔. 后现代课程观［M］. 王红宇，译. 北京：教育科学出版社，2001.

［6］董味甘. 阅读学［M］. 重庆：重庆出版社，1989.

［7］恩斯特·卡西尔. 人论［M］. 甘阳，译. 上海：上海译文出版社，2004.

［8］费孝通. 论文化与文化自觉［M］. 北京：群言出版社，2010.

［9］弗莱雷·保罗. 被压迫者教育学［M］. 顾建新，赵友华，何曙荣，译. 上海：华东师范大学出版社，2002.

［10］教育部. 基础教育课程改革纲要（试行）［Z］. 2011.

［11］海德格尔. 存在与时间［M］. 陈嘉映，王庆节，译. 北京：生活·读书·新知三联书店，1987.

［12］何瑞珠，卢乃桂. 从国际视域论析教育素质与平等［M］. 北京：教育科学出版社，2011.

[13] 黑格尔. 美学（第一卷）［M］. 朱光潜，译. 北京：商务印书馆，1996.

[14] 亨德森·凯森. 课程智慧：民主社会中的教育决策［M］. 夏惠贤，严加平，王维臣，译. 北京：中国轻工业出版社，2010.

[15] 黄显华，朱嘉颖. 一个都不能少：个别差异的处理"小学生在中文、英文、数学三科的学习动机与模式发展与研究"计划的理论与实践［M］. 上海：上海科技教育出版社，2003.

[16] Joy. A., Palmer. 教育究竟是什么［M］. 任钟印，诸慧芳，译. 北京：北京大学出版社，2008.

[17] 经济合作与发展组织. 面向明日世界的学习：国际学生评估项目（PISA）2003 报告［M］. 上海市教育科学研究院，国际学生评估项目上海研究中心，译. 上海：上海教育出版社，2008.

[18] 吉尔伯特·赖尔. 心的概念［M］. 刘建荣，译. 上海：上海译文出版社，1988.

[19] 金生鈜. 理解与教育：走向哲学解释学的教育哲学导论［M］. 北京：教育科学出版社，1997.

[20] 凯瑟琳·坎普，等. 杜威学校［M］. 王承绪，等译. 上海：华东师范大学出版社，1991.

[21] 科恩. 自我论［M］. 佟景韩，等译. 北京：生活·读书·新知三联书店，1986.

[22] 克努兹·伊列雷斯. 我们如何学习：全视角学习理论［M］. 孙玫路，译. 北京：教育科学出版社，2010.

[23] 拉尔夫·泰勒. 课程与教学的基本原理［M］. 施良方，译. 北京：人民教育出版社，1994.

[24] 赖欣巴哈. 科学哲学的兴起［M］. 伯尼，译. 北京：商务印书馆，1991.

[25] 李文阁. 回归现实生活世界［M］. 北京：中国社会科学出版社，2002.

[26] 联合国教科文组织国际教育委员会. 学会生存：教育世界的今天和明天［M］. 华东师范大学比较教育研究所，译. 北京：教育科学出版社，1996.

［27］林崇德，杨治良，黄希庭. 心理学大辞典［M］. 上海：上海教育出版社，2004.

［28］刘电芝. 学习策略研究［M］. 北京：人民教育出版社，1999.

［29］卢梭. 爱弥儿（上卷）［M］. 李平沤，译. 北京：商务印书馆，1978.

［30］奈勒. 教育学的基础［A］. //陈友松. 当代西方教育哲学［M］. 北京：教育科学出版社，1982.

［31］马丁·布伯. 我与你［M］. 陈维纲，译. 北京：生活·读书·新知三联书店，1986.

［32］马浩岚. 美国语文：美国著名中学课文精选［M］. 北京：同心出版社，2004.

［33］麦克·扬. 未来的课程［M］. 谢维和，等译. 上海：华东师范大学出版社，2003.

［34］美国国家教育和经济中心，匹兹堡大学. 美国小学学科能力表现标准［M］. 上海市教育科学研究院，译. 北京：人民教育出版社，2004.

［35］倪文锦，等. 语文教育展望［M］. 上海：华东师范大学出版社，2002.

［36］彭聃龄，张必隐. 认知心理学［M］. 杭州：浙江教育出版社，2004.

［37］皮埃尔·布迪厄. 实践感［M］. 蒋梓骅，译. 南京：译林出版社，2003.

［38］皮亚杰. 皮亚杰教育论著选［M］. 卢睿，译. 北京：人民教育出版社，1990.

［39］乔治·奥威尔. 我为什么要写作［M］. 刘沁秋，等译. 南京：南京大学出版社，2008.

［40］秦光涛. 意义世界［M］. 长春：吉林教育出版社，1998.

［41］Robertson S. L. 问题解决心理学［M］. 张奇，译. 北京：中国轻工业出版社，2004.

［42］莎伦·F. 拉里斯，格莱钦·B. 罗斯曼. 动态教师：教育变革的领导者［M］. 侯晶晶，译. 北京：北京师范大学出版社，2006.

［43］邵伏先. 人际交往心理学［M］. 重庆：重庆出版社，1988.

［44］施良方. 学习论［M］. 北京：人民教育出版社，2001.

[45] 宋林飞. 西方社会学理论 [M]. 南京：南京大学出版社，1997.

[46] T. 胡森，T. N. 波斯尔斯韦特. 教育大百科全书（第 3 卷）[M]. 张斌贤，等译. 重庆：西南师范大学出版社，海口：海南出版社，2011.

[47] 托马斯·E. 希尔. 现代知识论 [M]. 刘大椿，等译. 北京：中国人民大学出版社，1989.

[48] 瓦·阿·苏霍姆林斯基. 给教师的建议（上）[M]. 杜殿坤，译. 北京：教育科学出版社，1984.

[49] 沃尔夫冈·布列钦卡. 教育科学的基本概念：分析、批判和建议 [M]. 胡劲松，译. 上海：华东师范大学出版社，2001.

[50] 雅斯贝尔斯. 什么是教育 [M]. 邹进，译. 北京：人民教育出版社，1990.

[51] 殷鼎. 理解的命运 [M]. 北京：生活·读书·新知三联书店，1988.

[52] 叶秀山. 思·史·诗：现象学与存在哲学研究 [M]. 北京：人民出版社，1988.

[53] 亚当斯. 教育哲学史 [M]. 余家菊，译. 上海：中华书局，1934.

[54] 约翰·B. 彼格斯，凯文·F. 科利斯. 学习质量评价：SOLO 分类理论 [M]. 高凌彪，译. 北京：人民教育出版社，2010.

[55] 郭元祥. 深度教学：促进学生素养发生的教学变革 [M]. 福州：福建教育出版社，2021.

[56] 刘国平. 学科育人：深度教学的行动研究 [M]. 福州：福建教育出版社，2021.

[57] 周文叶. 中小学表现性评价的理论与技术 [M]. 上海：华东师范大学出版社，2021.

[58] 赞科夫. 教学与发展 [M]. 杜殿坤，等译，北京：人民教育出版社，1986.

[59] 阿特金斯. 释义学与课程理论 [J]. 现代外国哲学社会科学文摘，1989（12）：14-16.

[60] 安富海. 促进深度学习的课堂教学策略研究 [J]. 课程·教材·教法，

2014（11）：57-62.

［61］安秋玲. 论班级同伴群体交往的自我生成价值［J］. 全球教育展望，
2009（09）：33-37.

［62］毕华林，万延岚. 化学基本观念：内涵分析与教学建构［J］. 课程·教
材·教法，2014（04）：76-83。

［63］陈汐平，汤明清. 面向深度学习的高职课堂教学：内涵特征、问题审视
和实现路径［J］. 职教论坛，2022（11）：66-73.

［64］汤明清，陈汐平. 核心素养视角下数学教育的人文性探究［J］. 高中数
学教与学，2022（09）：1-4.

［65］汤明清. 核心素养视角下数学精神的内涵、价值与培养策略［J］. 江苏
教育研究，2020（10）：72-75.

［66］汤明清. 学生发展核心素养中"学会学习"的内涵及培养策略研究
［J］. 基础教育课程，2020（07）：39-45.

［67］汤明清. 中职"适学课堂"：基于学生核心素养的教学改进［J］. 中国
职业技术教育，2020（05）：79-82.

［68］汤明清. 基于核心素养培育的中职课堂教学变革动因与策略［J］. 职业
技术教育，2020（05）：48-52.

［69］汤明清. 指向学生核心素养的数学活动经验教学策略探究［J］. 数学通
讯，2020（02）：5-9.

［70］汤明清. 核心素养视角下数学教学回归生活的理性思考［J］. 江苏教育
研究，2019（10）：10-14.

［71］汤明清. 指向高阶思维的课堂提问策略探究［J］. 基础教育课程，2019
（19）：41-47.

［72］陈汐平. 汤明清深度学习视角下课堂互动的困境、价值与路径［J］. 中
国职业技术教育，2023（2）：41-47.

［73］蔡敏，刘璐. 美国中小学生"学习投入"测量之研究及启示［J］. 教育
测量与评价，2014（10）：16-21.

[74] 柴晓运，龚少英. 中学生数学学习投入：感知到的数学教师支持与数学自我概念的作用 [J]. 中国特殊教育，2015（06）：78-85.

[75] 陈娜，郭元祥. 学科课程思想内涵、特征及其对教学的观照 [J]. 课程·教材·教法，2017（08）：11-16.

[76] 陈娜. 学习的自我感：内涵、形成条件与培养策略 [J]. 教育研究与实验，2018（01）：54-59.

[77] 崔允漷. 课程实施的新取向：基于课程标准的教学 [J]. 教育研究，2009（01）：74-79.

[78] 丁念金. 学习过程评价的基本构架 [J]. 教育测量与评价，2012（06）：29-32，53.

[79] 冯翠典，高凌飚. 现状与反思：SOLO 分类法国内应用研究十年 [J]. 教育测量与评价（理论版），2009（11）：4-7+11.

[80] 范金刚. 高中生的学习投入与班级心理气氛的关系 [J]. 中国健康心理学杂志，2010（09）：1115-1117.

[81] 高燕. 父母教育卷入对中小学生学业成就的影响：家庭社会经济地位的调节作用 [J]. 教育测量与评价，2016（12）：40-46.

[82] 郭华. 深度学习及其意义 [J]. 深程·教材·教法，2016（01）：25-32.

[83] 郭元祥. 课程观的转向 [J]. 课程·教材·教法，2001（03）：11-16.

[84] 郭元祥. 教师的课程意识及其生成 [J]. 教育研究，2003（06）：33-37.

[85] 郭元祥. "回归生活世界"的教学意蕴 [J]. 全球教育展望，2005（09）：32-37.

[86] 郭元祥. 论教育的过程属性和过程价值——生成性思维视域中的教育过程观 [J]. 教育研究，2005（09）：3-8.

[87] 郭元祥. 学校课程制度及其生成 [J]. 教育研究，2007（02）：77-82.

[88] 郭元祥. 课程理解的转向：从"作为事实"到"作为实践"兼论课程研究中的思维方式 [J]. 课程·教材·教法，2008（01）：3-8.

［89］郭元祥. 知识的教育学立场［J］. 教育研究与实验，2009（05）：1-6.

［90］郭元祥. 知识的性质、结构与深度教学［J］. 课程·教材·教法，2009（11）：17-23.

［91］郭元祥. 论实践教育［J］. 课程·教材·教法，2012（01）：17-22.

［92］郭元祥. 课堂教学改革的基础与方向：兼论深度教学［J］. 教育研究与实验，2015（06）：1-6.

［93］郭元祥，伍远岳. 学习的实践属性及其意义向度［J］. 教育研究，2016（02）：102-109.

［94］郭元祥."U 型学习"与学习投入：谈课程改革的深化［J］. 新教师，2016（07）：13-15.

［95］郭元祥. 论学习观的变革：学习的边界、境界与层次［J］. 教育研究与实验，2018（01）：1-11.

［96］郭元祥. 马友平. 学科能力表现、意义、要素与类型［J］. 教育发展研究，2012（Z2）：29-34.

［97］郭元祥，刘艳. 论课堂文化育人［J］. 课程·教材·教法，2020（04）：19-25.

［98］林崇德. 论学科能力的建构［J］. 北京师范大学学报（社会科学版），1997（01）：5-12.

［99］刘冬岩，刘家访. 新加坡"投入型"学习框架述评［J］. 全球教育展望，2014（08）：41-47.

［100］刘学智. 论评价与课程标准一致性的建构：美国的经验［J］. 全球教育展望，2006（09）：35-39.

［101］鲁洁. 教育：人之自我建构的实践活动［J］. 教育研究，1998（09）：13-18.

［102］陆璟. 阅读参与度和学习策略对阅读成绩的影响：基于上海 PISA2009 数据的实证研究［J］. 教育发展研究，2012（18）：17-24.

［103］李佳，吴维宁. SOLO 分类理论及其教学评价观［J］. 教育测量与评价

（理论版），2009（02）：16-19.

［104］李英杰. SOLO 分类评价理论在阅读能力评价上的应用 ［J］. 首都师范
　　　大学学报（社会科学版），2006（02）：104-107.

［105］马兰. 整体化有序设计单元教学探讨 ［J］. 课程·教材·教法，2012
　　　（02）：23-31.